财经新知文丛·体验系列

体验"一带一路"

段永军 编著

中国财经出版传媒集团

经济科学出版社
Economic Science Press

图书在版编目（CIP）数据

体验"一带一路"／段永军编著 . —北京：经济科学
出版社，2018.2
（财经新知文丛·体验系列）
ISBN 978 - 7 - 5141 - 9134 - 9

Ⅰ.①体… Ⅱ.①段… Ⅲ.①"一带一路" –国际
合作 –研究 Ⅳ.①F125

中国版本图书馆 CIP 数据核字（2018）第 047574 号

责任编辑：白留杰　王东萍
责任校对：靳玉环
责任印制：李　鹏

体验"一带一路"
段永军　编著
经济科学出版社出版、发行　新华书店经销
社址：北京市海淀区阜成路甲 28 号　邮编：100142
教材分社电话：010 - 88191345　发行部电话：010 - 88191522
网址：www. esp. com. cn
电子邮件：houxiaoxia@ esp. com. cn
天猫网店：经济科学出版社旗舰店
网址：http：//jjkxcbs. tmall. com
北京财经印刷厂印装
880 × 1230　32 开　9.5 印张　240000 字
2018 年 2 月第 1 版　2018 年 2 月第 1 次印刷
ISBN 978 - 7 - 5141 - 9134 - 9　定价：28.00 元
（图书出现印装问题，本社负责调换。电话：010 - 88191510）
（版权所有　侵权必究　举报电话：010 - 88191586
电子邮箱：dbts@esp. com. cn）

编委会名单

总　序

　　党的十八大以来，以创新、协调、绿色、开放、共享为核心的新发展理念日益深入人心。五大发展理念，符合中国国情和发展阶段的基本特征，顺应了时代要求，指明了"十三五"乃至更长时期我国的发展思路、发展方向和发展着力点。深入理解、准确把握新发展理念的科学内涵和实践要求，对于我国破解发展难题，厚植发展优势，实施乡村振兴战略，实现"两个一百年"奋斗目标，具有重大现实意义和深远历史意义。

　　创新是引领发展的第一动力。发展动力决定发展速度、效能、可持续性。树立创新发展理念，就必须把创新摆在国家发展全局的核心位置，不断推进理论创新、制度创新、科技创新、文化创新等各方面创新，让创新贯穿党和国家的一切工作，让创新在全社会蔚然成风。

　　协调是持续健康发展的内在要求。树立协调发展理念，重点在于促进城乡区域协调发展，促进经济社会协调发展，促进新型工业化、信息化、城镇化、农业现代化同步发展，在增强国家硬实力的同时注重提升国家软实力，不断增强发展整体性。

　　绿色是永续发展的必要条件和人民对美好生活追求的重要体现。绿色发展，就是要解决好人与自然和谐共生问题，就是要走生产发展、生活富裕、生态良好的文明发展道路，推动清洁生产和绿色消费，加快建设资源节约型、环境友好型社会，形成人与自然和谐发展的现代化建设新格局，推进美丽中国建设，为全球生态安全做出新贡献。

开放是国家繁荣发展的必由之路。树立开放发展理念，就是要顺应我国经济深度融入世界经济的趋势，奉行互利共赢的开放战略，推动"一带一路"国际合作，积极参与全球经济治理和公共产品供给，提高我国在全球经济治理中的话语权，推动构建人类命运共同体。

共享是中国特色社会主义的本质要求。共享发展就要让全体人民共享国家经济、政治、文化、社会、生态文明各方面建设成果。树立共享发展理念，就是要坚持发展为了人民、发展依靠人民、发展成果由人民共享，做出更有效的制度安排，使全体人民在共建共享发展中有更多获得感，增强发展动力，增进人民团结，朝着共同富裕方向稳步前进。

五大发展理念，是我国引领中长期发展的理念。创新发展，是我国经济进入新常态后培育新动力的必然选择；协调发展，是缩小发展差距，解决地区之间、城乡之间发展不平衡的重要举措；绿色发展，是协调人与自然关系、还人民群众一个天蓝地绿水清的宜居环境的客观要求；开放发展，是统筹国内外发展，由"追赶""跟随"到"引领"并为世界发展贡献中国智慧的必由之路；共享发展，是让人民有更多获得感、让群众生活更美好的重要途径。

为了使读者深入理解和准确把握新发展理念的科学内涵，了解新发展理念在实践中的具体运用，我们响应党和国家关于"全民阅读"的系列计划与行动倡议，组织有关专家编写了这套"财经新知文丛"书系。"文丛"为开放性通俗读本，结合读者对于财经问题的关切，分别以不同的主题系列陆续推出。

　　"财经新知文丛·体验系列"首批共推出八本，具体包括：《体验"一带一路"》《体验双创生活》《体验微型金融》《体验绿色消费》《体验智慧城市》《体验微商经营》《体验特色小镇》《体验健康服务》。本丛书分别从不同的视角，展示新发展理念的生动实践，以及对我们日常生活的影响，对于开拓我们的视野，启迪我们的智慧，丰富我们的生活，将有很大的帮助。今后，我们还将根据社会发展和广大读者的需要，进一步推出新的内容。

　　为了能使读者在获取知识的同时享受阅读的快乐，本丛书遵循了以下原则。

　　1. 内容上力争积极、正面、严谨、科学，使读者在获取相关知识的同时在思想上有所启迪。

　　2. 形式上力求用较为通俗易懂的语言，深入浅出地介绍通识性知识、讲述基础性内容，使读者在获取知识的同时体验阅读的愉悦感。

　　3. 结构上避免专著与教材的呆板模式，按"问题"方式展开全书内容，适当插入一些"专家论道"和"百姓茶话"等小资料，使版式设计宽松活泼，让读者在获取知识的同时体验阅读的舒适感。

梁　峰

2018 年 2 月

前　言

2013年9月和10月，中国国家主席习近平在出访中亚和东南亚国家期间，先后提出共建"丝绸之路经济带"和"21世纪海上丝绸之路"（以下简称"一带一路"）的重大倡议。2015年3月28日，《推动共建丝绸之路经济带和21世纪海上丝绸之路的愿景与行动》经国务院授权正式发布，标志着经过一年多时间的酝酿，"一带一路"已经由倡议阶段进入实际实施阶段。

"一带一路"是党中央、国务院根据全球形势深刻变化，统筹国内国际两个大局做出的重大战略决策，是新时期我国全方位对外开放的旗帜和主要载体。该倡议旨在借助"丝绸之路"的文化内涵，推动沿线各国探索新的合作方式和模式，深化相互之间的经贸合作和人文交流，打造利益共同体、命运共同体和责任共同体。

中国正处于实现"两个一百年"奋斗目标的关键时期。中华民族要在未来几十年间实现"中国梦"，面对复杂的国际政治经济环境，必须有清晰、科学的全球观念和全球治理方案。"一带一路"倡议正是中国在国家层面提出的当代中国的全球观念及全球治理方案。"一带一路"倡议体现了新时代中国全面对外开放的战略构想。这一重大战略的实施，将营造一个各国间经济、贸易、技术、文化交流合作的大平台，构建一个全球政治互信、经济融合、文化包容的大格局,为实现"中国梦"铺平广阔的道路。"一带一路"建设不仅有利于中国实现中华民族伟大复兴的"中国梦",也将为世界经济增长带来新的动力,造福沿线国家人民,推动世界实现更为开放、包容、普惠、均衡的发展。

"一带一路"倡议提出以来,得到了世界上100多个国家和国际组织的积极参与和支持,我国国内各省区市也积极响应。4年来,"一带一路"建设在探索中前进、发展中完善、合作中成长。2017年5月14~15日,"一带一路"国际合作高峰论坛在北京举行,习近平主席发表重要讲话,对"一带一路"倡议做出新的阐述,这标志着中国改革开放和世界合作发展步入新的历史阶段。

"一带一路"涵盖亚太、欧亚、中东、非洲、南太平洋地区等共66个国家,这一广大区域的总人口超过44亿人,占全世界人口的63%,经济总量超过20万亿美元,占全球经济总量的30%。"一带一路"沿线的国家大多数为新兴经济体和发展中国家。"一带一路"建设以和平合作、开放包容、互学互鉴、互利共赢的理念,赢得了沿线国家的广泛认同和积极参与,为各国经济发展提供了新机遇。可以说,经过几十年的发展和积累,"一带一路"一定会给世界带来全方位的巨变。

"一带一路"建设是一项庞大的系统工程,"一带一路"倡议目标的实现,是需要中国几代人共同完成的伟大事业。为了使广大读者深入、全面地认识"一带一路"倡议,更好地推动这一重大倡议的实施,我们编写了这本《体验"一带一路"》。

本书从"体验"的视角出发,以问题为导向,聚焦国内外推进"一带一路"建设的新探索、新成就、新经验,通过一系列资料、数据、事例,让读者真切地感受到什么是"一带一路"、如何建设"一带一路"、"一带一路"建设会带给我们哪些机遇和发展空间等问题。既有专家的深入解读,又有百姓的真切体验。全书从七个方面入手，对"一带一路"的基本框架、互联互通、国际经济走廊建设、资金支撑、国内各省区开放态势和未来发展空间等作了深入浅出、通俗易懂的阐释，有助于读者全面准确地理解"一带一路"倡议，是深入学习和宣传"一带一路"倡议的辅导读物。

"一带一路"建设是一项复杂的系统工程，涉及政治、经济、文化等各个领域。本书编写过程中参考了大量学者、专家以及各类网站提供的研究数据和资料，在此表示衷心感谢。囿于作者研究能力和数据资料的限制，本书错误和疏漏之处在所难免，望学术界的朋友以及读者多提宝贵意见。

段永军

2018 年 1 月

目　　录

问题一 什么是"一带一路"

1. 出使西域的张骞。

匈奴是中国北方的游牧民族，善骑射，剽悍骁勇，进如鸟飞，顷刻毕至，退如烟云，须臾消逝，每当秋高马肥，即四下掳掠，中原一带不堪其扰。西域一带有五十余小国，全被匈奴控制，要想抵御匈奴的侵扰，就必须控制西域各国，斩断匈奴的臂膀。

公元前138年，张骞奉命率人前往西域，寻找并联络曾被匈奴赶跑的大月氏，合力进击匈奴。张骞一行从长安起程，经陇西向西行进。他们来到河西走廊一带后，被占据此地的匈奴骑兵发现。张骞和随从一百多人全部被俘。

匈奴单于知道了张骞西行的目的之后，把他们分散开去放羊牧马，并由匈奴人严加管制。还给张骞娶了匈奴女子为妻，一是监视他，二是诱使他投降。但是，张骞坚贞不屈。

整整过了十一个春秋，张骞才乘机和他的贴身随从甘父一起逃走，离开匈奴地盘，继续向西行进。历尽千辛万苦，终于越过沙漠、戈壁，翻过冰冻雪封的葱岭（今帕米尔高原），来到了大宛国（今费尔干纳）。国王热情地接见了张骞，并帮助他先后到了康居（今撒马尔罕）、大月氏、大夏等地。但大月氏在阿姆河游安居乐业，不愿再东进和匈奴作战。张骞未能完成与大月氏结盟夹击匈奴的使命，却获得了大量有关西域各国的人文地理知识。

张骞在东归返回的途中，再次被匈奴抓获，后又设计逃出。于13年后回到长安。这次出使西域，使生活在中原内地的人们了解到西域的实况，激发了汉武帝"拓边"的雄心，发动了一系列抗击匈奴的战争。

公元前119年，汉王朝为了进一步联络乌孙，断"匈奴右臂"，便派张骞再次出使西域。这次，张骞带了三百多人，顺利地到达了乌孙。并派副使访问了康居、大宛、大月氏、大夏、安息（今伊朗）、身毒（今印度）等国家。但由于乌孙内乱，也未能实现结盟的目的。汉武帝派名将霍去病带重兵攻击匈奴，消灭了盘踞河西走廊和漠北的匈奴，建立了河西四郡和两关，开通了"丝绸之路"。

张骞不畏艰险，两次出使西域，沟通了亚洲内陆交通要道，与西欧诸国正式开始了友好往来，促进了东西经济文化的广泛交流，开拓了"丝绸之路"，完全可称为中国走向世界的第一人。

2. 投笔从戎的班超。

公元73年，班超随奉车都尉窦固出击匈奴，并奏请汉明帝派遣他出使西域。先到鄯善，国王先恭而后倨，班超推断匈奴也派使者来了。情势非常危急，只有先下手为强。班超集中随从36人，乘夜火烧匈奴使者的住所，杀死30余人，烧死100余人，鄯善国举国震恐，首先归汉。接着，班超马不停蹄出使于阗、疏勒，镇服两国，又粉碎了受匈奴指使的焉耆、龟兹两国的进攻，恢复了与汉朝中断了65年的关系。

班超决心长期留驻西域，从公元87年起，又陆续平定了莎车等国的叛乱，击退了大月氏王朝7万人的进攻，保护了西域南道各国的安全及"丝绸之路"的畅通。公元91～94年，龟兹、姑墨、温宿、焉耆、尉犁、危须等国先后臣服归汉,西域大小 50 国全部归属,汉章帝封班超为定远侯,西域从此安定,匈奴不敢南下。

班超在西域 32 年,纵横捭阖,使西域与内地连为一体,为中华民族的基业立下了丰功伟绩。

"丝绸之路"是指起始于古代中国,连接亚洲、非洲和欧洲的古代陆上商业贸易路线。从运输方式上分为"陆上丝绸之路"和"海上丝绸之路"。它是东西方之间进行经济、政治、文化交流的主要道路。因其最初贸易的商品主要是中国的丝绸而得名。2013 年 9 月和 10 月,中国国家主席习近平在哈萨克斯坦、印度尼西亚,分别提出共同建设"丝绸之路经济带"和"21 世纪海上丝绸之路"的倡议,而赋予其新的时代内涵。

一、"丝绸之路"的历史渊源

古代"丝绸之路"是一条横亘亚欧大陆、持续两千多年的人类贸易互通和文化交流的国际大通道,其对亚欧各国,特别是对中国古代的社会经济发展和文化交流做出了巨大贡献。"丝绸之路"一词,最早由 19 世纪 70 年代德国地理学家、地质学家费迪南·冯·李希霍芬在其《中国——亲身旅行和据此所作研究的成果》中提出,并经瑞典探险家斯文·赫定于 1936 年出版的《丝绸之路》一书而广为流传。

自西汉张骞、东汉班超出使西域之后,沟通亚、欧、非三大洲唯一的陆上国际大通道才被真正打通,并逐渐与贵霜、安息、罗马等建立了人员与贸易联系。当时从长安(今西安)出发,经过今新疆的中西陆路交通有南北两条道路:南道经敦煌,出阳关至鄯善(今新疆若羌)、沿昆仑山北麓西行至于阗(今新疆和田)、莎车，越葱岭可达大月氏、波斯，再西可达条支、大秦；北道经敦煌，出玉门关至车师前王庭（今新疆吐鲁番），沿天山南麓西行至龟兹、疏勒等地，越葱岭达大月氏、康居、奄蔡。因通过这两条道路向西方输出的丝织品在国际上享有盛誉，故这两条道路被后人称为"丝绸之路"。

"海上丝绸之路"是古代中国与外国交通贸易和文化交往的海上通道，也是古代亚洲、非洲与欧洲交往的友谊桥梁。中国"海上丝绸之路"出现于公元前 200 年左右，形成于秦汉时期，发展于魏晋时期，繁荣于唐宋时期，鼎盛于元明时期，明朝中叶以后因海禁而衰落。"海上丝绸之路"的重要起点有泉州、番禺（今广州）、明州（今宁波）、扬州、登州（今蓬莱）、刘家港等。规模最大的港口是广州和泉州。广州从秦汉直到唐宋一直是中国最大的商港。明清实行海禁，广州又成为中国唯一对外开放的港口。泉州发端于唐，宋元时成为东方第一大港。历代"海上丝绸之路"，可分两大航线，即东海航线和南海航线。从地理走向看，古代"海上丝绸之路"分东西两条航线，东向航线又称"东海丝路"，指自中国东部沿海，经渤海或黄海，或东海到达朝鲜，再渡朝鲜海峡最终抵达日本的贸易航线。西向航线又称"南海丝绸之路"，指从中国的东南沿海出发，经南海、印度洋至西亚、非洲的贸易航线。

"丝绸之路"是友谊、交流和共荣之路。纵观历史上"丝绸之路"的发展轨迹和千年之间的演变，尽管沉浮多变，但绵延不衰，为中西方做出了巨大的历史贡献。首先，"丝绸之路"繁荣了中西方的贸易和商业往来，在相互交换的过程中极大地推动了中西方物质的繁荣，推动了财富、资源和人员的流动。其次，"丝绸之路"促进了沿线各民族之间的稳定。由于各民族之间经贸往来频繁，产生文化交流的同时带来相互理解，各族之间没有爆发较大规模的冲突战争，取而代之的是民族之间的融合发展。最后，"丝绸之路"不仅是一条经贸之路，更是一条文化之路，各类文明汇聚此道，以其包容开放的精神，发展了世界文化的多样性，搭建了世界文化沟通交流的平台，而且为世人留下了宝贵的精神财富，这就是和平合作、开放包容、互学互鉴和互利共赢的"丝绸之路"精神。

【专家论道】

古代"丝绸之路"有几条？

从亚欧大陆上的东西文化交流通道来说，现在学术界较为公认的"丝绸之路"有三条路线：沙漠绿洲丝绸之路、海上丝绸之路和草原丝绸之路。

"沙漠绿洲丝绸之路"，即传统意义上的丝绸之路，起自中国古代都城长安、洛阳，经中亚国家、阿富汗、伊朗、伊拉克、叙利亚等地，至地中海，以罗马为终点，全长6440公里。这条路被认为是连接亚欧大陆的古代东西方文明的交汇之路，而丝绸则是沿路最具代表性的货物。

"海上丝绸之路"是连接古代中国与世界其他地区的海上通道，它由"东海航线"和"南海航线"两大干线组成。东海航线从中国通向朝鲜半岛及日本列岛，南海航线从中国通向东南亚及印度洋地区。"海上丝绸之路"形成于秦汉时期，发展于三国、隋朝时期，繁荣于唐宋时期，没落于明清时期，是已知的最为古老的海上航线。"海上丝绸之路"的主港，历代有所变迁，但只有泉州是被联合国教科文组织所承认的"海上丝绸之路"的起点。

"草原丝绸之路"是由中原地区向北，越长城至塞外，穿越蒙古高原、南俄草原通向欧洲的陆路主干线。中国古代北方少数民族向西亚、欧洲贩运丝绸也多走此道。由于其路段多在北方高寒地区，来往运输的货物除丝绸外，皮毛占大宗，故也称"皮毛之路"。

此外，中国古代还有一条重要的"西南丝绸之路"，形成于汉代，从洛阳出发，经陕西、四川、云南，前往缅甸、印度，是一条深藏于高山密林间的贸易文化通衢，它是中印两个文明古国最早的联系纽带，加强了"陆上丝绸之路"与"海上丝绸之路"的联系，在汉唐时发挥着重要作用。

资料来源：张伟. 古丝绸之路：汉唐盛世的开放、交融. 中国经济周刊，2014－07－07.

二、"丝绸之路"的精神是什么

习近平主席在中阿合作论坛第六届部长级会议开幕式上的讲话中指出：千百年来，"丝绸之路"承载的和平合作、开放包容、互学互鉴、互利共赢精神薪火相传。这一重要论述为"丝绸之路"精神赋予了新的时代内涵，指明了弘扬"丝绸之路"精神的新目标和新路径①。

和平合作，就是通过坦诚对话、深入沟通进行平等交流，不断深化不同国家和地区之间的交流合作，形成命运共同体、责任共同体，将政治关系优势、地缘毗邻优势、经济互补优势转化为务实合作优势、持续增长优势。和平与发展是时代的主题。以和平促进合作、以合作推动发展是当今时代的潮流。合作是手段、是方法，和平是保障、是前提；和平孕育希望、创造和谐，合作产生效益、升华友谊。今天，我们提出弘扬"丝绸之路"精神，

---

① 习近平. 弘扬丝路精神，深化中阿合作——在中阿合作论坛第六届部长级会议开幕式上的讲话. 人民日报，2014－06－06.

建设"一带一路",就是要积极提倡新型安全观,坚守人道主义,主张国际关系民主化,倡导通过和平对话、谈判协商等方式解决国际分歧和争端,做到不称霸、不搞对抗,反对诉诸武力或以武力相威胁,促进世界和平、稳定、发展。秉承和平合作精神,"一带一路"沿线各国必将成为和睦相处的好邻居、同舟共济的好朋友、休戚与共的好伙伴。

开放包容,就是以世界眼光和战略思维兼收并蓄、博采众长。这是"丝绸之路"精神最显著的特征。开放是一种姿态、一种思维,包容是一种气度、一种涵养。任何一种封闭保守排外的机制,都不会具有生命力,都将被历史潮流所淹没。弘扬开放包容的精神,不仅要"开眼看世界",还要主动"走出去"融入世界,更要以海纳百川的精神承认不同地域、不同种族在文化习俗、发展道路等方面的不同选择,进而实现共同发展繁荣。习近平主席指出,一个国家发展道路合不合适,只有这个国家的人民才最有发言权。世界各国在社会制度、价值观念、发展水平、历史传统、宗教信仰和文化背景上各不相同,有权选择符合各自国情的社会制度、发展道路和生活方式。在深化"一带一路"沿线国家间的交流合作中,应坚持开放包容的精神,充分尊重各国自主选择社会制度和发展道路的权利,尊重彼此核心利益和重大关切,客观理性地看待别国发展状况和政策理念,努力求同存异,聚同化异。

互学互鉴,就是在尊重文明多样性、道路多样化和发展水平不平衡等差异的基础上相互学习,相互借鉴,取长补短,共同提高。"丝绸之路"把中国的造纸术、火药、印刷术、指南针经阿拉伯地区传播到欧洲,又把阿拉伯的天文、历法、医药介绍到中国,这些都是"丝绸之路"推动互学互鉴的例证。作为横跨中西、连接欧亚的贸易交通线,"丝绸之路"不仅实现了货物商品的贸易往来,更实现了文化的交流融合。沿线各国在交流中尊重彼此的文化和宗教信仰，有力地促进了人类文明进步。在建设"一带一路"过程中，应消除疑虑和隔阂，以虚心的态度和包容的精神，学习各国发展的有益经验，吸收借鉴人类文明成果，推动不同文明相互尊重、和谐共处，让文明交流互鉴成为增进各国人民友谊的桥梁、推动人类社会进步的动力、维护世界和平的纽带。

互利共赢，就是不同种族、不同信仰、不同文化背景的国家和地区通过互惠合作，共同应对威胁和挑战，共同谋划利益和福祉，进而实现互惠互利的共赢发展。"既要让自己过得好，也要让别人过得好"。当前，沿线各国之间贸易额和投资规模不断扩大，利益融合度日益加深。"丝绸之路经济带"把欧亚大陆的不同区域连接起来，把不同国家的利益融合起来，努力实现优势互补、机遇共享、共同繁荣，形成共谋发展、共享利益的利益共同体。兄弟同心，其利断金。深化友好合作，实现互利共赢，是推动沿线国家和地区发展的持久动力，更是凝聚发展合力的利益纽带。"一带一路"建设过程中，应不断扩大合作领域、创新合作方式，构建以能源合作为主轴，以基础设施建设、贸易和投资便利化为两翼，以核能、航天卫星、新能源三大高新领域为突破口的全面战略合作伙伴关系。

和平合作是前提，开放包容是根本，互学互鉴是手段，互利共赢是目的。作为"丝绸之路"沿线各国人民共有的价值追求，作为欧亚各国在彼此交往的历史进程中积累的经验和智慧总结，"丝绸之路"精神对于建设"一带一路"，进一步促进不同国家、不同地区人民的心灵交融，意义十分重大。大力传承和弘扬"丝绸之路"精神，就是要促进文明互鉴，尊重道路选择，坚持合作共赢，倡导对话和平。

三、"一带一路"倡议是怎么形成的

"一带一路"是党中央、国务院根据全球形势深刻变化，统筹国内国际两个大局做出的重大战略决策，对开创中国全方位开放新格局、促进地区及世界和平发展具有重大意义。

2013 年 9 月 7 日，国家主席习近平在哈萨克斯坦纳扎尔巴耶夫大学发表了题为《弘扬人民友谊　共创美好未来》的演讲提出，为了使欧亚各国经济联系更加紧密、相互合作更加深入、发展空间更加广阔，我们可以用创新的合作模式，共同建设"丝绸之路经济带"，以点带面，从线到片，逐步形成区域大合作。①

2013 年 10 月 3 日，国家主席习近平在印度尼西亚国会发表了题为《携手建设中国—东盟命运共同体》的演讲表示，东南亚地区自古以来就是"海上丝绸之路"的重要枢纽，中国愿同东盟国家加强海上合作，使用好中国政府设立的中国—东盟海上合作基金，发展好海洋合作伙伴关系，共同建设"21 世纪海上丝绸之路"。②

2013 年 11 月，党的十八届三中全会审议通过的《中共中央关于全面深化改革若干重大问题的决定》明确提出，要加快同周边国家和区域基础设施互联互通建设，推进"丝绸之路经济带""海上丝绸之路"建设，形成全方位开放新格局。这意味着"一带一路"建设已经上升为中国对外开放的重大战略。

2013 年 12 月，国家主席习近平在中央经济工作会议上指出，

---

① 习近平. 弘扬人民友谊，共创美好未来——在纳扎尔巴耶夫大学的演讲. 人民日报，2013 - 09 - 08.

② 习近平. 携手建设中国—东盟命运共同体——在印度尼西亚国会的演讲. 人民日报，2013 - 10 - 03.

推进"丝绸之路经济带"建设,抓紧制定战略规划,加强基础设施互联互通建设;建设"21世纪海上丝绸之路",加强海上通道互联互通建设,拉紧相互利益纽带。

2014年3月,李克强总理在《政府工作报告》中介绍2014年重点工作时指出,要抓紧规划建设"丝绸之路经济带""21世纪海上丝绸之路",推动孟中印缅、中巴经济走廊建设,推进一批重大支撑项目,加快基础设施互联互通,拓展国际经济技术合作空间。在2015年3月的《政府工作报告》中,李克强再次强调了这一重点工作。

2015年3月28日,经国务院授权,国家发展改革委、外交部、商务部三部委联合发布《推动共建丝绸之路经济带和21世纪海上丝绸之路的愿景与行动》(以下简称《愿景与行动》),这表明经过一年多时间的酝酿,"一带一路"已经由倡议阶段进入实际实施阶段。

【专家论道】

习近平提战略构想:"一带一路"打开"筑梦空间"

建设"一带一路",是以习近平同志为核心的党中央主动应对全球形势深刻变化、统筹国内国际两个大局做出的重大战略决策。

它对推进我国新一轮对外开放和沿线国家共同发展意义重大。当前,经济全球化深入发展,区域经济一体化加快推进,全球增长和贸易、投资格局正在酝酿深刻调整,亚欧国家都处于经济转型升级的关键阶段,需要进一步激发域内发展活力与合作潜力。"一带一路"倡议构想的提出,契合沿线国家的共同需求,为沿线国家优势互补、开放发展开启了新的机遇之窗。

"一带一路"在平等的文化认同框架下谈合作,是国家的战略性决策，体现的是和平、交流、理解、包容、合作、共赢的精神。

随着中国成为世界第二大经济体，国际社会上"中国威胁论"的声音不绝于耳。"一带一路"的建设，正是中国在向世界各国释疑解惑，向世界宣告和平崛起：中国崛起不以损害别国的利益为代价。

资料来源：王敬文．习近平提战略构想："一带一路"打开"筑梦空间"中国经济网，2014 - 08 - 11.

四、如何理解"一带一路"的内涵

（一）"一带一路"的内涵

"一带一路"倡议顺应了时代要求和各国加快发展的愿望，是一个内涵丰富、涉及面广、包容性强的巨大发展平台。可以从以下几个方面来理解和把握。

1. 古今传承。"丝绸之路"始于古代中国，是连接亚洲、非洲和欧洲的古代商业贸易路线。我国从汉、唐、宋时期通过陆路和海上把丝绸、瓷器、茶叶、冶铁、耕作等商品和技术，传播到国外，同时从国外带回国内没有的东西，这种互通有无的经贸联系和文化交流，改善了沿线国家的社会生产力和人民生活水平。今天重新提出"丝绸之路"，不是期望恢复古老丝路往日的辉煌，其现代的含义更加宽泛，"丝绸之路"成为一个象征性的标志，一个大的国家发展战略。从古到今要延续历史的精神，传承并提升古代文明，促进我国与世界各国在物质和文化等多方面更广泛的交流合作，这是实现中华民族伟大复兴"中国梦"的大战略棋局。

2. 内外开放。"一带一路"既涉及国内区域又涉及国外区域，是国内沿线区域与国外沿线国家和地区通过现代运输方式和信息网络连接起来的相互开放战略，对外开放是战略的核心。我国当代对外开放从空间上看很不平衡,沿海地区起步早,开放程度高,而内陆和沿边地区相对较晚,开放程度较低。"丝绸之路经济带"要有包括内陆地区和沿边地区的国内大部分区域参与,扩大这些地区的对外开放水平,形成全方位的开放经济体系。

3. 海陆统筹。"一带一路"既涉及陆上通道又涉及海上通道,陆路通过铁路、公路联通中国到中亚、东南亚、西亚到欧洲,形成若干条陆上大通道、大动脉;"海上丝绸之路"在古代路线基础上不断拓展新航线,也就是现在"21世纪海上丝绸之路",实现陆海连接双向平衡。"一带一路"将打破长期以来陆权和海权分立的格局,推动欧亚大陆与太平洋、印度洋和大西洋完全连接的陆海一体化,形成陆海统筹的经济循环和地缘空间格局。

4. 东西互济。"丝绸之路经济带"贯穿东西,联通南北,但主线是东西两个方向。从我国来看,过去三十多年主要是依托东部地区通过海上贸易的东向开放,"丝绸之路经济带"则更多地考虑通过连接亚欧的陆路大通道,加大西向开放的力度。我国西部地区由过去开放的末梢变为开放的前沿,向东开放和向西开放的相对均衡化,也必将促进国内东西部地区经济协调发展。当然也考虑到南北向与国际的货物运输、贸易往来,除了南方的"海上丝绸之路"外,更有北方对接"草原丝绸之路"联通东北亚的蒙古国、俄罗斯等陆路通道,开辟东北地区对外开放新局面。

5. 虚实结合。"一带一路"是一个长远的国家倡议,一个内涵丰富的大概念。由于它的边界不是完全确定的,它所涵盖的内容不是固定不变的,它的目标也不会是完全清晰的,因而使得这一倡议显得有些"虚"。但是,从提出初期的基本构想到现在推进的过程看,这一倡议正由"虚"变得越来越"实"。例如,我国与相关国家的大通道建设,陆上和海上基础设施的互联互通、能源和矿产资源合作、贸易往来日益频繁、中国产品和投资"走出去"、油气管道在建、基础设施投融资机制建立，这些都是看得见的成果，"一带一路"倡议正在一步一步地向前推进，已经变成实实在在可以落实的工作。

6. 中外共赢。"一带一路"是由我国提出的倡议，显然对我国自身发展有着重要战略意义，不仅有利于我国充分利用"两种资源、两个市场"，尤其是保障我国的能源资源安全、化解富余产能和经济转型升级，而且还有利于加强我国与周边国家尤其是新兴市场国家的经济和文化交流，建立长期合作伙伴关系。但必须看到，"一带一路"又是一个中国与相关国家能够实现互利共赢的倡议，一方面是中国的发展会对"丝绸之路"沿线国家经济产生巨大的带动效应，如带动这些国家的优势资源开发、满足这些国家对中国工业品和生产技术的需求；同时更重要的是，中国政府充分考虑到周边相对落后国家建设"一带一路"的现实困难，出巨资建立了亚洲基础设施投资银行和"丝路基金"，并鼓励中国企业向外投资，这些都会使沿线国家获得实实在在的好处和利益，从而实现共同建设、共同发展、共同繁荣。

【专家论道】

为什么要"一带一路"？

第一，开辟新市场，调整对外开放模式的需要。金融危机打破了"西方消费、东方制造"模式，整个的世界经济正在重构。过去那种"西方消费、东方制造"的国际分工模式现在都发生了巨大的变化。美国、欧洲、日本的消费能力在下降，储蓄在增加，再靠借钱来消费的模式难以为继。同时，国际经济结构性的变化对"东方制造"产生了很大的挑战。我国过去靠大量出口、巨额顺差的模式也将有所变化。在这种情况下，我们需要开辟新市场，调整我们的对外开放模式。

第二，发展"一带一路"是全球范围内对新增长动力的需求。全球性产能过剩加剧，需要新需求、新增长动力。产能过剩，其实不仅是在中国，实际上是全球各国都面临的大问题。例如石油及大宗产品价格大量的下降，都跟全球性的生产过剩有很大关系。在这种情况下，全球范围内也要有新需求，要有新的增长动力。

第三，国际贸易和投资规则的重构。美国大力推动TPP（跨太平洋伙伴关系协定）、TTIP（跨大西洋贸易与投资伙伴协定）谈判，就其目标来看，TPP和TTIP涵盖的内容与贸易自由化的水平都远远高于现行的WTO多边贸易规则，是依照发达国家经济发展水平而制定的贸易规则标准。美欧市场规模在全球占主导地位，TPP与TTIP一旦形成，现行多边贸易体制有可能被边缘化。目前包括中国在内的很多发展中国家都被排除在TPP与TTIP的谈判之外，如无应对措施，美国主导下的TPP和TTIP有可能会造成这些国家的地缘经济困局。因此，需要第三极来加以平衡。而被排除在TPP、TTIP之外的国家，大部分恰好就是在这"一带一路"之上。

第四，从国内的角度看我们也需要一种新的开放战略。过去30年，我们的开放战略是引进来，我们把国门打开，把资金引进来，技术引进来，把产品卖出去。这种开放模式现在已经受到很大的挑战。最重要的是我国的比较优势已经发生了变化。因我国劳动工资的不断上涨，现在的基本工资，加上社会保障等其他成本，一个劳动力年均要4000~5000美元。这在国际上，特别是在亚洲发展中国家里，已经是相当高的了。所以一大批劳动力密集型产品要转移出去。这部分企业要"走出去"。同样，中国是一个资源并不富裕的大国，也需要"走出去"开发资源。实际上，我国从2014年开始已经成为对外投资的净投资国。2002年时我国对外投资额还是一个很小的数字，现在已经变成世界上第三对外投资国了。

因此，从国际宏观环境变化和国内的经济需求来看，在新时期我们需要一个新的开放战略。这个新战略可以用"一带一路"来概括。虽然它叫"一带"，叫"一路"，但其范围与意义远远超出了过去的那种"带"和"路"的概念。实际上这是我们新的未来开放的一个大战略。这"一带一路"，包括的国家有 65 个，人口是 44 亿人，占全世界人口的 63%，它整个的外贸、外资的流入，每年增长是 13.9% 和 6.5%，比全世界平均增长都快很多，而且预计未来的 10 年，在"一带一路"的国家里，整个出口将会占世界的 1/3，真正成为第三极。

资料来源：汤敏."一带一路"战略彰显"大国心态"，载厉以宁，林毅夫，郑永年等. 读懂"一带一路". 中信出版社，2015.

（二）"丝绸之路经济带"

1. "丝绸之路经济带"的基本内容。"丝绸之路经济带"是在"古丝绸之路"概念基础上形成的一个新的经济发展区域。"丝绸之路经济带"，东边牵着亚太经济圈，西边系着欧洲经济圈，被认为是"世界上最长、最具有发展潜力的经济大走廊"。"丝绸之路经济带"首先是一个经济带①的概念，体现的是经济带上各地区集中协调发展的思路。

"丝绸之路经济带"是贯通亚欧两大洲的经济大陆桥。整个经济带具有明显的"两边高，中间低"特征：一头连着繁荣的亚太经济圈；另一头系着发达的欧洲经济圈，但在两个经济引擎之间

---

① 经济带是依托一定的交通运输干线、地理位置、自然环境等并以其为发展轴，以轴上经济发达的一个和几个大城市作为核心，发挥经济集聚和辐射功能，联结带动周围不同等级规模城市的经济发展，由此形成点状密集、面状辐射、线状延伸的生产、贸易、流通一体化的带状经济区域或经济走廊。

形成了一个经济凹陷带。凹陷带崛起的需求与两大经济引擎通联的需求叠加在一起，共同构筑了"丝绸之路经济带"的国际战略基础。

"丝绸之路经济带"重点畅通中国经中亚、俄罗斯至欧洲（波罗的海）；中国经中亚、西亚至波斯湾、地中海；中国至东南亚、南亚、印度洋。该经济带依托国际大通道，以沿线中心城市为支撑，以重点经贸产业园区为合作平台，共同打造新亚欧大陆桥、中蒙俄、中国—中亚—西亚、中国—中南半岛等国际经济合作走廊。经济带是在劳动地域分工基础上形成的不同层次和各具特色的带状地域经济单元。

2. "丝绸之路经济带"的涵盖范围。"丝绸之路经济带"范围广阔，将涵盖30多亿人口，涉及近40个国家。"丝绸之路经济带"的范围将不仅仅局限于中亚地区，还应包括南亚、西亚、中东欧和俄罗斯。历史上，"古丝绸之路"就分为北、中、南三线，将欧亚大陆众多的国家连接在一起。而今天，中国与欧亚大陆国家的合作日益密切，"丝绸之路经济带"可通过灵活的合作方式，将更多的国家紧密联系在一起。

首先，中亚地区与中国毗邻，有着3000多公里长的边界，中亚五国总面积400万平方公里，人口约6600万人。中亚国家独立20多年来，在国家建设方面取得了重要成就，发展经济的愿望强烈，与中国的合作快速发展，2012年中国与中亚国家的贸易额达460亿美元，人文领域的合作也不断深化。

南亚地区人口众多，近年来与中国的合作不断深化，2012年中国与印度贸易额接近700亿美元。中国与巴基斯坦的贸易额为125亿美元，潜力还远未充分发掘。今后中巴经济走廊、中缅孟印经济走廊的建设将促进中国与南亚地区的经济合作，推动各国经济发展。

中国与西亚国家通过"丝绸之路"进行友好交往的历史源远流长，近年来中国与西亚国家的合作日新月异。2012 年，中国与海湾合作委员会六国贸易额达 1550 亿美元，中国是沙特阿拉伯最大的贸易伙伴，西亚地区是中国能源的主要进口来源。2013 年上半年，中国与土耳其贸易额达 138 亿美元，同比增长 18%。中国与伊朗的贸易额已突破 400 亿美元。随着西方对伊朗的贸易制裁，中国已成为伊朗的主要经济合作伙伴。

2012 年，中国与中东欧国家贸易额达 500 亿美元；2013 年 11 月底，中国—中东欧领导人会晤通过了《布加勒斯特纲要》，提出加强中国与中东欧国家在经贸、金融、基础设施、人文等领域合作的具体措施，中国与中东欧国家的合作极具潜力。

俄罗斯和蒙古国是"丝绸之路经济带"上的重要国家，建设"丝绸之路经济带"必须加强与俄罗斯和蒙古国的合作。当前中俄关系处于历史上最好的时期，两国建立了面向 21 世纪的全面战略伙伴关系。中俄贸易额接近 900 亿美元，在能源、交通、科技、农业等领域的合作潜力巨大。俄罗斯作为连接欧亚大陆的重要国家，"丝绸之路经济带"的建设也必将促进俄罗斯经济的繁荣和中俄经济合作进一步深化。

3. 建设"丝绸之路经济带"的战略意义。"丝绸之路经济带"可进一步推动欧亚大陆各国的经济合作，促进各国经济发展，进一步改变整个欧亚大陆的经济版图。对中国来讲，建设"丝绸之路经济带"具有多重战略意义。

（1）形成全方位对外开放的新格局。中国改革开放近 40 年来，经济合作的重点是发达国家，中国从发达国家引进大量资金与技术，成立大批合资企业，生产出的产品以西方国家和周边为主要市场。1999 ～ 2012 年，中国的前七大贸易伙伴始终为欧盟、美国、日本、东盟、中国香港地区、韩国和中国台湾地区。随着全球金融危机的爆发，中国与欧盟等发达国家的贸易难有大幅增长，其原因一是发达国家的经济增长乏力；二是中国与这些国家的贸易规模已经很大，合作潜力需要深挖。2012年中国与欧盟贸易额达5460亿美元，同比下降3.7%。中日贸易额为3294亿美元，下降3.9%。但近年来，中国与俄罗斯、印度、沙特阿拉伯、伊朗、土耳其、哈萨克斯坦等国的贸易额迅速增长，且潜力巨大。2012年，中俄贸易额为881亿美元，增长11%，中俄计划到2020年使贸易额达到2000亿美元。2012年，中国与沙特阿拉伯双边贸易总额达734亿美元，同比增长14%，再创历史新高。中国继续为沙特阿拉伯第一大贸易伙伴。"丝绸之路经济带"将推动中国向西开放，深化中国与广大欧亚地区国家的经济合作，形成全方位对外开放的新格局。

（2）进一步推动西部大开发。长期以来，由于自然、历史和社会等原因，西部地区在经济发展方面相对落后。为推动西部地区的发展，减少东西部差距，2000年中国正式提出"西部大开发"战略。十多年来，国家不断加大对西部的支持力度，以基础设施、生态环境建设为突破口促进西部地区经济发展。建设"丝绸之路经济带"将为西部省份带来历史性的发展机遇。如果说中国改革开放前30年，我们主要向发达国家开放，主力军是东部省份，那么今后建设"丝绸之路经济带"、扩大向西开放的主力军将是西部省份。目前，西部各省对建设"丝绸之路经济带"的热情空前，纷纷希望利用区位优势，积极参与"丝绸之路经济带"的建设。陕西已经提出打造"丝绸之路"的"新起点"，新疆则要作"丝绸之路经济带"建设的"桥头堡"。

（3）促进产业结构转型升级，推动企业"走出去"。当前，中国加快转变经济发展方式，推动产业结构优化升级的任务艰巨。实施"走出去"战略对于我国转移过剩的生产能力，调整产业结构具有重要意义。中国对外投资规模不断扩大，2012 年中国对外直接投资达 878 亿美元，成为全球三大对外投资国之一。未来 5 年，对外投资总额达 5000 亿美元。"丝绸之路经济带"沿线一些国家经济相对落后，发展的愿望强烈，急需资金与技术，可成为中国对外投资的重点地区。

（4）保障国家能源安全。我国石油天然气对外依存度高，2015 年我国原油净进口量为 3.28 亿吨，对外依存度达到 60.6%，天然气进口量为 614 亿立方米，对外依存度达到 31.8%。我国石油天然气需求未来将持续增长，而由于国内资源有限，进口量和进口依存度还会持续上升，预计到 2030 年，石油对外依存度将超过 70%，天然气对外依存度将超过 40%。在中国的十大原油进口国中，西亚、俄罗斯、中亚国家占有 8 席，与这些国家加强能源合作，对中国保障能源安全意义重大。"丝绸之路经济带"将进一步加强中国与油气出口国的能源合作。目前，中国石油进口量的80% 要经过马六甲海峡，38% 要经过霍尔木兹海峡，存有较大安全风险。而来自俄罗斯、中亚国家的油气通过管道进口，大大降低了运输风险。

（三）"21 世纪海上丝绸之路"

1. "21 世纪海上丝绸之路"的战略走向。传统的"海上丝绸之路"航线涵盖中国、东南亚、南亚、西亚和东非部分国家。"21 世纪海上丝绸之路"也以海上航线为主要通道，但涵盖范围更广泛。

"21 世纪海上丝绸之路"重点方向有两条：一条是从中国沿海地区出发，经南海向西进入印度洋，然后通过红海、苏伊士运河进入地中海，出直布罗陀海峡进入大西洋，进入西欧和北欧，形成中国—印度洋—地中海—欧洲的经济通道；另一条是从中国沿海地区出发，经南海向南进入南太平洋，形成中国—南太平洋—大洋洲的经济通道。同时，中国政府正在积极推动共建经日本海、白令海峡，通过北冰洋航线进入北欧和西欧的经济通道。

"21世纪海上丝绸之路"的战略合作以中国沿海经济带为支撑，以重点港口为节点，通过以点带线，以线带面，形成畅通安全高效的国际海上运输大通道，增强沿线国家和地区间相互了解与交往，串起连通东盟、南亚、西亚、北非、欧洲各大经济板块的市场链，发展面向南海、太平洋和印度洋的战略合作经济带，以亚欧非经济贸易一体化为发展的长期目标。由于东盟地处"海上丝绸之路"的十字路口和必经之路，而且中国和东盟之间的合作有着广泛的政治基础和坚实的经济基础，因此是"21世纪海上丝绸之路"的首要发展目标。

2. 共建"21世纪海上丝绸之路"的战略意义。海洋是各国经贸文化交流的天然纽带。共建"21世纪海上丝绸之路"，是全球政治、贸易格局不断变化情况下，中国连接世界的新型贸易之路，其核心价值是通道价值和战略安全。尤其在中国成为世界第二大经济体、全球政治经济格局重大变化的背景下，"21世纪海上丝绸之路"的开辟和拓展无疑将大大增强中国的战略安全。

（1）构建和平稳定的周边环境。周边外交是我国外交政策的首要目标。共建"21世纪海上丝绸之路"的战略构想，首先，有利于促进南海争端的解决。中国与南海诸国缺乏政治互信，对当前中国包括经济与军事实力的快速崛起，引起众多东南亚国家的担忧，与东盟各国合作构建"21世纪海上丝绸之路"，可以促进双方搁置当前的领土主权争议，而把目光重新投向中国—东盟经济贸易上，有利于加强政治互信，维护双方关系和地区稳定大局。同时，中国构建"21世纪海上丝绸之路"有助于在南海建立新的政治经济秩序，提高中国在南海地区的话语权。

（2）维护海洋权益，建设海洋强国。中国是一个海陆大国，但是，长期以来我国偏重于陆权，对海权与海洋权益不够重视。而海洋是人类社会未来发展的最重要资源，尤其自1982年《联合国海洋法公约》生效以来，世界各国都加强了对海洋权益的重视与维护，我国也越来越意识到这一点。我国南海位居太平洋和印度洋、亚洲和大洋洲来往的"十字路口"，是世界重要的海上通道。南沙群岛位于整个东南亚地区的腹地，周边国家都力图以南沙群岛为依托来扩大战略纵深。近年来，围绕南海部分岛礁归属及部分海域划界的争议愈演愈烈，地区国家间政治互信下降，区域安全形势趋于紧张。如果任由南海形势恶化下去，势必将对地区海洋治理合作产生消极影响。"21世纪海上丝绸之路"的提出是一个重要信号，它说明中国将更加重视海洋、更加重视海权与海洋权益的维护。

（3）拓展我国经济发展空间。当前，我国已是世界第二大经济体，在新起点上科学谋划经济发展，对促进经济持续健康发展十分重要。共建"21世纪海上丝绸之路"，不仅有助于我国与"海上丝绸之路"沿线国家在港口航运、海洋能源、经济贸易、科技创新、生态环境、人文交流等领域开展全方位合作，而且对促进区域繁荣、推动全球经济发展具有重要意义，同时将大大拓展我国经济发展战略空间，为我国经济持续稳定发展提供有力支撑。

目前，我国和东盟已建成世界上最大的发展中国家自由贸易区，我国连续4年成为东盟第一大贸易伙伴，东盟是我国第三大贸易伙伴。通过共建"21世纪海上丝绸之路"，大力推动自贸区升级版建设，促进政策沟通、道路联通、贸易畅通、货币流通、民心相通，已成为沿线各国人民的共同意愿。

(4) 保障我国海洋通道的安全。我国的经济发展与外部紧密性不断增强。我国对外贸易的90%需要经过海上通道,尤其是石油、铁矿石、铜矿石、煤炭等能源资源进口严重依赖海运。以原油进口为例,2012年我国原油进口额为2203.95亿美元,其中通过海运进口额为1991.68亿美元,占总量的90.37%,其中80%要经过马六甲海峡。虽然我国已在缅甸、巴基斯坦建设两条输油管道,但仍无法取代海上能源供应线。为此,我国必须寻求与其他国家的海上合作,以确保海上通道的安全性和可选择性。

3. "21世纪海上丝绸之路"的战略架构。在传承历史渊源的基础上,结合当前中国经济发展状况和沿线国家发展实际,"21世纪海上丝绸之路"应以海洋经济合作为重点,通过与"海上丝绸之路"沿线国家深化经贸合作,推进沿海港口互联互通和自由贸易区建设,发展临港产业、货物贸易、海洋运输、远洋渔业、资源开发、海洋信息以及非传统安全领域的双边或多边合作,构筑"21世纪海上崛起之路、富裕之路"。

要实现这一发展战略,必须与沿线国家搭建合作平台,创新合作模式,形成利益共享、风险共担的经济协作新机制。具体来说,要以港口城市合作和自贸区建设为重要战略支点,促进贸易畅通和货币流通,形成一体化的沿线国际供应链、产业链和价值链,实现共同发展。

(1) 第一个支点是中国—东盟自由贸易区。中国—东盟自由贸易区(CAFTA)是中国最早建立的区域合作平台。东盟十国面积约448万平方公里,人口约6.08亿人,GDP为2.33万亿美元,农业及矿产资源丰富,市场潜力大。2014年双方贸易额达4804亿美元,双方累计相互投资已超过1500亿美元。

近期内建设重点是扩大从东盟进口、缩小贸易差额的同时,推进"2+7合作框架"① 进程,打造中国—东盟自由贸易区升级版。

（2）第二个支点是南亚区域合作联盟。南亚区域合作联盟（简称南盟）是南亚国家为加强经济、社会、文化和科学技术领域内相互合作而建立的地区性国际组织,成员包括孟加拉国、不丹、印度、马尔代夫、尼泊尔、巴基斯坦、斯里兰卡、阿富汗等。2012年该区域总人口约15亿人,领土面积约500万平方公里,经济总量超过1.5万亿美元。南盟正日益成为全球一支重要的经济力量。以建设中巴经济走廊和孟中印缅经济走廊为重要节点,可以辐射南亚地区。

近期内重点提升中巴自由贸易安排水平,启动孟中印缅经济走廊合作机制,建设昆明—曼德勒—达卡—加尔各答的铁路或高速公路,打通中国新疆与巴基斯坦瓜达尔港以及中国云南与缅甸皎漂港的交通线路,以破解马六甲困局。

（3）第三个支点是海湾合作委员会。海湾阿拉伯国家合作委员会（简称海湾合作委员会或海合会）成员包括阿联酋、阿曼、巴林、卡塔尔、科威特和沙特阿拉伯、也门七国。成员总面积267万平方公里,人口约3400万人,主要资源为石油和天然气,是西亚最重要的区域性组织,通过海合会辐射西亚地区是理想的选择。该区域2012年经济总量近1.5万亿美元,进出口贸易规模为1.2万亿美元,人均消费水平高,市场潜力巨大。

重点方向是推动中国—海合会自由贸易协定谈判进程,尽快签署自由贸易协定。推动中国与海湾国家合作由能源和矿产资源

---

① 2013年10月,李克强总理在第16次中国—东盟领导人会议上提出"2+7合作框架",即深化战略互信、拓展睦邻友好和聚焦经济发展、扩大互利共赢的"两点共识",再加上积极探讨签署中国—东盟国家睦邻友好合作条约、启动中国—东盟自贸区升级版谈判、加快互联互通基础设施建设、加强本地区金融合作和风险防范、稳步推进海上合作、加强安全领域交流与合作,以及密切人文、科技、环保等交流的"七点建议"。

领域合作向产业链合作转变,推动人民币国际化。

(4)第四个支点是南部非洲关税同盟。南部非洲关税同盟由纳米比亚、南非、莱索托、斯威士兰和博茨瓦纳五国组成。2012年人口规模为5892万人,经济总量为4180.6万亿美元,中国对南部非洲关税同盟出口151.48亿美元,进口101.39亿美元。南部非洲关税同盟是中国在非洲最重要的贸易伙伴。

重点方向是深化贸易与投资领域合作,继续推动自由贸易谈判,争取尽早达成中国在非洲的第一个自由贸易协定。同时,争取在南非及纳米比亚设立境外经济合作区,加强双边投资及矿业领域合作。加强与塞舌尔和毛里求斯的海洋渔业合作。

(5)第五个支点是欧洲联盟。欧洲联盟(简称欧盟)是世界上最大的区域经济组织,是经济最发达、规模最大的经济体,是"海上丝绸之路"和"陆上丝绸之路"的终点。该区域总人口5.05亿人,2014年经济总量18.5万亿美元。2012年中国对欧盟经济总量3342.69亿美元,占中国出口总额的16.32%,自欧盟进口2020.71亿美元,占中国进口总额的11.66%。欧盟已经成为中国最大的出口市场、进口来源地和最重要的经济伙伴。

中国与欧洲的冰岛和瑞士分别签署了自由贸易协定,但它们都不是欧盟成员。今后,中国与欧盟合作的重点是推进中国欧盟投资协定谈判进程,争取尽快启动中国欧盟自贸区谈判。中欧合作由贸易向投资和技术研发等重要领域转移,全面深化中欧战略经济伙伴关系。

(6)第六个支点是南太平洋岛国。太平洋岛国论坛,是南太平洋地区最重要的区域性政府间组织。成员包括澳大利亚、新西兰、斐济、萨摩亚、汤加等18个国家。自1990年起,中国连续28次派政府代表出席对话会,加强了中国同论坛及其成员的合作关系。2006年,中国在斐济启动了"中国—太平洋岛国经济发展合作论坛"等。作为"南南合作"的范畴之一，中国持续给予岛国无附加条件的援助，并在交往过程中不断改进援助方式，着力帮助岛国能力建设。同时，中国与新西兰签署了自由贸易协定，并正在与澳大利亚进行自由贸易协定谈判。

重点方向是拓展斐济、汤加等岛国的远洋渔业合作，加快与澳大利亚达成自由贸易协定，消除澳大利亚对"中国威胁"的疑虑。

4. 建设"21世纪海上丝绸之路"的主要内容。

（1）基础设施建设。"21世纪海上丝绸之路"沿线国家绝大多数是发展中国家，这些国家的基础设施建设有着技术滞后、覆盖率低、效能低下以及建设资金难以就位的问题，具体体现在交通、电力、通信基础设施建设的不足上。越南交通基础设施就比较落后，交通覆盖率低，每100平方公里只建设有铁路0.8公里；道路建设不完善，国道658座桥梁中有173座桥梁需要重建才能安全通车；道路运输效率低，运输车辆平均时速只有35公里。泰国铁路全长4363公里，其中单线就占3755公里，货运时速29公里、客运时速50公里。这种货运与客运能力显然无法满足现代化建设的需要。部分国家的电力匮乏问题严重，缅甸、柬埔寨、孟加拉国和老挝的用电普及率仅为52%、56%、62%和78%。整个东非地区的电力基础设施更为糟糕，平均用电普及率只有31%，坦桑尼亚的用电普及率仅为15%。

相对于"海上丝绸之路"沿线国家存在的基建缺口，中国在基础设施建设领域具有明显的比较优势。目前，中国国内基础设施建设相对完善，且有建设高难度项目的先进经验。中国基建行业企业在与"海上丝绸之路"沿线国家进行合作时，更有能力克服建设过程中的技术困难。因此，中国有能力、有条件通过与相关国家在基础设施建设领域开展广泛的合作，在重大工程承包方面积极探索全新的合作模式，实现中国同相关国家的合作共赢。

（2）产业对外投资。"海上丝绸之路"相关国家的产业类型丰富，优势产业涵盖农业、制造业、旅游业、服装纺织业等各个行业，蕴含着众多产业对外投资机遇。以东盟国家为例，马来西亚近年来在持续进行产业结构优化升级，已经形成了以制造业、服务业和旅游业为三大支柱产业的新型经济结构。目前，华为、小米等国内知名企业纷纷进驻马来西亚，将会极大地带动当地科技产业和制造业的进一步发展。泰国历来以农业大国闻名，目前是世界五大农产品出口国之一。中国作为世界上人口最多的国家，在农业种植技术方面亟待突破。中泰之间在农业方面拥有良好的合作基础。"一带一路"倡议提出以来，中泰双方也进一步加强了农产品贸易合作，这种良好的合作不仅能提高中国的农业技术和粮食产量，也将带动泰国经济进入新的发展阶段。

南亚地区，孟加拉国是近年来迅速发展的国家之一，孟加拉国人口规模大，劳动力成本低，非常适合发展劳动密集型产业。随着中国劳动力成本的快速增长，服装纺织类等低附加值产业在国内面临巨大的生存压力，亟须实现转型。未来，劳动密集型且低附加值的产业逐渐转移至孟加拉国对中国和当地都是一个双赢的发展机遇。产业转移可以促进中国国内产业升级，孟加拉国也可借此扩大国内就业市场，带动本国经济发展。同时，随着"一带一路"倡议的深入，孟加拉国的旅游业也开始发展起来。

此外，中国同巴基斯坦、斯里兰卡等国家也有广阔的产业合作前景。早在"一带一路"倡议提出之前，中巴经济走廊的建设已经提上日程。2013 年，中国港控公司接手巴基斯坦瓜达尔港的开发和经营权。作为"丝绸之路经济带"和"21 世纪海上丝绸之路"的交汇点，瓜达尔港在中国的经营之下逐渐成为"海上丝路经济带"上的重要港口，也为巴基斯坦经济注入了新的活力。由于中国对于瓜达尔港周围的全方位建设,附近地区居民的就业水平、教育水平、医疗水平都有了明显的提升。斯里兰卡主要以种植园经济为主,作为第一批表态支持中国"一带一路"倡议的国家,斯里兰卡已经和中国建立了良好的合作关系,2014 年,中国港湾有限责任公司投资 14 亿美元建设斯里兰卡的"科伦坡港口城市"项目,这也是斯里兰卡至今最大的外资项目。一旦"科伦坡港口城市"建设完成,15 年内预计将吸引 200 亿美元的外部投资。

(3) 资源合作开发。在"海上丝绸之路"沿线国家中,有许多国家在自然资源方面有明显的比较优势。中国应在坚持互利互惠原则的基础上,把握在资源合作开发领域的战略性机遇,积极同相关国家展开合作,共同完成自然资源的可持续开发和利用。其中,矿产资源方面,亚洲国家中,印度尼西亚锡储量居世界第二,占世界储量的 17.02%。印度尼西亚的煤炭资源同样丰富,2016 年印度尼西亚已探明储备占世界总储备的 2.2%,2015 年煤炭产量为 4.69 亿吨。马来西亚钇矿储备居世界第五,钍矿储量居世界第七。越南钛矿储量居世界第十三。斯里兰卡钇矿储备居世界第七。农业资源方面,印度尼西亚、马来西亚以及泰国的棕榈油产量常年稳居世界前三。2016 年,巴基斯坦棉籽产量居世界第三。

中国企业可以多种模式参与海外资源开发合作。主要模式有:①中外合资开发,是指中国企业与当地企业进行合资设立资源开发企业,国内企业可以根据自己的风险承受能力选择出资方式和出资金额,同时为项目提供设计、设备、服务。从实践来看,这种模式是目前中国进行国外资源开发的主要模式之一。这种模式可以方便企业灵活出资,有助于调动国外企业的积极性。②产能购买模式,是指企业对国外的资源开发公司进行投资,作为回报,国外资源开发公司对国内提供资源供应。③并购模式,是指中国企业通过购买国外资源开发企业股权等方式,获取国外资源开发企业的控股权，占有矿山产品的长期包销权，将资源产品拿回中国市场。④风险勘探模式，主要是通过风险投资模式获取东道国资源勘探和开采权。⑤租赁经营模式，指企业通过承租的方式进行自主经营，从而获得一定年限的东道国资源开采权限。这种模式可以避免复杂的并购流程，也可以避免并购之后出现的文化冲突等，比较适合中国对非洲等矿业基础设施不发达国家的开发。⑥资源互换模式，指企业利用自身品牌影响力等资源为东道国资源企业垫资建设，作为互惠，东道国企业给予中国企业资源开发权。该模式是建立在企业对东道国比较了解的基础上，同时具备长期合作的条件，更适合国内一些大型资源开发企业。此外，中国企业还探索出了"政府推进、开行融资、企业承贷、信保担保"四位一体的开发模式，有效地降低了企业在境外资源开发过程中遇到的困难。

（4）海洋经济合作。在推动"海上丝绸之路"建设的过程中，海洋经济合作是主线之一。近年来，世界各国的海洋经济投入不断增加，海洋科技进步迅速，现代海洋经济的迅猛发展为中国与"海上丝绸之路"沿线国家的国际合作提供了新的动力；同时，在"一带一路"建设的推进过程中，蓝色经济以其全球共识性和低敏感度正在成为国际海洋合作的重要潮流和趋势，将显著深化中国与东盟国家合作，加快"海上丝绸之路"建设的步伐。具体来说，"海上丝绸之路"沿线的国际海洋合作可从以下四个方面展开。

第一，在海洋资源开发利用上，一是与沿线国家在石油、天然气、金属矿产等能源资源上的贸易，尤其是中东、西亚等油气资源丰富地区的贸易；二是在海洋资源开发投资方面，参与油气资源开发的全球产业链分工，加大在资源勘探、开发、加工、运输等环节的投资，在加强开发及深加工领域合作的同时向产业链的高端环节延伸；三是在海上能源通道方面，强化通道沿线国家的合作，共同重建海上能源资源的运输通道，保障安全的能源供给。

第二，在海洋科技合作上，中国自身科技实力雄厚，在此基础上进一步深化海洋科技国际交流合作，与沿线国家积极合作探索在海洋工程、海水淡化、海洋环境监测、海洋油气开采、海上平台等技术的创新。中国可以加大在海洋科技领域的研发投入，引进研究海洋经济和科技的国际学术机构，同时举办国际海洋科技论坛等活动，加强在海洋科技和教育等领域的国际合作。

第三，在海洋产业开发上，推动中国与沿线重点港口城市合作开发临港产业集聚区，为国际产能合作打造支撑平台。产业园区是承接产业转移和产业集聚的重要载体。中国企业在"走出去"过程中逐渐摸索出主导产业带动国内上下游或关联产业"抱团出海"的产能合作模式。临港产业聚集区依托港口的区位优势和腹地经济，通过中外政府、园区、企业三个层面的合作，完善港口和园区基础设施，能够有效实现两国产业链分工合作，加快"海上丝绸之路"沿线的国际产能合作。

第四，在海洋生态保护上，中国可以积极探索与沿线国家建立国际合作和协调的机制，通过参与甚至引领海洋环境保护提升中国在"海上丝绸之路"沿线的影响力。国际海洋合作与海洋产业的发展不可避免地会对海洋环境造成压力，有可能引发各国间的利益冲突，亟须国际合作和协调的长效机制来调和各国的矛盾。中国可以从中发挥领导角色，引导制定"海上丝绸之路"沿线海洋生态保护公约，加强海洋环境执法管理，推进与沿线各国的生态保护技术、人才及信息合作。

【专家论道】

"一带一路"倡议构想的意义

作为中国政府推出和推动的国际合作倡议，"一带一路"将成为新时期中国最重要的国家战略布局。如果仅仅把"一带一路"看成一个区域规划,那肯定低估了"一带一路"的影响。对内是加强区域协同、盘活存量经济、消化产能过剩的重要抓手。对外是资本带动产能输出、拓展外交存在、扭转国际收支困境的突破口。

意义之一:促进区域协同发展,优化空间格局

"一带一路"打破原有点状、块状的区域发展模式。无论是早期的经济特区、还是 2013 年成立的自贸区,都是以单一区域为发展突破口。"一带一路"彻底改变之前点状、块状的发展格局,横向看,贯穿中国东部、中部和西部,纵向看,连接主要沿海港口城市,并且不断向中亚、东盟延伸。这将改变中国区域发展版图,更多强调省区之间的互联互通,产业承接与转移,有利于加快我国经济转型升级。

领导人重点调研新疆、福建、宁夏、陕西。"一带一路"几乎覆盖中国大多数省区,地方也在积极主动地融入该战略。其中,国家领导人重点调研新疆等地区,确定"新疆丝绸之路经济带"核心区的战略地位,推动福建建设通向中西部和东南亚的运输大通道,发展陕西临空经济产业构筑空中"丝路"。地方战略目标明确,功能定位清晰,重点开发特色资源和优势产业,改变各地同质化发展问题。

意义之二:推动全方位开放,加快外交突围

习近平出访路线涵盖"一带一路"沿线主要国家。自 2013 年 9 月,习近平首次提出"一带一路"以来,出访哈萨克斯坦、吉尔吉斯斯坦、印度尼西亚、德国、蒙古国、塔吉克斯坦、马尔代夫、斯里兰卡和印度等国家,访问期间,习近平多次强调双方共建"丝绸之路经济带"与"21 世纪海上丝绸之路",如中哈共建油气管道建设,加强油气开发和加工合作;中蒙促进亚欧跨境运输;中国与东盟国家加强海上合作,发展好海洋合作伙伴。"一带一路"在亚洲各国逐步达成共识。"一带一路"在亚信峰会、中国—东盟领导人会议等国际会议上成为最受关注的主题，各国领导人认同感不断加强。

亚洲基础设施投资银行、金砖国家开发银行、上合组织开发银行的建设等是"一带一路"的资金保障。"一带一路"的推进也有利于扩大在周边区域人民币跨境使用，推广人民币支付系统。对鼓励中资企业在境外设立机构，鼓励沿线国家金融企业来华设立机构也有很大帮助。

意义之三：消化过剩产能，化解债务风险

产能过剩是当前中国经济面临的最大症结之一。通常健康且创利的产业产能利用率应当在85%以上，而据国际货币基金组织测算，2011年中国全部产业产能利用率不超过65%。尽管中央自十八大以来加大力度去产能，但传统产业的产能过剩并没有明显缓解，甚至有所加重。根据央行公布的5000户企业调查数据显示，设备能力利用水平从2016年末的41.2%进一步下降到40.6%，距危机前45%左右的水平仍有较大缺口。PPI已经连续32个月负增长，超过了20世纪90年代末的31个月。2017年发电设备的平均利用小时数大概在4300小时，远低于上年和历史正常水平。这些迹象都表明中国仍存在严重的产能过剩。

在国内房地产等传统需求引擎低迷的背景下，出口是化解产能过剩为数不多的途径。上一轮去产能和加入WTO带来的外需红利就有很大关系。但美国、欧洲和日本等传统的出口市场增量空间不大，国内的过剩产能很难通过他们进行消化，在国内消费加速启动难以推进的情况下，通过"一带一路"以资本输出带动产能输出、开辟新的出口市场是很好的抓手。

意义之四：获取战略资源，拓展经贸合作

中国的油气资源、矿产资源对国外的依存度较高，现在这些

资源主要通过沿海海路进入中国，铁矿石依赖于澳大利亚和巴西，石油依赖于中东，渠道较为单一。中国与其他重要资源国的合作还不深入，经贸合作也未广泛有效地展开，使得资源方面的合作不稳定和牢固。"一带一路"新增了大量有效的陆路资源进入通道，对于资源获取的多样化十分重要。

意义之五：强化国家安全，开拓战略纵深

我国的资源进入主要是通过沿海海路，而沿海直接暴露于外部威胁，在战时极为脆弱。我国的工业和基础设施也集中于东部沿海地区，在战略纵深更高的中部和西部地区，特别是西部地区，地广人稀，工业和基础设施相对薄弱，还有很大的发展潜力，在战时受到的威胁也少，通过"一带一路"加大对西部的开发，将有利于战略纵深的开拓和国家安全的强化。

意义之六：提升国民收入，扭转国际收支困局

中国的经济发展长期以来过度重视GDP（国内生产总值），而忽略了GNP（国民生产总值）。GNP与GDP的差异主要是对外净资产收益，在这一点上，中国一直深陷对外净资产与负收益并存的窘境。

截至2014年三季度，中国的对外净资产虽然高达1.8万亿美元，但前三季度的投资收益却只有负的231亿美元。相比之下，美国对外净资产是负的4.6万亿美元，也就是净负债国，但美国的投资收益却是正的2288亿美元。简单来说，中国作为借给别人钱的人竟然还要给别人支付利息，而美国作为借钱的人竟然有巨额的利息收入。

问题出在两个方面：从对外负债端来看，中国引入外资的方式主要是外商直接投资（FDI），而FDI由于享受了地方政府的诸多优惠政策，收益率普遍较高，据世界银行统计，在华FDI的投资收益率可能超过20%。但更重要的是资产端的问题，中国对外

投资的收益过低。

中国对外投资收益低下的主要原因是：中国6万多亿元的对外资产头寸主要是央行近4万亿元的储备资产，占比超过60%。相比之下，日本近7万亿美元的对外资产中只有16.8%是央行掌握的储备资产，大部分的对外资产是由私人部门持有。中日两国都在长时间的出口繁荣之后积累了大量的对外资产头寸，但不同的是，日本的对外资产主要由私人部门来持有和经营，主要形式包括对外直接投资、股权投资、债权投资等，最著名的案例是日本人买下了洛克菲勒中心。而中国的对外资产通过强制结售汇都转移到了央行手中，由外管局和中投公司集中管理，集中管理的结果是只能被动地大量配置美元和美债资产，由于美债收益率低下、美元持续贬值，严重影响了这部分投资的收益。

对外净资产的收益低下抑制了国民生产总值和国民收入的增长，事实上是国民福利的损失。为了扭转这种国际收支的困局，必须加快调整对外资产结构，降低储备资产的比例，加快对外直接投资和证券投资，而这种资本输出正是"一带一路"倡议的重要内涵。

资料来源：管清友. 为什么说"一带一路"是"一号工程"？. 载厉以宁，林毅夫，郑永年等. 读懂"一带一路". 中信出版社，2015.

五、"一带一路"包括哪些国家

（一）"一带一路"区域包含的国家

打开世界地图可以发现，"一带一路"是世界上跨度最长的经济大走廊：发端于中国，贯通中亚、东南亚、南亚、西亚乃至欧洲部分区域，东牵亚太经济圈，西系欧洲经济圈，包括60多个国家，总人口超过44亿人，占全世界人口的63%；"一带一路"将亚太经济圈、欧洲经济圈这当今世界最具活力的两大经济圈链接起来，成为未来世界最具发展潜力的经济带，经济总量超过 20 万亿美元，占全球经济总量的 30%；沿线大多是新兴经济体和发展中国家，普遍处于经济发展的上升期。根据世界银行数据计算，1990～2013 年，全球贸易、跨境直接投资年均增长速度为 7.8% 和 9.7%，而这 65 个国家同期的年均增长速度分别达到 13.1% 和 16.5%；尤其是国际金融危机后的 2010～2013 年，"一带一路"沿线国家的对外贸易、外资净流入年均增长速度分别达到 13.9% 和 6.2%，比全球平均水平高出 4.6 个百分点和 3.4 个百分点，是全球贸易投资最为活跃的地区。"新丝路"战略构想，契合沿线国家的共同需求，沿线各国是共建"一带一路"的天然合作伙伴。

【小资料】

"一带一路"包括哪些国家？

除中国以外，"一带一路"共包括 66 个国家。具体为：

东北亚（2 国）：蒙古国、俄罗斯；

中亚（5 国）：哈萨克斯坦、吉尔吉斯斯坦、塔吉克斯坦、乌兹别克斯坦、土库曼斯坦；

东南亚（11 国）：越南、老挝、柬埔寨、泰国、马来西亚、新加坡、印度尼西亚、文莱、菲律宾、缅甸、东帝汶；

南亚（8 国）：印度、巴基斯坦、孟加拉国、阿富汗、尼泊尔、不丹、斯里兰卡、马尔代夫；

中东欧及南欧（18 国）：希腊、塞浦路斯、波兰、捷克、斯洛伐克、匈牙利、斯洛文尼亚、克罗地亚、罗马尼亚、保加利亚、塞尔维亚、黑山、马其顿、波黑、阿尔巴尼亚、爱沙尼亚、立陶宛、拉脱维亚；

独联体其他（6 国）：乌克兰、白俄罗斯、摩尔多瓦、格鲁吉亚、阿塞拜疆、亚美尼亚；

西亚和北非（16 国）：土耳其、伊朗、叙利亚、伊拉克、阿联酋、沙特阿拉伯、卡塔尔、巴林、科威特、黎巴嫩、阿曼、也门、约旦、以色列、巴勒斯坦、埃及。

此外，习近平主席 2014 年 11 月访问南太平洋国家时提出，"南太平洋地区是中方提出的'21 世纪海上丝绸之路'的自然延伸"，对澳大利亚、新西兰等参与"21 世纪海上丝绸之路"建设持开放态度，澳大利亚、新西兰已表示有兴趣加入，因此"一带一路"也包括这两个国家。

"一带一路"是开放的。随着"一带一路"倡议的推进，会有更多的国家争取加入其中，"一带一路"的朋友圈会越来越壮大。

（二）"一带一路"建设倡议支点国家

"一带一路"建设涵盖的 60 多个国家，在人口数量、经济规模、战略位置、辐射能力、安全状况，以及参与意愿等方面各不相同，为了高效率、低风险地推进"一带一路"建设，就应该精心选择战略支点国家优先推进，然后以点带线，以线带面。

倡议支点国家是指在国与国关系中对于实现某个国家重要战略目标具有关键意义、起重要支撑作用的相关国家。"一带一路"建设倡议支点国家则是指在推进"一带一路"建设中具有关键意义、起重要支撑作用的相关国家。精心选择倡议支点国家对于高效有序地推进"一带一路"建设具有重要意义。

作为"一带一路"建设倡议支点国家，应当同时具备以下条件：一是倡议位置突出。处于"一带一路"建设的重要节点，能够发挥枢纽作用。二是辐射能力强。人口基数、经济体量较大，在区域有比较强的辐射、影响能力，或者能发挥示范作用。三是参与意愿强烈。双方互有优势、互有需求、互为机遇，战略契合度高，易于进行战略对接。四是双边关系高水平。有比较成熟的沟通协调机制，有良好双边经贸关系，利益融合度高，在倡议利益上和中国不存在直接的、涉及国家根本利益的冲突。五是安全系数高。国内政治经济比较稳定，遵循基本的、具有共识的国际规范，可以保证我国在巨大投入资金的同时能够获得长期稳定的收益。

1. 蒙古国。蒙古国是"一带一路"北线的重要支点，也是中俄蒙经济走廊的中心节点，是通往俄罗斯重要经济区域的捷径。近年来，两国高层互动密切，2014 年两国宣布将战略伙伴关系提升为全面战略伙伴关系。蒙古国对我国经济依赖不断加大，中国是蒙古国最大贸易伙伴，是蒙古国外国直接投资主要来源国之一。蒙古国对"一带一路"倡议反应积极，蒙古国希望中方将"一带一路"同蒙方的"草原之路"倡议、俄方的"跨欧亚大通道"建设有机结合，借助中国的资金实力发展蒙古国经济。

2. 泰国。泰国是连接东盟 6 亿多人口大市场的天然交汇点，区位优势得天独厚。泰国经济体量、市场规模较大。中国是泰国最大贸易伙伴、最大进口来源地和最大出口市场，泰国是中国在东盟的第四大贸易伙伴。泰国对接"一带一路"欲望强烈，希望借助"一带一路"极大提升泰国作为东盟互联互通枢纽的地位，是从陆海两个方面主动与我国进行战略对接的重要国家。目前泰国正大力发展基础设施建设，推动地区互联互通和泛亚铁路网建设。

3. 印度尼西亚。印度尼西亚地处印度洋与太平洋交汇处，坐拥马六甲、龙目、巽他海峡等海上战略通道，是沟通亚洲和大洋洲、太平洋和印度洋的交通枢纽，是"21 世纪海上丝绸之路"联通大洋洲、欧洲和非洲等地区的关键节点。印度尼西亚是东盟最大经济体，人口 2.48 亿人，仅次于中国、印度和美国，居世界第四位，境内自然资源丰富，石油、天然气和锡的储量在世界占有重要地位，发展潜力大。印度尼西亚作为东盟创始成员国，在东盟一体化建设中发挥着重要作用。印度尼西亚还是 G20 成员国、万隆会议十项原则的重要发起国之一，是亚非新型伙伴关系、77 国集团、伊斯兰会议组织等国际/地区组织的倡导者和重要成员，在地区和国际事务中发挥独特作用。目前，中国与印度尼西亚关系正处于历史最好时期，两国就深化全面战略伙伴关系达成重要共识。印度尼西亚的"全球海洋支点"战略与中国提出的"一带一路"倡议高度契合，目前两国同意携手打造"海洋发展伙伴"。

4. 巴基斯坦。巴基斯坦位于南亚、中亚与中东的交接处，位居区域地缘核心位置，既是中国进入中东的陆上通道，也是中国进入印度洋（尤其是波斯湾）的前进基地，对于我国破解"马六甲梦魇"，加强中国西部的发展稳定至关重要。巴基斯坦人口多，发展潜力、市场潜力巨大。巴基斯坦是中国的"全天候战略合作伙伴"，两国政治高度互信，无论国际局势和巴基斯坦国内局势如何变化，中巴之间的友谊和政治互信不会变化。巴方希望通过"中巴经济走廊"建设，加快推进"丝绸之路复兴背景下的和平发展"。目前中巴在推进"一带一路"建设方面已经取得重大进展。瓜达尔港建设的全面铺开将为我国海上建设提供很好的示范作用。

5. 斯里兰卡。斯里兰卡位于孟加拉湾和阿拉伯海之间的枢纽地带，位于印度洋主航道中心附近，在转运、中转和补给等方面具有天然优势，战略位置极其重要，对于加强中国在印度洋的地位具有重要作用。斯里兰卡是亚太地区最具吸引力的投资地之一，中国元素无论是从经济还是地缘政治上都已经深深植根于斯里兰卡，中斯关系有波动但不会有波折。中国作为斯里兰卡最大的投资国,是拉动斯里兰卡经济发展最强劲的外部动力,因此,斯里兰卡积极回应中国"一带一路"倡议,并且成为亚洲投资银行(以下简称亚投行)创始成员国,中斯在"21世纪海上丝绸之路"和亚投行等框架内合作,将有利于斯里兰卡实现其国家发展战略目标。

6. 俄罗斯。俄罗斯地跨欧亚两洲,北邻北冰洋,东濒太平洋,西接大西洋,西北临波罗的海、芬兰湾,是我国最大邻国,也是中国北部稳定、战略西向最需协调的国家。俄罗斯是能源大国,境内能源资源丰富。俄也是人口大国,人口超过1.4亿人。俄罗斯跨欧亚大铁路是"一带一路"基础设施互联互通的重要基础。中俄全面战略协作伙伴关系不断深化,两国关系保持高水平运行,两国在联合国安理会、20国集团、金砖国家、东亚峰会、世界贸易组织、上海合作组织等多边组织战略协作密切。中俄两国经济互补性强,合作空间大。在2014年索契冬奥会期间,习近平主席和普京总统就俄跨欧亚大铁路与"一带一路"的对接问题达成战略共识。俄制定了西伯利亚和远东地区的发展规划,提出"跨欧亚发展带"构想,对接"中蒙俄经济走廊"建设。

7. 哈萨克斯坦。哈萨克斯坦地处东亚、东欧、中东和南亚的十字路口,位于"丝绸之路经济带"的中心区域,是推动"丝绸之路经济带"互联互通的中心枢纽。哈萨克斯坦是中亚大国,是中亚区域最具影响力的国家,在亚信会议、上海合作组织、欧亚经济共同体、集体安全条约组织、独联体等区域性组织具有重要影响。中哈经济互补性强,利益契合度高,战略对接顺畅。中哈在互联互通上各有所需。哈作为世界上最大的内陆国,希望通过"丝绸之路经济带"建设,从中国获得更多的出海口,拉近与世界的距离;中国则希望通过完善大陆交通路网,利用哈萨克斯坦的过境优势,更安全稳定地进出口产品。

8. 波兰。波兰地处欧洲东西交汇处，地理位置优越，区域优势明显，目前多条国际铁路、公路贯穿全境，渝新欧、蓉欧、苏满欧、汉欧、郑欧等多条铁路货运线路经过或抵达波兰，并辐射整个欧洲大陆。波兰是中国在中东欧地区最大的贸易伙伴，是中东欧国家中唯一一个加入亚投行的创始成员国，中国是波兰在亚洲地区最大贸易伙伴，还是波兰第三大进口来源。波兰作为"丝绸之路经济带"的重要一环，非常重视中国提出的"一带一路"倡议，认为这一倡议将给波兰带来巨大发展机遇，波兰愿意将"一带一路"倡议同波兰国家战略对接，愿意在推进"一带一路"建设中居于一个中心位置，希望以波兰为枢纽，规划打造新的物流线，建设辐射中东欧的物流中心，并为推动中欧以及中国和中东欧国家的"16+1"合作提供动力。

9. 希腊。希腊地处欧洲东南部、巴尔干半岛南端，处在欧洲和亚洲的交汇地带，是连接欧亚非的战略要地，是进入东南欧和东地中海地区新兴市场的理想地点，是从南部、中东和远东到欧洲的门户，也是串联"丝绸之路经济带"构想的重要支点。希腊作为欧盟中较弱的发达国家之一，经济基础较薄弱，制造业较落后，是欧洲本轮债务危机最严重的国家，对中国资金渴求度高。希腊拥有完善的海陆空交通网络，在海运业、船舶制造等领域具有突出优势，而且对参与"一带一路"建设意愿强烈，期待成为中欧贸易的"桥头堡"。

10. 埃及。埃及地处亚非欧三大洲交通要冲，扼守苏伊士运河航运要道，一脚踏三洲、跨两海两洋，作为"一带一路"西端交汇地带的区位优势突出。埃及是中东、非洲人口最多的国家，发展空间大。埃及是中阿、中非合作论坛机制的重要成员，在中东北非有重要影响，埃及的地位有助于协调和推动中国与中东北非国家的交流与合作。中埃经济互补性强，产能合作潜力大，埃及对共建"一带一路"意愿强烈。目前,中埃建立了政府间产能合作机制,签署了中埃产能合作框架协议,涉及交通、电力等重点领域的15个产能合作优先项目,有利于与中国先进产能实现对接。

11. 土耳其。土耳其地跨亚欧两洲,连接黑海和地中海,位于连接欧亚非三大洲的十字路口处,是亚洲通往欧洲的重要门户,地理位置和地缘政治意义极为重要,是推进"一带一路"建设至关重要的节点。土耳其是中东第一大经济体,又是继金砖国家之后又一蓬勃发展的新兴经济体,在国际社会享有"新钻国家"的美誉,经济发展潜力巨大。中国企业深度参与包括安伊高铁在内的大型基础设施项目建设,两国具有坚实的合作基础,具有对接"一带一路"的强烈政治意愿和民意共识,将积极融入"一带一路"作为发展对华关系的重大方针,其发展基础设施建设、工业化和产业升级的迫切需求,与中国高铁、核电等优势产能也十分契合。

12. 澳大利亚。澳大利亚四面环海,位于南太平洋和印度洋之间,是"21世纪海上丝绸之路"在大洋洲最重要的节点国家。澳大利亚作为发达的资本主义国家,是南半球经济最发达的国家。中澳经济互补性强,中国与澳大利亚经济合作源自天然,潜力巨大。澳大利亚希望两国通过共享各自在市场、资本、资源等领域的优势,开启充满跨境商贸机遇的新时代,希望深度参与"一带一路"建设。目前,中澳自由贸易协定生效,人民币清算行花落悉尼,澳大利亚还是亚投行的创始成员国,在推动中澳贸易、人民币国际化和中国企业"走出去"等方面扮演重要角色。

问题二 如何领会"一带一路"的基本框架

【导入案例】 中阿构建"1+2+3"合作格局

新华网北京2014年6月5日电（记者何奕萍、张媛）5日上午，中国—阿拉伯国家合作论坛第六届部长级会议在人民大会堂开幕。国家主席习近平出席开幕式并发表了题为《弘扬丝路精神，深化中阿合作》的讲话。

习近平说，中阿共建"一带一路"，既要登高望远，也要脚踏实地。登高望远，就是要做好顶层设计，规划好方向和目标，构建"1+2+3"合作格局。

习近平指出，"1"是以能源合作为主轴，深化油气领域全产业链合作，维护能源运输通道安全，构建互惠互利、安全可靠、长期友好的中阿能源战略合作关系。"2"是以基础设施建设、贸易和投资便利化为两翼。加强中阿在重大发展项目、标志性民生项目上的合作，为促进双边贸易和投资建立相关制度性安排。中方将鼓励中国企业自阿方进口更多非石油产品，优化贸易结构，争取中阿贸易额从2013年的2400亿美元在未来10年增至6000亿美元。中方将鼓励中国企业投资阿拉伯国家能源、石化、农业、制造业、服务业等领域，争取中国对阿非金融类投资存量从2013

年的100亿美元在未来10年增至600亿美元以上。"3"是以核能、航天卫星、新能源三大高新领域为突破口,努力提升中阿务实合作层次。双方可以探讨设立中阿技术转移中心,共建阿拉伯和平利用核能培训中心,研究中国北斗卫星导航系统落地阿拉伯项目。

习近平说,脚踏实地,就是要争取早期收获。阿拉伯谚语说:"被行动证明的语言是最有力的语言。"只要中阿双方有共识、有基础的项目,如中国—海湾阿拉伯国家合作委员会自由贸易区、中国—阿联酋共同投资基金、阿拉伯国家参与亚洲基础设施投资银行筹建等,都应该加快协商和推进,争取成熟一项实现一项。"一带一路"建设越早取得实实在在的成果,就越能调动各方面积极性,发挥引领和示范效应。

资料来源:习近平:做好顶层设计,构建"1+2+3"中阿合作格局.新华网,2014-06-05.

一、"一带一路"的总体目标与使命是什么

(一)目标:迈向三个共同体

"一带一路"是中国提出的合作倡议,必然体现着中国对当今世界秩序和人类未来走向的判断。国家发展改革委、外交部、商务部联合发布《推动共建丝绸之路经济带和21世纪海上丝绸之路的愿景与行动》(以下简称《愿景与行动》)中强调,"一带一路"建设要秉持和平合作、开放包容、互学互鉴、互利共赢的理念,全方位推进务实合作,打造政治互信、经济融合、文化包容的利益共同体、命运共同体和责任共同体。① 三个共同体的目

---

① 国家发展改革委,外交部,商务部.推动共建丝绸之路经济带和21世纪海上丝绸之路的愿景与行动.人民出版社,2015.下文对此文件的参考和引用不再一一列出。

标，体现了中国所持有的超越民族国家和意识形态的"全球观"，体现了构建以合作共赢为核心的新型国际关系的"中国方略"。

关于三个共同体的内涵，李克强总理在"博鳌亚洲论坛2014年年会"开幕式上做过解释。在《共同开创亚洲发展新未来》的主旨演讲中，李克强指出，在全球化深入发展的大背景下，世界各国的发展都不能独善其身，亚洲则更不例外①。李克强总理在演讲中提出的构建亚洲"三个共同体"的重要论断。

第一，坚持共同发展的大方向，结成亚洲利益共同体。亚洲国家要继续同舟共济、共克时艰，把经济的互补性转化为发展的互助力，不断扩大利益交汇点，实现互惠共存、互利共赢。

第二，构建融合发展的大格局，形成亚洲命运共同体。地区国家要深化各领域务实合作，在开放中融合，在融合中发展，系牢经济联系的纽带，抓住创新发展的机遇，掌握自己的发展命运。

第三，维护和平发展的大环境，打造亚洲责任共同体。实现亚洲的和平与稳定，需要地区国家凝聚共识，积极作为，共同担当起应尽的责任。各国应推动安全对话与磋商，加强灾害管理、海上搜救、反对恐怖主义、打击跨国犯罪等非传统安全领域合作，积极探讨建立亚洲区域安全合作框架。②

在李克强看来，利益共同体更多的是指贸易和投资领域，强调把经济的互补性转化为发展的互助力，不断扩大利益交汇点，实现共同发展、互惠共存、互利共赢。

1. 利益共同体是基础。当今世界，全球化的深入发展深刻影响着世界发展进程。在这一大趋势下，人类已经成为你中有我、我中有你的命运共同体，利益高度融合，彼此相互依存。因此，

①② 李克强. 共同开创亚洲发展新未来——在博鳌亚洲论坛2014年年会开幕式上的演讲. 人民日报，2014－04－11.

人类命运共同体首先是一个利益共同体。利益共同体理念立足于多方互利的务实合作，提升利益整合，不断扩大利益交汇点。各国应在寻求共同利益的过程中，不断减少分歧，以利益促合作、谋发展，从而实现彼此之间的互利共赢。

从经济上看，相互依存不仅是指彼此互有需要，更是指在经济发展中的每一个环节都环环相扣，密不可分，许多国家都是国际生产链中的一个环节；高度融合是指中国发展离不开世界，而世界经济也离不开中国。中国在主动融入世界的同时，也在为世界的经济和社会发展肩负起应尽的责任，并发挥着日益重要和不可替代的作用。

实践证明，只有回应了沿线国家现代化的发展需求，"一带一路"的建设才可能得到它们的支持与投入。"一带一路"的建设将充分考虑相关国家的发展要求，以沿线国家（尤其是发展中国家）经济现代化为要义，寻求中国与这些国家共同利益的真正契合点。这种新型的合作建立在相关国家充分讨论和协商的基础之上，确保建设成果不仅符合对方国家的利益和需求，也能够提升中国企业"走出去"的地位，同时改善国际形象，提高国际地位。

"一带一路"建设还要求在发展对外关系时做到经济、政治、安全与文化利益的兼顾和协调。

在"一带一路"建设中，中国追求以经济合作为先导、确保沿线国家合作意愿，以政治合作为基石、消除开展经济合作的人为障碍，以文明交流和文化合作为支撑、弥合沿线国家人民信任鸿沟、赢得民心、塑造合作基础，进而拔除极端势力根源，预防安全冲突，打造一种全方位的对外关系发展理念。这一理念可谓"多管齐下"，有助于确保我国以建设"丝绸之路"回馈世界的效果，赋予了"一带一路"倡议空前的稳定性。

在"一带一路"建设过程中，中巴经济走廊可以说是启动最早、进展最快、效果最为显著的项目之一。自 2015 年 3 月以来，走廊框架下在建或已建成的早期收获项目达到 19 个，总投资额达 185 亿美元。近几年还将陆续有重大项目竣工。可以说，作为"一带一路"的旗舰项目，中巴经济走廊建设为中巴乃至地区国家深入推进"一带一路"建设树立了典范。

除了中巴经济走廊外，"一带一路"建设还与哈萨克斯坦的"光明之路"等实现了对接合作，与欧盟的"容克计划"等达成对接共识……有数据表明，中国对世界经济增长的贡献率超过 30%。

实践证明，中国经济平稳健康发展为世界经济发展提供了动力，中国同一大批国家的共同发展、联动发展，可以使世界经济发展更加平衡、更加稳定。而带动一大批国家共同发展，正是中国促进各国利益高度融合、致力于构建人类命运共同体的鲜明体现。

2. 责任共同体是担当。当前，经济全球化向纵深发展，世界经济相互依存度不断提升，与此同时，世界经济复苏乏力，保护主义上升，"逆全球化"思潮抬头，经济一体化进程面临挑战。而这些挑战和问题又非一国能应对和解决，需要所有国家齐心合力，承担共同但有区别的责任，解决人类面临的共同问题，推动人类社会的发展与进步。目前国际社会的许多问题超越了国别、国界的限制，单靠一国的力量难以解决，诸如生态问题、非传统安全问题等，这就需要各国承担起其对应的责任，彼此加强沟通配合，摒弃意识形态的羁绊，同心协力应对挑战，建立"责任共同体"。"一带一路"建设是相关国家尝试解决全球性问题的创举，有助于相关国家携手直面问题，共同出力提供公共产品，真正做到责任共担。

中国提出"一带一路"倡议，是和沿线各国一起对全球治理中存在的现实问题进行积极探索，它将有助于相关国家携手应对气候变化、生态恶化、贸易投资保护、贫困问题、极端主义等现实威胁，共同提供一项新的全球公共产品，是对现有全球治理机制的补充和完善。

而更为重要的意义在于，中国的"一带一路"倡议和打造命运共同体理念，体现了世界经济失衡环境下的中国担当。现在，发达国家单靠自己的力量平衡世界经济已力不从心，中国愿意在力所能及的范围内承担更多的责任和义务。中国在责任共同体中将主动承担起大国责任，积极为"一带一路"建设提供配套和其他公共产品。

正如中国所承诺的，要把中国的机遇转变为世界的机遇。在"一带一路"倡议下，让亚洲及其他地区相关国家通过合作促进共同安全，有效管控分歧和争端，走上和平发展、合作共赢之路。通过发起建设"一带一路"的倡议，中国已经迈出了"负责任大国"的关键一步。接下来，中国还将用雄厚的资金实力和基础设施相关行业的强大竞争力为沿线国家实现工业化、城镇化提供资金、技术、人才等支持，真正以大国心态做好"一带一路"建设工作。

以中国与东盟国家为例，在"一带一路"倡议和打造命运共同体的新思路下，中国与东盟国家正在成为休戚与共的责任共同体。面对乱象丛生的当今世界，中国与东盟国家决心承担起自己的责任，并与一切有建设性合作意愿的国家和组织加强沟通，共同维护好地区的和平与稳定。

阿拉伯世界位于"一带一路"交汇处，是建设"一带一路"的天然重要伙伴。当前，阿拉伯国家是中国第七大贸易伙伴及最大的石油来源地，中国是阿拉伯国家的第二大贸易伙伴，并成为其中9个阿拉伯国家的第一大贸易伙伴。截至2016年底，中国与6个阿拉伯国家签署了共建"一带一路"协议，7个阿拉伯国家成为亚洲基础设施投资银行的创始成员。

　　构建人类命运共同体这一美好目标，需要各国共同担当、同舟共济、携手努力。因此，中国将与其他国家一道同呼吸、共患难，共同抵御外部风险和挑战。只有各国树立起利益共同体和安全共同体的意识，才能够实现共同发展。

　　3. 命运共同体是愿景。"丝绸之路文化"是沿线各国共同的情感标识和集体记忆。因此，"一带一路"在与沿线国家利益共享、责任共担的同时，更要做民心相通的催化剂，推动沿线古老文明群体性复兴，致力于成就人类命运共同体。

　　2013 年 3 月，习近平主席在莫斯科国际关系学院发表演讲，提出"这个世界，各国相互联系、相互依存的程度空前加深，人类生活在同一个地球村里，生活在历史和现实交汇的同一个时空里，越来越成为你中有我、我中有你的命运共同体[①]"。这是中国新一届领导人第一次对人类文明走向做出明确判断。在中国共产党十八大报告中，"命运共同体"作为一种合作共赢的理念而被明确提出来，"合作共赢，就是要倡导人类命运共同体意识，在追求本国利益时兼顾他国合理关切，在谋求本国发展中促进各国共同发展，建立更加平等均衡的新型全球发展伙伴关系，同舟共济，权责共担，增进人类共同利益"。

　　不难看出，人类命运共同体不仅是"一带一路"的理想愿景和建设目标，也是中国世界前途和中国道路的一种战略判断和战略选择。人类命运共同体决定着当前和今后中国将高举和平、发展、合作、共赢的旗帜，走一条与其他国家互利共赢的发展道路，坚定不移地致力于维护世界和平、促进共同发展。从这一意义上来说，"一带一路"是一条通往人类命运共同体之路。"一带一路"不过是特定历史发展阶段中国道路的一种实现形式，是中国道路

---

　　① 习近平. 顺应时代前进潮流，促进世界和平发展——在莫斯科国际关系学院的演讲. 新华网，2013 - 03 - 24.

在欧亚非和南太平洋地区范围内打造利益共同体、命运共同体和责任共同体的伟大实验,它看重的是通过推动更大范围、更高水平、更深层次的大开放、大交流、大融合,走出一条互尊互信之路,一条合作共赢之路,一条文明互鉴之路。

中国陆上有 14 个邻国,海上与 6 个国家隔海相望。无论是从地理方位、自然环境还是从相互关系看,周边国家与中国地缘相近、人缘相亲、文缘相通,加强合作对彼此都具有极为重要的意义。这其中,文化交流与合作的机制化建设为更高层面的合作打下了基础。

据统计,在"一带一路"倡议提出后,中国已与沿线国家签订了 318 个政府间文化交流合作协定、执行计划及互设文化中心协定;2016 年,沿线 64 个国家在华留学生共有 207746 人,同比增幅达 13.6%。"一带一路"沿线国家中,已有 51 个国家建立了 134 所孔子学院和 127 个中小学孔子课堂,2016 年注册学员达 46 万人,开展各类文化活动近 8000 场,受众 270 万人,受到各国民众的热烈欢迎。2017 年,孔子学院计划新覆盖 9 个国家,并最终实现"一带一路"国家全覆盖。

"一带一路"倡议,是促进共同发展、实现共同繁荣的合作共赢之路。通过"一带一路"建设,可以把中国发展同沿线各国发展结合起来,把"中国梦"与"世界梦"衔接起来,推动沿线各国联动发展并加深经济融合,形成"一荣俱荣、一损俱损"的利益共同体,从而为打造人类命运共同体奠定坚实的基础。

正是基于此,"一带一路"建设得到各方的广泛参与。三年多来,"一带一路"建设从无到有、由点及面,目前已有 100 多个国家和国际组织共同参与,40 多个国家和国际组织与中国签署合作协议,形成了广泛的国际合作共识。目前"一带一路"覆盖人口超过 44 亿人,经济总产出逾 20 万亿美元。

2017 年 2 月,"构建人类命运共同体"的理念首次被写入联合国决议中。在此前的第 71 届联合国大会上,193 个会员国一致赞同将"一带一路"倡议载入联大决议,这体现了国际社会对中国全球治理理念的认同与支持。"一带一路"不是中国一家"独唱",它演绎的将是更为美妙动听的"大合唱"。

(二)"一带一路"的使命

"一带一路"是中国与"丝绸之路"沿途国家分享优质产能,共商项目投资,共建基础设施、共享合作成果的新型国际合作平台,内容包括政策沟通、设施联通、贸易畅通、资金融通、民心相通,这"五通"内涵丰富,肩负三大使命:

1. 探寻后危机时代全球经济增长之道。"一带一路"是后金融危机时代,作为世界经济增长"火车头"的中国,将自身的产能优势、技术与资金优势、经验与模式优势转化为市场与合作优势的结果,是中国全方位开放的一大创新。中国通过"一带一路"建设与相关国家分享中国改革发展红利,也带去中国发展的经验和教训,着力推动沿线国家间实现合作与对话,建立更加平等均衡的新型全球发展伙伴关系,夯实世界经济长期稳定发展的基础。

2. 实现全球化再平衡。传统全球化由海而起,由海而生。沿海地区、海洋国家先发展起来,陆上国家、内地则较落后,形成巨大的贫富差距。传统全球化由欧洲开辟,由美国发扬光大,形成国际秩序的"西方中心论",导致东方从属于西方、农村从属于城市、陆地从属于海洋等一系列负面效应。如今,"一带一路"正在推动全球再平衡。"一带一路"鼓励向西开放,带动西部开发以及中亚、蒙古国等内陆国家的开发,在国际社会推行全球化的包容性发展理念;同时,"一带一路"是中国主动向西推广中国优质产能和比较优势产业,将使沿途、沿岸国家首先获益,也改变了历史上中亚等"丝绸之路"沿途地带只是作为东西方贸易、文化交流的过道而成为发展"洼地"的面貌。这就超越了欧洲人所开创的全球化造成的贫富差距、地区发展不平衡,推动建立持久和平、普遍安全、共同繁荣的和谐世界。

3. 开创21世纪地区合作新模式。中国改革开放是当今世界最大的创新。"一带一路"作为全方位对外开放战略,正在以经济走廊理论、经济带理论、21世纪的国际合作理论等创新经济发展理论、区域合作理论、全球化理论,强调共商、共建、共享原则,超越了对外援助以及"走出去"战略,给21世纪的国际合作带来新的理念。例如,"经济带"概念就是对地区经济合作模式的创新,其中的新亚欧大陆桥、中蒙俄、中国—中亚—西亚、中国—中南半岛等国际经济合作走廊,以经济增长极辐射周边,超越了传统发展经济学理论。"丝绸之路经济带"概念,不同于历史上所出现的各类"经济区"与"经济联盟",同以上两者相比,经济带具有灵活性高、适用性广以及可操作性强的特点,各国都是平等的参与者,本着自愿参与、协同推进的原则,发扬"和平合作、开放包容、互学互鉴、互利共赢"的"丝绸之路"精神。正如《推动共建丝绸之路经济带和21世纪海上丝绸之路的愿景与行动》所指出的,"共建'一带一路'旨在促进经济要素有序自由流动、资源高效配置和市场深度融合,推动沿线各国实现经济政策协调,开展更大范围、更高水平、更深层次的区域合作,共同打造开放、包容、均衡、普惠的区域经济合作架构。共建'一带一路'符合国际社会的根本利益,彰显人类社会共同理想和美好追求,是国际合作以及全球治理新模式的积极探索,将为世界和平发展增添新的正能量"。

二、什么是"一带一路"的合作理念与原则

(一)"一带一路"的合作理念

1. 开放。这是"古丝绸之路"的基本精神,也是新时期"一带一路"的核心理念。中国提出"一带一路"倡议,是进一步释放内陆开放潜力、构建高水平开放型经济体制以及形成全方位开放新格局的战略需要。"一带一路"建设应对世界上所有国家或经济体、国际组织、区域合作机制和民间机构开放,不能搞封闭的小圈子,更不能有排他性。尤其要求各参与方努力提高投资与贸易便利化水平,在相互开放中培育可持续增长的市场。

2. 包容。这是区别于其他合作组织或机制的典型特征。一方面,意味着"一带一路"参与方的多元化,即不针对第三方,不搞封闭性集团,凡是愿意参与的国家或地区皆可成为参与者、建设者和受益者;另一方面,是合作方式的多样化,"一带一路"没有严格统一的参与规则,各方围绕扩大经贸合作、促进共同发展的需要,可采取双边或多边、本区域或跨区域、金融或贸易等多样化、多领域、多层次的合作方式。在具体项目建设中,"一带一路"可广泛吸纳沿线各国当地企业、西方国家企业以及相关国际机构合作开发,构建多方利益共同体。"一带一路"的包容性决定了其具有兼容并蓄的优势,不仅不会挑战现有区域合作机制,反而能与现有各类机制实现良好对接与优势互补。

3. 互利。这是推进"一带一路"建设的根本动力。在全球化时代,任何一项区域合作构想,只有真正实现互利才能具有持久活力和广阔前景,互利性是一切合作得以实现和延续的动力。因此,推进"一带一路"建设,要求包括中国在内的各参与方不搞零和博弈,不搞利益攫取、殖民扩张,更不能打着开放和自由贸

易的幌子，搞以邻为壑的重商主义、产品倾销。要立足于各参与方优势互补，实现利益共享、共同发展。

4. 共赢。这是保障"一带一路"可持续发展的基础。从历史上看，"古丝绸之路"虽由汉朝政府打通并拓展，却以民间商旅互通有无为主，并不是由某一国政府主导。因此，"古丝绸之路"精神本身蕴含共同营建、共同受益的内涵特征。新时期"一带一路"是对"古丝绸之路"精神的传承和发扬，其虽由中国倡议并积极推进，但实质上是惠及各参与方的共商、共建、共享项目。无论是政策沟通、设施联通、贸易畅通、资金融通与民心相通等互联互通的具体机制化安排，还是实现方式、合作内容、阶段目标等，都需要各方共同商议、共同参与、共同营建、共同受益，使之成为利益共同体、责任共同体和命运共同体。

（二）"一带一路"的共建原则

在共建"一带一路"中，应遵循以下原则：

1. 和平共处。"一带一路"是一种国际区域合作倡议，它需要不同信仰、不同文化、不同政治制度以及不同经济发展模式的国家间进行合作，在这一过程中，文化之间的冲突、政治之间的分歧、经济管理方式以及经济发展水平的差异不可避免。我们在处理这些矛盾和冲突时，需要遵循一种共识、一种国际上普遍接受的原则，才能使"一带一路"建设顺利地发展下去，才能共享"一带一路"建设给我们带来的利益。而以和平共处五项原则为基础的《联合国宪章》是联合国的基本大法，是处理国际关系、维护世界和平与安全的基本原则和方法。在这一点上，它可以成为"一带一路"建设中应遵循的基本原则，成为正确处理和解决"一带一路"建设过程中遇到的国际或地域间问题的指导原则。

千百年来，"和平合作、开放包容、互学互鉴、互利共赢"的

"丝绸之路"精神薪火相传,推动了人类文明进步,是东西方交流合作的象征,是世界各国共有的历史文化遗产。在新的历史时期,推进共建"一带一路",中国将继续秉承"古丝绸之路"精神,恪守《联合国宪章》的宗旨和原则,遵守和平共处五项原则,通过共商、共建、共享来实现"一带一路"愿景,达成人类命运共同体。

中国坚定不移地走和平发展道路,在和平共处五项原则基础上同世界各国发展友好合作关系。这一外交政策理念和国际关系原则在中国与"一带一路"沿线国家关系中得到了全面体现。中国承诺在共建"一带一路"过程中,尊重各国主权和领土完整、互不侵犯、互不干涉内政、平等互利、和平共处。"一带一路"将推动建立平等互信、包容互鉴、合作共赢的新型国际关系。

2. 开放合作。全球化的深入发展,主要表现在全球贸易和投资的迅速增长,以及人员、资本、技术等生产要素的全球迅速流动上,开放合作仍是当今世界发展的主题。在此背景下倡导"一带一路",正是顺应了时代潮流,并成为构建开放型世界经济的新平台。

中国倡议的"一带一路"是开放的经济合作倡议。首先,"一带一路"相关的国家基于但不限于古代"丝绸之路"的范围,凡是有意愿参加的国家、国际组织均可参与其中,成为"一带一路"支持者、建设者和受益者。其次,"一带一路"倡导共商、共建、共享的建设理念,各国共同协商和探讨建设之路,相关国家围绕"一带一路"建设,都可以根据自己国家的具体情况和地域特点,提出自己的发展计划。中国提出的"一带一路"倡议不限制国别范围,不搞排他性的经济集团,它比此前所有的相关区域合作范围更广,中方注重现有区域合作机制相辅相成,包容共存。

3. 和谐包容。和谐包容是"一带一路"的内在要求,也是

"一带一路"持续发展的前提。"一带一路"主要目标是促进经济持续发展，而和谐包容的根本目标是保障人的权利，尊重国家的发展道路和模式，促进社会的公平和稳定。因此要实现经济的持续发展，必须强调相互包容和互利共存，让更多的国家、更广大的人群分享到发展的成果，从而调动所有沿线国家和人民参与"一带一路"建设的积极性，从而为经济发展提供长久动力。

"一带一路"沿线国家和地区人文环境多样复杂，不同宗教、不同民族、不同地区在千百年里形成了他们各自的思维方式、行为方式和生活方式。"一带一路"致力于沟通这些差异，在平等的文化认同框架下谈合作，特别强调沿线国家发展战略、规划、标准、技术的对接，谋求不同种族、信仰、文化背景的国家共同发展在求同存异基础上的相互协调和共同发展。只有通过旅游、教育、学术来交流，共处共事增进彼此之间的了解和理解，为共建"一带一路"做出贡献。

4. 市场运作。尽管"一带一路"是政府推动的合作倡议，但在具体推进过程中，要充分发挥市场的作用。这就是要尊重市场规律和国际通告规则，充分发挥市场在资源配置中的决定性作用、发挥企业的主体作用，发挥好政府的引导作用。在共建"一带一路"中，无论是在国内还是在国外必须按市场规则行事，使市场发挥决定性作用，企业发挥主体作用，不仅要有国有企业，而且必须有相当数量的民营企业参与其中。只有这样，这一"世纪工程"才能持续发展。

考虑到"一带一路"沿线国家复杂的国情和具体特点，政府的作用是必不可少的。对于大规模的国际合作，政府搭好平台和政策引领十分重要。政府要引导以市场化方式来运作"一带一路"建设项目，使企业成为建设主体，注意引入民营资本参与，整合各种社会资源参与建设。例如，在"一带一路"的融资模式上，可以采取"公私合营"（PPP）模式。在PPP模式下，政府和私营企业签订长期协议，授权私营企业代替政府建设、运营或管理公共基础设施并向公众提供公共服务，具体包括"建设—经营—转让"（BOT）、"转让—经营—转让"（TOT）、"设计—建设—融资—经营"（DBFO）等多种模式。PPP模式将部分政府责任以特许经营方式转让给社会主体（企业），政府和社会主体建立起"利益共享、风险共担、全程合作"的共同体关系，政府的财政负担减轻，社会主体的投资风险减少。

5. 互利共赢。从社会发展的角度来看，尽管"一带一路"包含多个具体的目标，但这些具体目标最终都要归结到实现沿线国家共同繁荣，让所有相关国家和人民平等享有参与合作的机会，平等分享合作成果这一总体目标上来。从根本上讲，"一带一路"建设的出发点和落脚点统一于促进沿线国家的共同繁荣。为此，在"一带一路"建设中，要兼顾各方利益，寻求利益契合点和合作最大公约数，使各方各施所长，各尽所能，把各方的优势和潜能充分发挥出来。

作为"一带一路"的倡议国，中国十分注重谋求与世界上其他国家的互利共赢。互利共赢以经济全球化为时代背景，以开展与世界各国的经济合作为实现途径。作为中国对外开放战略的核心价值之一，互利共赢是中国政府坚持走和平发展道路的理性选择，是中国在新形势下抓住机遇应对挑战的智慧之路。

三、"一带一路"的合作机制是什么

"一带一路"倡议是谋求共同发展的一种理念，目的是达到合作共赢，它不是传统意义上的有形区域合作模式，也不是要另起炉灶建立新的组织或机构。"一带一路"的合作机制并非是取代现有的机制,而是要对现有的不同类型和层次的机制予以补充和沟通,增强这些机制的运行效率和彼此的协同效应。它的合作机制和原则具有高度的开放性、灵活性、机动性和包容性。

"一带一路"倡议致力于寻求多元化合作机制。在一个统一的合作框架内存在多元化的合作机制,各种合作机制之间相互补充,这是现有的区域经济一体化机制所不具有的。

(一)双边合作机制

进入 21 世纪,中国提出了"安邻、睦邻、富邻"的周边外交思想,积极落实"以邻为伴,与邻为善"周边外交政策,加强同周边国家的睦邻友好和务实合作,建立了各种双边机制。这些双边机制营造了一个和平稳定、平等互信、合作共赢的周边环境,有助于各国从共同体发展的角度处理国家利益,为"一带一路"倡议的实施奠定了良好的基础。

1. 以自贸区为基础的合作机制。自由贸易区(FTA),通常指两个以上的国家或地区,通过签订自由贸易协定,相互取消绝大部分货物的关税和非关税壁垒,取消绝大多数服务部门的市场准入限制,开放投资,从而促进商品、服务和资本、技术、人员等生产要素的自由流动,实现优势互补,促进共同发展。自由贸易协定,是两国或多国间具有法律约束力的契约,目的在于促进经济一体化,其目标之一是消除贸易壁垒,允许产品与服务在国家间自由流动。这里所指的贸易壁垒可能是关税,也可能是繁杂的规则等。

自由贸易区建设的主要目标是推动区域内贸易投资自由化和便利化。在这方面,尽管"一带一路"沿线区域缺少覆盖整体的自由贸易协定,但现有的众多双边和多边自由贸易协定将成为合作的基础。

目前，中国在建自贸区 20 个，涉及 32 个国家和地区。其中，已签署自贸协定 15 个，涉及 22 个国家和地区，分别是中国与东盟、新加坡、巴基斯坦、新西兰、智利、秘鲁、哥斯达黎加、冰岛、瑞士、韩国和澳大利亚的自贸协定，内地与香港、澳门的更紧密经贸关系安排（CEPA），以及大陆与台湾的海峡两岸经济合作框架协议（ECFA）；正在谈判的自贸协定 7 个，涉及 22 个国家，分别是中国与海湾合作委员会（GCC）、斯里兰卡和挪威的自贸协定，以及中日韩自贸协定、《区域全面经济合作伙伴关系》（RCEP）协定和中国—东盟自贸协定升级谈判、中国—巴基斯坦自贸协定第二阶段谈判。此外，中国完成了与印度的区域贸易安排（RTA）联合研究；正与哥伦比亚等开展自贸区联合可行性研究；还加入了《亚太贸易协定》。未来逐步形成立足周边、辐射"一带一路"区域、面向全球的高标准自贸区网络，并最终建成"一带一路"自由贸易区。

就"一带一路"区域来说，2017 年 5 月 13 日，中国与格鲁吉亚正式签署自由贸易协定，这是中国与"一带一路"沿线国家签署的第 12 个自由贸易协定。此前，中国已与东盟等区域性组织以及巴基斯坦、新加坡等"一带一路"沿线国家签订了自贸协定。此外，中国还将与 20 个"一带一路"沿线国家推进自贸区建设，其中包括开展区域全面经济伙伴关系协定（RCEP）、中国—海合会、中国—马尔代夫、中国—斯里兰卡和中国—以色列的自贸谈判，与尼泊尔、孟加拉国、摩尔多瓦等国开展自贸协定的联合可行性研究，与巴基斯坦、新加坡开展自贸协定升级谈判。

【知识链接】

中国—东盟自由贸易区

2002 年 11 月，中国与东盟签署《中国—东盟全面经济合作框架协议》，决定在 2010 年建成中国—东盟自贸区，并正式启动自贸区建设进程。

2010 年 1 月 1 日，中国—东盟自由贸易区正式建成。这是中国对外商谈的第一个自贸区，也是发展中国家间最大的自由贸易区。中国与东盟十国构成一个惠及 19 亿人口、国民生产总值达 6 万亿美元、贸易额达 4.5 万亿美元的自由贸易区。

中国—东盟自贸区建成后，中国与东盟各国贸易投资增长、经济融合加深，企业和人民都广泛受益，实现了互利共赢、共同发展的目标。中国和东盟双边贸易总量快速增长。目前，中国已成为东盟第一大贸易伙伴，东盟成为中国第三大贸易伙伴。2010 年 1 月，中国—东盟自贸区如期全面建成。自贸区建立后，双方对超过 90% 的产品实行零关税。中国对东盟平均关税从 9.8% 降到 0.1%，东盟六个老成员国对中国的平均关税从 12.8% 降到 0.6%。关税水平大幅降低有力地推动了双边贸易快速增长。

2015 年 11 月，中国政府与东盟十国政府，在马来西亚吉隆坡正式签署中国—东盟自贸区升级谈判成果文件——《中华人民共和国与东南亚国家联盟关于修订〈中国—东盟全面经济合作框架协议〉及项下部分协议的议定书》（以下简称《议定书》），《议定书》是我国在现有自贸区基础上完成的第一个升级协议，涵盖货物贸易、服务贸易、投资、经济技术合作等领域，是对原有协定的丰富、完善、补充和提升，体现了双方深化和拓展经贸合作关系的共同愿望和现实需求。中国—东盟自贸区的有效升级，将进一步加快本地区区域经济一体化步伐，推动实现亚太地区更高水平的贸易投资自由化和便利化目标。

2. 以境外经贸合作区为基础的合作机制。境外经贸合作区建设是指在中国和有关国家政府的指导下，支持有实力、有条件的中国企业在有关国家投资建设或与所在国企业共同投资建设基础设施完善、主导产业明确、公共服务功能健全的产业园区，吸纳中国、所在国或其他国家企业入区投资发展，推动双边和多边投资合作，促进当地经济发展的经贸活动。境外经贸合作区是"一带一路"建设的重要载体。

中国的海外工业园区建设最初是由企业推动的，作为供本企业使用的生产和贸易基地。2000 年，海尔就在美国设立了工业园。2004 年，天津市保税区投资公司在美国南卡罗来纳州设立了天津美国商贸工业园。随着中国国内制造业的综合成本上升，以及企业开拓国际市场的需求，中国制造业"走出去"成为必然趋势。同时，把工厂直接设立到海外，可以绕过针对国内产品出口的一些贸易壁垒，比较便利中国产品进入其他国家市场。随着中国境外园区的发展，企业的境外园区也不再局限于仅为本企业提供服务，而是成为吸引国内制造、贸易企业开拓海外市场的重要基地。

2006 年，商务部公布了《境外中国经济贸易合作区的基本要求和申办程序》，宣布建立 50 个"国家级境外经贸合作区"，鼓励企业在境外建设工业园区、科技产业园区等各类经济贸易合作区。在国家的鼓励和支持下，我国境外经贸合作区建设日益兴起。我国已经初步在境外形成了一批基础设施完备、主导产业明确、公共服务功能健全、具有集聚和辐射效应的产业园区，成为推进"一带一路"倡议和国际产能与装备制造合作的有效平台。据商务部数据显示，截至 2016 年底，我国企业在 36 个国家设有在建经贸合作区 77 个。其中，有 20 个"一带一路"沿线国家在建经贸合作区 56 个，累计投资 185.5 亿美元，入区企业 1082 家，总产值506.9 亿美元，为当地创造就业岗位 17.7 万个。中国—白俄罗斯工业园、埃及苏伊士经贸合作区、泰中罗勇工业园、柬埔寨西哈努克港经济特区等园区建设进展顺利成为我国企业集群式"走出去"与相关国家开展产能与装备制造合作的重要载体。

国际产能与装备制造合作是推进"一带一路"建设的优先领域,境外经贸合作区已成为中国企业在境外开展汽车、摩托车、机械、电子、化工、纺织、服装等优势产业合作的集聚式发展平台。

"一带一路"沿线国家大多处于工业化进程初期阶段,市场潜力较大,吸引外资意愿强烈。作为中国开展对外投资合作的重要内容和方式之一,境外经贸合作区建设日益成为我国企业"走出去"聚集发展的平台和中国与有关国家开展经贸合作的重要载体,有效地促进了我国与东道国的互利共赢和共同发展。例如,一批已经取得早期成效、建设相对成型的合作区,吸引中国企业到东道国投资建厂,在带动当地经济的转型升级等方面发挥了重要作用,有力地推动了东道国轻纺、家电、钢铁、建材、化工、汽车、机械、矿产品等重点产业发展和升级。

随着"一带一路"建设的不断推进,中国企业投资建设的境外经贸合作区将不断践行合作共赢的理念。合作区建设情况见表2-1。

表2-1 我国"一带一路"沿线主要境外经贸合作区建设情况

名　　称	产业定位	建设情况
泰国泰中罗勇工业园	主导产业:汽摩配件、五金、机械、电子等	规划面积12平方公里,已开发4平方公里。计划投资2亿美元,实际投资1.96亿美元。截至2014年5月底,有入区企业56家
柬埔寨西哈努克港经济特区	主导产业:纺织服装、五金机械、轻工家电等	总体规划面积11.13平方公里,首期开发面积5.28平方公里。截至2014年5月,实际投资1.51亿美元,入区企业51家

续表

名　　　称	产业定位	建设情况
越南龙江工业园	产业规划为：电子、电气类产品、机械、木制品、轻工业、建材、食品、生物制药业、农林产品加工、橡胶、包装、化妆品、纸业、新材料、人造纤维等	园区自2008年5月开始建设，园区总体规划面积为600公顷，其中包括工业区540公顷和住宅服务区60公顷，总投资额1亿美元
巴基斯坦海尔—鲁巴经济区	主导产业：家电、汽车、纺织、建材、化工等	规划面积2.33平方公里，计划投资1.29亿美元
赞比亚中国经济贸易合作区	发展定位：以有色金属工业为主，延伸有色金属加工产业链，适当发展配套产业和服务业，建设具有辐射和示范效应的有色金属工业为主的综合性园区	包含谦比希园区和卢萨卡分区两个多功能经济区。首期规划面积为11.58平方公里
埃及苏伊士经贸合作	从2008年开始建设，已形成纺织服装、石油装备、新型建材和高低压电器设备四大产业区	规划面积10平方公里。截至2014年12月底，入区企业62家，吸引合同投资额近9亿美元
尼日利亚莱基自由贸易区	重点发展以装备制造、通信产品为主的高端制造业，以交通运输车辆和工程机械为主的产品装配业，以商贸石油仓储物流为主的现代物流业，以旅游、宾馆酒店、商业等为主的城市服务业与房地产业	总体规划面积为30平方公里，已开发3.12平方公里。一期计划投资7.9亿美元，实际投资1.26亿美元。截至2015年5月，已完成总投资约1.5亿美元，已有40家企业入园兴建或投产
埃塞俄比亚东方工业园	产业定位为建材、纺织、服装、皮革等劳动密集型产业和出口加工型产业	规划总面积5平方公里。截至2015年5月，入区企业25家，从事水泥生产、制鞋、汽车组装、钢材轧制、纺织服装等行业，协议投资3.3亿美元

续表

名　　称	产业定位	建设情况
俄罗斯乌苏里斯克经贸合作区	主导产业：轻工、机电（家电、电子）、木业等产业	规划占地面积2.28平方公里。截至2014年5月，实际投资1.66亿美元，有入区企业27家
中俄—托木斯克木材工贸合作区	主导产业：森林抚育采伐业、木材深加工业、商贸物流业	规划面积6.95平方公里，已开发1.68平方公里。计划一期投资5.3亿美元，实际已投资1.77亿美元。截至2014年5月底，有入驻企业14家
俄罗斯龙跃林业经贸合作区	以木材和林产品精深加工为主导、以木业产业集群为核心的森林资源综合利用型合作区	总体规划面积9平方公里，截至2014年，引进入园企业14家，其中，森林采伐、木材粗加工和精深加工企业9家，生产锯材、板材和胶合板、刨花板等，建材加工企业5家
中俄（滨海边疆区）现代农业产业合作区	定位为农业产业型园区，目前已发展成为集种植、养殖、加工于一体的中俄最大农业合作项目	2013年引进中国的粮油、饲料企业，正在建设年加工大豆10万吨油脂厂、10万吨饲料厂和一个5万头现代化养猪场
匈牙利中欧商贸物流合作园区	产业定位为集商品展览、展示、交易、体验、仓储、集散、物流、配送、信息处理、流通加工、办公、生活于一体的商贸和物流服务平台，服务于园区企业和进入欧洲的中国企业	规划总投资2亿欧元，实施"一区六园"建设目标，目前已购并建设"中国商品交易展示中心""切佩尔港物流园""德国不莱梅港物流园"，开发面积9.87万平方米，其中产品展览展示交易中心4.05万平方米

名 称	产业定位	建设情况
中国印度尼西亚聚龙农业产业合作区	主导产业定位为油棕种植开发、棕榈油初加工、精炼与分提、品牌油包装生产、油脂化工（脂肪酸、甘油及衍生品生产）及生物柴油提炼等，同时配套发展仓储、物流等产业	按照"一区多园、合作开发、全产业链构建"模式开展建设，总体规划面积4.21平方公里。目前，共计完成投资1.15亿美元
中国印度尼西亚经贸合作区	主导产业：家用电器、精细化工、生物制药、农产品精深加工、机械制造及新材料相关产业	总体规划面积455公顷，已完成项目总投资1.6亿美元，目前，共引进企业34家
中匈宝思德经贸合作区	合作区以化工、生物化工为主导产业，集配套轻工、机械加工、节能环保产业等绿色产业为一体的加工制造型合作区	总体规划面积6.15平方公里。目前，已完成2.2平方公里的开发建设。规划总投资约30亿美元
乌兹别克斯坦鹏盛工业园	主导产业：轻工、机电（家电、电子）、木业等产业	规划占地面积2.28平方公里，规划总投资20亿元人民币。截至2014年5月，实际投资1.66亿美元，已入驻企业27家
万象赛色塔综合开发区	一期主要发展工业产业，重点是农副产品加工、纺织服装、五金建材、机械制造、清洁能源生产、物流商贸以及支持科技创新和中小企业创业。二期及三期重点发展商贸和努力建成万象新城	已完成入园1号路、2号路及区内一期开发所需路网的建设；完成办公大楼的施工建设；正在进行区内变电站、创业中心大楼的施工建设
吉尔吉斯斯坦亚洲之星农业产业合作区	构建从农业种植、畜禽养殖、饲料加工、屠宰加工、速冻食品、物流仓储、农机配件、农业自贸保税区、国际贸易的一体化综合性农业产业合作区	合作区规划占地5.67平方公里，水、电、路、厂房、办公及公共服务配套用房及环保设施良好

续表

名　　称	产业定位	建设情况
中国印度尼西亚综合产业园区青山园区	建设成为以"镍铁＋不锈钢"一体化为主体的镍、铬、铁矿资源综合开发利用型产业园区	2013 年 10 月开始建设。已完成基础设施投资逾 8 亿美元。已购置土地约 2100 公顷，建成 3 万吨码头一座，5 千吨码头泊位 8 个，10 万吨码头在建

资料来源：根据中华人民共和国商务部网站及中国境外经贸合作区网站资料整理。

【小资料】

泰国工人："罗勇工业园改变了我们的生活"

（本报曼谷 2017 年 5 月 8 日电）"你好，我叫泰中罗勇工业园，这是我的新名片。"

这个拟人化的自我介绍，是泰国泰中罗勇工业园微信公众号精心打造的园区"名片"。名片上，既印有高颜值的园区环境，还有众多实力雄厚的入园企业作为背景，更有两大头衔引人注目：中国商务部批准的首批境外经济贸易合作区之一，与泰国最大工业地产商安美德工业园合资面向中国投资者开发的首个泰国中资工业园。

"10 多年的发展已经证明，罗勇工业园是成功的。我们现在的目标，是把它打造成'一带一路'上的常青园区，让它越成长越青春。"罗勇工业园开发有限公司总裁徐根罗对本报记者说。

近 3 年就有 35 家企业入园，实现工业总值 55 亿美元

泰国湾畔的罗勇府是泰国重要的工业基地，位于泰国政府着力打造的东部经济走廊的核心区域，上千家各国企业在这里投资兴业。泰国最大深水港廉差邦港内外往来的货轮，高速公路上川流不息的车辆，道路两旁密布的厂房，无不凸显这里的工业色调。2006 年泰中罗勇工业园的建立，又为这里添加了亮丽的中国色彩。

"华立集团当年投资泰国,顺应国家'走出去'发展战略,为今天的罗勇工业园奠定了发展的基础。"徐根罗说。罗勇工业园由中国华立集团与泰国安美德集团在泰国东部海岸合作开发,主要面向中国投资者,总体规划面积12平方公里。

罗勇工业园以新能源、新技术、新材料为招商取向,短短的五六年间,凭借优越的地理位置、完善的基础设施、优惠的税收政策以及"一站式"的服务,吸引了包括汽配、机械、电子等在内的40多家中资企业入驻,形成了集群效应,成为中国企业,尤其是中小企业海外抱团发展的商业平台。

德晋昌光电科技(泰国)有限公司是第一批入园的企业,总经理周利斌见证了罗勇工业园的发展:"刚来时有很多不可预见的因素,园区对企业进行引导,通过优良服务成就了园区的良性发展。"

"一带一路"倡议提出后,罗勇工业园进入新的发展时期。作为"一带一路"建设的重要参与国家之一,泰国迎来中国投资的热潮。"'一带一路'倡议,让罗勇工业园区驶入了发展的快车道。"徐根罗向记者列出了几个数字:近3年来就有35家企业入园,实现工业总值55亿美元,占园区最近10年累计实现工业总值的2/3。如今,罗勇工业园已成为中国产业在泰国乃至东盟的最大产业集群中心和制造业出口基地,顺应了"一带一路"建设的需求,也印证了"一带一路"倡议的高瞻远瞩。

未来可容纳300家企业,为泰国创造10万个就业岗位

"罗勇工业园改变了我们的生活。"德晋昌工厂24岁的努依对本报记者说。努依来自泰国北部清迈府,如果不是来到园区工作,她如今可能还是一个普通的农家女孩。到园区后,她做过女工,当过翻译,如今已经成长为一名副主管,管理着53名工人。"我在这里学会了管理,收入也非常让人满意。"

目前,像努依一样工作在罗勇工业园的泰国员工已经有2万余人。"这是个很了不起的数字。这2万人又供养了多少人,为泰国创造了多少外汇?况且,收入稳定有助于社会稳定。"安美德集团总裁邱威功对本报记者说。罗勇工业园目前仅完成了一期二期4平方千米的开发,三期开发完成后,预计可容纳300家企业,为泰国创造10万个就业岗位。在华立集团董事局主席汪力成看来,这10万个就业岗位会像10万条纽带,让中国企业、中国制造与普通泰国民众在"一带一路"上紧密相连。

中国新技术、新材料企业入驻园区,在很多领域弥补了泰国产业发展的空白。中国光缆产能增长迅速,行业竞争压力大,但在泰国是稀缺资源。富通集团(泰国)通信技术有限公司入驻园区后,拓展了发展领域,填补了泰国光缆技术空白,目前已成为东盟地区最大的现代化光缆工厂。

光伏产业也是如此。随着中利腾晖、天合光能等中企的入驻,泰国光伏产业从无到有,逐渐发展起来。"我们刚来的时候不被看好,泰国人对光伏产业不了解,后来慢慢接受了我们。泰国是农业国,采用新技术可以降低生产成本,泰国能源部门现在也开始派人到中国考察。"中利腾晖(泰国)有限公司总经理衡永革对本报记者说。

"泰中合作是互利互惠之举。"泰国中华总商会主席陈振治对本报记者说,"'一带一路'倡议对泰国的发展战略是很大的支持。目前,泰国正在进行东部经济走廊建设,中国在很多领域拥有先进技术,可以满足泰国发展需求。"

有了互利共赢,才能勠力同心。泰国副总理维萨努在考察园区时表示,罗勇工业园在促进泰中两国经贸合作和友谊方面起到了关键作用,对泰国经济发展做出了巨大贡献。

抓住"一带一路"建设机遇,谋划跨越式发展

谈起园区发展,徐根罗说两类企业给他留下了深刻印象:一类不断超车、快速发展;另一类败走麦城、打包走人。"近年来发展得好的企业,都能抓住'一带一路'发展机遇,并拥有发展的智慧。"

德晋昌光电科技公司的主业是制作铜导体、铜拉丝,产品应用在苹果手机、日本品牌汽车上。"在'一带一路'倡议下,几家大的国内光伏企业进驻园区,我们马上谋划转型,为他们提供光伏焊带。公司以前只有8000万美元的营业额,转型升级后可以达到2.4亿美元。可以说,我们的发展就在于及时抓住'一带一路'建设的机遇。"周利斌对本报记者说。

浙江盾安金属(泰国)有限公司以生产空调配件为主,产品销往泰国以外的地区。但几年发展下来,企业成功实现了本地化,目前80%的产品在泰国销售。副总经理蒋广学对本报记者说:"'一带一路'拓展了我们的国际化视野,我们得以重新布局、定位,把泰国打造成重要的海外生产基地,适应未来的发展。"

"现在,我们把产能合作当作重点,注重传统优势产能海外再布局,这契合了'一带一路'建设的主旨,给园区增添了生机。"徐根罗说,"我们努力引进产业龙头,让他们带动形成产业链,最终在这里构建一个有着工业、商业、医疗、文化教育等一体化的综合商业生态圈,让罗勇工业园成为百年不老的常青园区。"

"罗勇工业园位置好,我们没有理由不共同努力,使之辐射东盟、辐射世界。"邱威功对本报记者说,"罗勇工业园在短短的10多年里就取得了成功,这有中国经济发展的功效,也是'一带一路'建设的必然成果。罗勇工业园作为泰中两国企业界的合作典范,必将迎来更大的成功。"

资料来源:人民日报,2017-05-09.

(二)多边合作机制

"一带一路"倡议的推进需要依托现有的多边机制,推动沿线国家命运共同体的建设，实现"一带一路"倡议由点到线、由线到面的提升和飞跃。

1. 推动次区域合作机制建设。次区域合作是适应特定区域、特定领域需要而产生的一种区域合作形式。虽然次区域合作在推动贸易投资自由化方面的功效不及自贸区，但它可以依托特定的载体（如跨国界河流、跨国出海口、跨国园区、跨国运输线等）在某一领域内发展深度合作。

我国目前参与的国际次区域合作机制，主要是三个，分别是大湄公河国际次区域合作、中亚国际次区域合作、图们江国际次区域合作。通过这三大国际次区域合作，我国已经形成了以大湄公河为核心的面向东南亚和南亚的国际次区域合作、以中亚为核心的面向中亚和西亚的国际次区域经济合作和以图们江为核心的面向东北亚的国际次区域经济合作三大格局。这三大区域是我国对外开放战略在陆域边境地区的具体体现，也是我国陆域边境地区融入国际经济大格局的最前沿。推进我国国际次区域经济合作，对于深入推进我国对外开放、完善我国对外开放格局具有重要意义。

（1）大湄公河国际次区域经济合作（GMS）于1992年由亚洲开发银行发起，涉及流域内的中国、缅甸、老挝、泰国、柬埔寨和越南六个国家，旨在通过加强各成员国间的经济联系，促进次区域的经济和社会发展。大湄公河国际次区域经济合作建立在平等、互信、互利的基础上，是一个发展中国家互利合作、联合自强的机制，也是一个通过加强经济联系，促进次区域经济社会发展的务实的机制。

大湄公河国际次区域处于东南亚、南亚和中国大西南的结合部。次区域涉及澜沧江——湄公河流域内的面积为256.86万平方公里，总人口约3.2亿人，连接中国和东南亚、南亚地区，地理位置十分重要。

合作范围涉及交通、电信、能源、旅游、环境、人力资源开发、贸易便利化、投资、禁毒九个领域,筛选出 103 个优选合作项目。为扩大次区域经济合作的影响并吸引多方面的资金,在亚行推动下,由亚行和其他国际金融、投资组织主持,六国参与,先后在曼谷、东京、首尔、法兰克福、布鲁塞尔、胡志明市和悉尼等地举行过十多次"次区域优选项目投资机会研讨会"。

(2)图们江国际次区域合作机制作为推动东北亚区域国家经济合作的重要平台,作为推动我国东北地区沿边开放的重要力量,目前正迎来难得的发展契机。其一,图们江区域合作开发经过 20 多年的持续推进,已取得实质性进展。从 1992 年联合国开发计划署倡导发起并推进的图们江开发计划开始,经过 20 多年发展,制约这一区域发展的物流通道问题有了明显改善,跨境旅游、通关效率、产业合作水平等方面都有了很大提升。其二,图们江国际合作机制正在转型升级为独立的国际合作组织。长期以来,图们江国际区域合作的决策机构是"大图们倡议"部长级会议,原来的主要推动力来自联合国开发计划署,现在,为强化各参与国的主动性,中俄蒙韩四国已决定,将"大图们倡议"升级为独立运行的国际经济合作组织,这将使图们江合作有着更为广阔的发展前景。其三,图们江国际合作机制成员国之间互补性较强。成员国中,韩国拥有资金与技术优势,俄罗斯是资源大国,我国有广阔的市场,蒙古国后发优势明显。而俄罗斯主导的"欧亚经济联盟"和开发远东战略,韩国提出的"欧亚倡议",蒙古国提出的"草原之路",都可以与我国"一带一路"进行倡议对接,图们江次区域合作机制恰好可以成为倡议对接的重要载体。

图们江次区域合作机制成员国中,中俄、中韩、中蒙关系近年来持续向好,四国政治互信加深,经贸合作不断加强,必将推动图们江国际次区域合作不断深化。

（3）中亚国际区域经济合作（CAREC）于1996年由亚洲开发银行发起，是中亚区域重要的经济合作机制之一，其宗旨是以合作谋发展，通过开展交通、能源、贸易政策、贸易便利化四大重点领域合作，促进成员国经济发展和民生改善。现有包括中国、阿富汗、阿塞拜疆、哈萨克斯坦、吉尔吉斯斯坦、蒙古国、巴基斯坦、塔吉克斯坦、土库曼斯坦和乌兹别克斯坦10个成员国。亚洲开发银行、世界银行、国际货币基金组织、联合国开发计划署、欧洲复兴开发银行、伊斯兰开发银行6个国际组织，以及一些发达国家的双边援助机构作为发展伙伴参与了CAREC框架下的合作。

该机制下设有中亚区域经济合作学院（简称中亚学院），作为中亚区域重要的知识合作机制，该学院围绕重点合作领域，为成员国政府官员、企业界人士和民间机构管理者提供研究、培训和交流服务，增强并提高成员国的发展能力，促进成员国之间的经济合作与发展。

2. 利用和整合现有多边合作机制与平台。当前，"一带一路"区域内已经建立有多个多边合作机制与平台，主要包括：上海合作组织、中国—东盟"10＋1"、亚太经合组织（APEC）、亚欧会议（ASEM）、亚洲合作对话（ACD）、亚信会议、中国—海合会战略对话等。在"一带一路"实施进程中，首先要发挥好已经存在的机制与平台的作用，全面加强"一带一路"框架下的区域多边合作机制。

（1）上海合作组织，简称上合组织（SCO），是哈萨克斯坦、中国、吉尔吉斯斯坦、俄罗斯、塔吉克斯坦、乌兹别克斯坦于2001年6月15日在中国上海宣布成立的永久性政府间国际组织。成员国包括中国、俄罗斯、哈萨克斯坦、吉尔吉斯斯坦、塔吉克斯坦和乌兹别克斯坦、巴基斯坦、印度；观察员国有伊朗、阿富汗、蒙古国、白俄罗斯。

历经10多年的发展，上合组织已成为促进成员国发展、维护地区乃至世界和平稳定的有效机制和建设性力量，显示出了勃勃生机。除防务安全领域外，各成员国还积极推动经济和人文合作，实现"多轮驱动"，进一步增强了组织凝聚力和可持续发展后劲。

促进经贸合作是上合组织的重要发展方向。目前，各成员国致力于加快道路、通信、电网等基础设施互联互通，推动贸易投资便利化，加强金融、能源、农业等重点领域合作，实现共同发展，造福成员国人民。

（2）中国—东盟关系（"10＋1"）。中国与东盟自1991年开启对话进程。经过20多年的共同努力，双方政治互信明显增强，经贸合作成效显著，其他领域合作不断拓展和深化。中国—东盟关系充满活力，发展前景广阔。

2002年，中国与东盟国家签署《南海各方行为宣言》，就和平解决争议、共同维护地区稳定、开展南海务实合作达成共识。中国于2003年与东盟建立了面向和平与繁荣的战略伙伴关系。双方建立了较为完善的对话合作机制，主要包括领导人会议、部长级会议、高官会等对话合作机制。2014～2017年，中国和东盟相继举办了文化交流年、海洋合作年、教育交流年、旅游合作年等活动，在相关领域开展一系列合作与交流活动。

2010年1月，中国—东盟自贸区全面建成。2014年8月，双方宣布启动中国—东盟自贸区升级谈判。2015年11月，双方签署《中国与东盟关于修订〈中国—东盟全面经济合作框架协议〉及项下部分协议的议定书》，标志着中国—东盟自贸区升级谈判正式结束。2016年，双方贸易额达4522.1亿美元。目前中国是东盟第一大贸易伙伴，东盟是中国第三大贸易伙伴。

中国与东盟确定了农业、信息通信技术、人力资源开发、相互投资、湄公河流域开发、交通、能源、文化等重点合作领域，签署了农业、信息通信、非传统安全、交通、文化、卫生与植物

卫生、新闻、知识产权、技术法规、标准和合格评定程序等合作
谅解备忘录。

双方设立了中国—东盟合作基金、中国—东盟公共卫生合作
基金、中国—东盟海上合作基金和中国—东盟投资合作基金,用
于支持具体领域合作项目。东盟 10 国均已成为中国公民出国旅游
目的地,双方互为主要旅游客源对象。

(3)亚洲太平洋经济合作组织,简称亚太经合组织(APEC)
是亚太地区最具影响力的经济合作官方论坛。

1989 年 11 月,澳大利亚、美国、加拿大、日本、韩国、新西
兰和东盟 6 国在澳大利亚首都堪培拉举行亚太经济合作会议首届部
长级会议,这标志着亚太经济合作会议的成立。APEC 的诞生标志
着亚太地区的崛起。

该组织为推动区域贸易投资自由化,加强成员间经济技术合
作等方面发挥了不可替代的作用。它是亚太区内各地区之间促进
经济成长、合作、贸易、投资的合作平台。

APEC 论坛主要讨论与全球及区域经济有关的议题,如促进全
球多边贸易体制,实施亚太地区贸易投资自由化和便利化,推动
金融稳定和改革,开展经济技术合作和能力建设等。APEC 论坛也
开始介入一些与经济相关的其他议题,如人类安全(包括反恐、
卫生和能源)、反腐败、备灾和文化合作等。

APEC 现有 21 个成员,分别是澳大利亚、文莱、加拿大、智
利、中国、中国香港、印度尼西亚、日本、韩国、马来西亚、墨
西哥、新西兰、巴布亚新几内亚、秘鲁、菲律宾、俄罗斯、新加
坡、中国台北、泰国、美国、越南。

(4)亚信会议(CICA),全称为亚洲相互协作与信任措施会
议,是一个有关安全问题的多边论坛,其宗旨是在亚洲国家之间
讨论加强合作、增加信任的措施。峰会和外长会议均为每四年举

行一次。亚信会议现有成员国26个、观察员国和组织12个，横跨亚洲各区域，涵盖不同制度、不同宗教、不同文化、不同发展阶段，具有广泛代表性。亚信的宗旨是通过制定多边信任措施，加强对话与合作，促进亚洲和平、安全与稳定。现已制定军事政治、新威胁新挑战、经济、生态、人文五大领域信任措施。

3. 发挥区域相关国际论坛、展会的作用。"一带一路"倡议的推进需要良好的大国关系作为宏观层面的重要保障，也需要通过双边或多边机制协调各国关系作为中观层面的条件，更需要建设各种平台作为微观支撑。微观平台是"一带一路"倡议能够落地生根，成长壮大的关键。美好愿景，只有通过切实可行的实践，才能变成现实。

在"一带一路"倡议实施中，博鳌亚洲论坛、中国—东盟博览会、中国—亚欧博览会、欧亚经济论坛、中国国际投资贸易洽谈会，以及中国—南亚博览会、中国—阿拉伯国家博览会、中国西部国际博览会、中国—俄罗斯博览会、前海合作论坛等平台可以发挥建设性作用，增强各方对合作倡议的理解和认同，承担起区域内国家共同发展的部分职能。

建立"一带一路"国际高峰论坛，共同探讨共建"一带一路"事宜。同时，支持沿线国家地方政府、民间组织挖掘"一带一路"历史文化遗产，联合举办专项投资、贸易、文化交流活动。

(1) 博鳌亚洲论坛（BFA）。博鳌亚洲论坛是在经济全球化进程加快和亚洲区域经济合作迅速发展的背景下成立的。1998年，菲律宾、澳大利亚、日本等国倡议成立一个类似达沃斯"世界经济论坛"的"亚洲论坛"，获得了有关各国的一致认同。2001年2月，25个亚洲国家和澳大利亚的代表聚会中国海南省琼海市博鳌镇，宣告成立博鳌亚洲论坛，并通过《博鳌亚洲论坛宣言》。

博鳌亚洲论坛为非官方、非营利性、定期、定址、开放性的国际会议组织；为政府、企业及专家学者等提供一个共商经济、社会、环境及其他相关问题的高层对话平台；海南博鳌为论坛总部的永久所在地。

论坛的宗旨是以平等、互惠、合作和共赢为主旨，立足亚洲，推动亚洲各国间的经济交流、协调与合作；同时又面向世界，增强亚洲与世界其他地区的对话与经济联系。

博鳌亚洲论坛成立以来，作为对该地区政府间合作组织的有益补充，对于促进亚洲地区各界的沟通与对话，谋求增进亚洲国家之间的交流与合作，以及增进亚洲地区与世界其他地区的合作做出重要的贡献。博鳌亚洲论坛历届年会主题见表2-2。

表2-2　　　　　　　　博鳌亚洲论坛历届年会主题

年　　份	论坛主题
2002	新世纪、新挑战、新亚洲：亚洲经济合作与发展
2003	亚洲寻求共赢：合作促进发展
2004	亚洲寻求共赢：一个向世界开放的亚洲
2005	亚洲寻求共赢：亚洲的新角色
2006	亚洲寻求共赢：亚洲的新机会
2007	亚洲寻求共赢：亚洲制胜全球经济——创新和可持续发展
2008	绿色亚洲：在变革中实现共赢
2009	经济危机与亚洲：挑战与展望
2010	绿色复苏：亚洲可持续发展的现实选择
2011	包容性发展：共同议程和全新挑战
2012	变革世界中的亚洲：迈向健康与可持续发展
2013	革新、责任、合作：亚洲寻求共同发展
2014	亚洲的新未来：寻找和释放新的发展动力
2015	亚洲新未来：迈向命运共同体
2016	亚洲新未来：新活力与新愿景
2017	直面全球化和自由贸易的未来

（2）中国—东盟博览会。中国—东盟博览会是由中国和东盟10国经贸主管部门及东盟秘书处共同主办，广西壮族自治区人民政府承办的国家级、国际性经贸交流盛会，每年在广西南宁举办。博览会以"促进中国—东盟自由贸易区建设、共享合作与发展机遇"为宗旨，涵盖商品贸易、投资合作和服务贸易三大内容，是中国与东盟扩大商贸合作的新平台，为推动中国与东盟经贸关系的发展发挥了重要作用。

中国—东盟博览会以中国—东盟自贸区为依托，以自由贸易区内的经贸合作为重点，面向全球开放，为各国商家共同发展提供新的机遇。自贸区建设的成果为博览会持续发展提供了内在的市场动力。同时，博览会为企业分享自贸区建设成果，进一步开拓市场，提供了难得的好平台。

（3）中国—阿拉伯国家博览会。中国—阿拉伯国家博览会是由商务部、国际贸易促进委员会和宁夏回族自治区人民政府共同主办的国家级、国际性经贸会展活动，每年举办一届。其前身是中国（宁夏）国际投资贸易洽谈会暨中国·阿拉伯国家经贸论坛，简称宁洽会暨中阿经贸论坛。

2010～2012年，宁洽会暨中阿经贸论坛已连续成功举办三届，逐步发展为具有国际影响力的国家级、国际性经贸合作的重要平台。3年来，18位中外领导人、195位中外部长级官员及93位外国驻华使节莅临大会；76个国家、地区和国际机构，5000多家国内外企业，30000多名客商参会参展；共签订合同项目201个，合同金额2547.56亿元。

自2013年起，中国（宁夏）国际投资贸易洽谈会暨中国·阿拉伯国家经贸论坛更名为中国—阿拉伯国家博览会，以"传承友谊、深化合作、共同发展"为宗旨，是加强中国与阿拉伯国家及其他伊斯兰国家全面合作的重要平台，以22个阿拉伯国家并向外延伸至 57 个伊斯兰国家作为合作主要目标国家，加强在能源、金融、清真食品、穆斯林用品、农业、文化、旅游等重点领域的合作，全面搭建中阿、中国与伊斯兰国家商品贸易、服务贸易、金融投资、技术合作、文教旅游五大平台。

（4）"一带一路"国际合作高峰论坛。"一带一路"国际合作高峰论坛是"一带一路"倡议提出以来由中国政府主办的最高规格的国际论坛。

第一届"一带一路"国际合作高峰论坛于 2017 年 5 月在北京举行，是 2017 年中国重要的主场外交活动，对推动国际和地区合作具有重要意义。

29 位外国元首、政府首脑及联合国秘书长、红十字国际委员会主席 3 位重要国际组织负责人出席了高峰论坛。

通过主办高峰论坛，主要实现以下目标：

一是全面总结"一带一路"建设的积极进展，展现重要早期收获成果，进一步凝聚合作共识，巩固良好的合作态势。

二是共商下一阶段重要合作举措，进一步推动各国加强发展战略对接，深化伙伴关系，实现联动发展。

三是在推进中国经济社会发展和结构调整的同时，推动国际合作，实现合作共赢。"求木之长者，必固其根本，欲流之远者，必浚其泉源"。中国期待同各国一道，通过主办高峰论坛，推进"一带一路"建设，为促进世界经济增长、深化地区合作，打造更坚实的发展基础，创造更便利的联通条件，更好地造福各国和各国人民。

"一带一路"国际合作高峰论坛是发展中大国倡议形成的多边平台，将会更关注发展中国家议题，承载着中国作为新兴发展中大国贡献世界、造福人类的良好愿望，将以"共商、共建、共享"的理念推动参与各国的合作，提升发展中国家在国际秩序中的地位。

【知识链接】

中国—亚欧博览会深挖"丝绸之路经济带"合作潜力

新华社北京 2016 年 9 月 19 日电（记者周文其、刘兵）以"共商共建共享丝路：机遇与未来"为主题的第五届中国—亚欧博览会，将于 20 日在乌鲁木齐拉开帷幕。本届展览会的展览规模、体量、题材均创历届之最，将持续深挖"丝绸之路经济带"沿线国家和地区的合作潜力。

目前随着新疆"丝绸之路经济带"核心区地位的确立，中国—亚欧博览会将由此成为做大区域经济合作"蛋糕"的重要载体。

据主办方介绍，本届中国—亚欧博览会吸引了 6 个国际组织及 57 个国家和地区参展、约 200 名境内外部长级嘉宾参会、国内外参展企业 2000 余家、专业采购商 3500 余名、展览面积达 14 万平方米……展览规模、体量、题材均创历届之最。

第五届中国—亚欧博览会执委会秘书长、新疆国际博览事务局局长李静援表示，中国—亚欧博览会作为一个平台，正把各方的潜力挖掘出来，把大家的互补性结合起来，把不同国家的利益融汇起来，把不同文明的优秀基因融合起来。

周边国家和渴望"丝绸之路经济带""红利"的国家和地区，纷纷派出了"高规格"的代表团参加本次博览会。其中包括德国的 40 个知名品牌将以"德国精品馆"的形式亮相，通过中欧班列拓展德中经济贸易合作新渠道；除俄罗斯、哈萨克斯坦、法国等 23 个连续参加前四届中国—亚欧博览会的国家和地区外，牙买加、海地、巴哈马等 10 个加勒比地区国家驻华使馆也将首次"组团"参加第五届博览会，推介加勒比地区丰富的旅游资源。

统计数据显示，此前举办的四届中国—亚欧博览会，先后有

60 多个国家和地区与会、700 多位外国部长级嘉宾、约 10 万名中外客商参展参会,有 190 多个国家和地区借助这一平台与新疆建立了经贸合作关系。

中国—亚欧博览会不但是"丝绸之路经济带"建设的重要平台,更是新疆经济社会持续健康发展的"新引擎"。据新疆维吾尔自治区人民政府透露,前四届中国—亚欧博览会签订合同总额达9000 亿元,实际到位资金 6400 亿元,平均每年新疆都有超过 1000个项目落地。

在 2016 年 8 月外交部举行的"中国—亚欧博览会"蓝厅论坛上,新疆维吾尔自治区主席雪克来提·扎克尔表示,中国—亚欧博览会促进了新疆同周边国家的互利合作,同时也是新疆形象的重要窗口。新疆将抓住历史机遇,扩大对外开放步伐,构建东联西出的国际商贸大通道,建设"丝绸之路经济带"核心区,以文明开放的姿态、务实合作的举措,努力把新疆建设成为"丝绸之路经济带"的区域性交通枢纽。

资料来源:新华网,2016 - 09 - 20.

问题三 "一带一路"如何实现互联互通

【导入案例】"郑新欧"国际铁路货运班列试运行

北京时间 2013 年 8 月 2 日 18 时，德国汉堡货运火车站，一条700 多米长的列车从两排耀眼的烟花之间缓缓通过——这便是自郑州行程万里、历时 16 天、横跨六国驶来的"郑新欧"国际铁路货运班列。这标志着继北京之后，中国内陆地区又一条直达欧洲汉堡的陆上铁路货运大通道顺利通行。

"郑新欧"国际铁路货运首列班列北京时间 7 月 18 日 10 时 56分由郑州铁路集装箱中心站出发，经西安、兰州、乌鲁木齐，向西过北疆铁路，到达边境口岸阿拉山口，进入哈萨克斯坦，再经俄罗斯、白俄罗斯、波兰，最后抵达德国汉堡。该趟列车途中经过 2 次转关、2 次换轨，共经过 6 个国家，线路总长达 10214 公里，耗时 16 天。

长期以来，中欧之间的货运主要通过空运、海运、公路运输进行，空运和公路运输价格昂贵，海运为时过长，并且许多港口吞吐量已经饱和。"郑新欧"国际铁路货运班列开通后，货主能够在 16 天之内就接到货物，比空运节省资金 80%，比海运节省一半时间，每集装箱比公路运输减少费用 2000～3000 元。

首趟列车装运41个集装箱标准箱,箱内载满来自中国的汽车配件、服装鞋帽、磨料磨具等货物。当天,汉堡市、郑州市在当地联合举行了"郑新欧"国际铁路货运班列新闻发布会和接车仪式,两市市长互换礼物表示祝贺。根据计划,"郑新欧"国际铁路货运班列年内还将开行13个班次,2014年计划开行50个班次以上。

近日来各大媒体都对"郑新欧"首列国际铁路货运班列到达德国汉堡车站,进行了报道,因为这对欧亚国际铁路货运来说是一件意义重大的事情。

8月1日16时,第一列"郑新欧"国际铁路货运班列试运列车缓缓驶入了德国汉堡车站,比海运节省了近一半的时间。

"郑新欧"国际铁路货运班列是继"渝新欧""蓉欧""汉新欧"之后的又一横贯欧亚的国际铁路物流贸易通道。此次"郑新欧"第一次处女行,拉载了货值142.26万美元的665.37吨货物,主要是服装、鞋帽、汽车轮胎等产品。

资料来源:2013 - 08 - 05.

中国有一句古老的民谚:"要想富,先修路。"这是中国老百姓自古以来美好的企盼,更是改革开放以来,中国亿万民众脱贫致富的经验之谈。在这里,"修路"只是一个形象的比喻,实际上代表着基础设施建设。通过案例我们可以看到,东亚各国的基础设施极为薄弱,多数国家未达到世界平均水准,从而构成了实施"一带一路"倡议的首要障碍。要想通过"一带一路"的倡议,实现互利共赢的目标,积极有效地推进"互联互通"就成为"一带一路"沿线国家的当务之急。

在2014年11月召开的"加强互联互通伙伴关系对话会"上,习近平主席完整阐述了"互联互通"的内涵,他指出:"我们要建设的互联互通，不仅是修路架桥，不光是平面化和单线条的联通，而更应该是基础设施、制度规章、人员交流三位一体，应该是政策沟通、设施联通、贸易畅通、资金融通、民心相通五大领域齐头并进。这是全方位、立体化、网络状的大联通，是生机勃勃、群策群力的开放系统。"①

互联互通的内涵不仅仅包括基础设施的联通，还扩展到制度规章、人员交流的联通。这表明，在当今的国际环境中，沿线各国需要的不仅仅是贸易的联通，更重要的是形成一个全方位多领域相互融合的命运共同体，实现欧亚区域经济的共赢。

一、如何实现有效的政策沟通

"一带一路"是一项宏伟的系统工程，秉承共商、共建、共享原则，旨在推进沿线国家发展战略对接。在《愿景与行动》中有这样的表述，"共建'一带一路'的途径是以目标协调、政策沟通为主，不刻意追求一致性，可高度灵活，富有弹性，是多元开放的合作进程。"

"一带一路"沿线有60多个国家，覆盖人口约44亿人。这些国家社会制度不同，发展水平不一，文化传统有差异，宗教信仰也不相同，这会使沿线国家对"一带一路"倡议有认知上的差异和不同的期待。自"一带一路"倡议提出以来，中国与沿线国家的合作已全面展开，与一些国家的合作也取得了实际成果，但从推进的进度来看，表现出很大的差异性，特别是对"一带一路"倡议的认同还存在差异。因此，将加强政策沟通置于"五通"的首要位置显得尤为重要。

---

① 习近平. 联通引领发展 伙伴聚焦合作——在"加强互联互通伙伴关系"东道主伙伴对话会上的讲话，新华网，2014－11－08.

政策沟通的前提是价值认同。"一带一路"沿线国家在经济发展水平、制度体制、政策法规、文化认同等各方面，都存在较大的差异性。如从人文发展指数来看，65个沿线国家有20个属于极高发展水平，23个属于高发展水平，19个属于中等发展水平，3个属于低发展水平；从市场化程度来看，有30%左右的国家未加入WTO，对市场规则的理解并不一致；从文化特征来看，涵盖佛教、伊斯兰教、基督教、道教等多个宗教文化。发展环境的不同，不仅决定了各国发展目标的差异，也对发展方式的选择有很大影响。

政策沟通的目标就是促成沿线国家形成趋向基本一致的战略、决策、政策和规则。通过政策沟通，加强政策对话和协商，可以增进政治互信，共同制定推进区域合作的规划和措施，及时协商解决合作中出现的问题，营造良好的政策环境。

（一）政策沟通的内容

"一带一路"沿线各国应秉承"共商、共建、共享"原则，尊重彼此主权、尊严、领土完整，尊重彼此发展道路和社会制度，尊重彼此核心利益和重大关切，努力开创规划衔接、发展融合、利益共享的新局面。从"五通"角度看，与其他四通侧重点不同，政策沟通侧重于政治互信、规则制定、发展战略、项目对接、合作理念等内容。

1. 增强政治互信。"一带一路"穿越亚欧数十个国家，辐射的面积十分广泛。倡议不仅有发展方向，也必然有一个发展路径。如何实现中国与沿线国家多边制度性合作，需要一系列客观的前提条件。这一发展路径应当沿着一个渐进式的顺序，就是完善交通基础设施—扩大贸易规模—实现区域产业合作—形成紧密的经济联系—签署区域合作协议。如何实现中国与欧亚地区的深度合作，还需要各国民众在文化、民族、宗教、历史、社会等领域的多重认同，进一步增强政治互信，维护沿线国家的和谐稳定。

2. 规则方面的沟通。"一带一路"提倡的是通过双边合作或者多边合作而建立起结构松散、包容性强、结伴但不结盟的共生体系，没有任何组织框架，并以政府间的合作为主要推动力。从这个意义上讲，一方面，"一带一路"的吸引力在于不制定规则，根据自愿原则组成的"利益共同体"和"命运共同体"；另一方面，在没有规则的情况下，再务实的倡议、再合理的模式也无法生根发芽，更难落实。因此，还需要沿线国家，确切地说有意借助"一带一路"加强合作的沿线国家，首先应该就自由贸易区、投资和运输便利化、移民管理、非政府组织管理等所有涉及双方合作的法律法规和政策进行有效沟通和协调，为其他"四通"的顺利推进提供法律保障。目前，中国与"一带一路"沿线国家的政策沟通更多集中在一些基本政策信息的互通、具体项目层面的沟通上，远未深入到法律法规和政策协调的核心层面。"一带一路"不少沿线国家，其中包括核心区域的中亚国家，在劳工、土地、融资、财政、产业政策等方面规则不健全、不连续，执法随意性大，互相冲突。在中亚国家，遇到与他国贸易和投资等事宜时，有时会以总统令或者是内阁文件规定为具体依据，但缺乏具体而权威的衡量准则，政策朝令夕改，经常令人无所适从。更为困难的是，有些国家边境贸易通关手续烦琐而复杂，除了征收高额关税之外，海关工作效率也比较低，不作为、贪污腐败现象司空见惯，甚至在外汇管理环节随意拖沓，造成外资企业合法收入无法正常转出；等等。

3. 发展战略的对接。发展战略对接是国家间最高层次的沟通与协调，其目的是寻找彼此发展战略中的共同点，在此基础上制定合作规划。沿线国家从本国发展实际出发，都制定了本国发展战略，这些发展战略大多数内容为国内发展战略，如道路基础设施建设等。因此，实现国家发展战略对接需要高层的政策沟通，具体制定战略部门的沟通和协调，就战略对接的内容、方向、具体项目等进行沟通，寻求利益共同点，确保战略对接利益最大化。但是，战略对接必然涉及利益的让渡，因此，中国首先倡导"正确的义利观"，其目的就在于此。在此问题上，政策沟通顺畅，战略对接才会进展顺利。

目前，中国提出的"一带一路"倡议已经与沿线多国的国家实现了对接，包括哈萨克斯坦"光明大道计划"、俄罗斯"欧亚经济联盟"、蒙古国"草原之路"计划、欧盟"容克计划"、英国"英格兰北方经济中心"、韩国"欧亚倡议"、越南"两廊一圈"、澳大利亚"北部大开发"、东盟"互联互通总体规划"、波兰"琥珀之路"等。通过发展战略的对接，沿线各国将携手共建开放、包容、互利、共赢的"丝绸之路"。

4. 具体项目对接的沟通。项目是实施战略与规划的基本单元和载体，"一带一路"倡议最终需要落实到基础设施、经贸、投资、金融、人文等各领域各个项目上来。在具体项目的规划与实施过程中，应就项目合作的重点领域、重点方向、重要环节等进行沟通，重点加强基础设施互联互通、能源资源开发利用、经贸产业合作区建设、产业核心技术研发等战略性优先项目的对接。项目对接要以企业为主体，坚持市场运作，遵循市场规律；同时，更好发挥政府的重要作用，坚持需求导向和目标导向相结合，为企业进行项目合作强化政策保障，营造良好环境，提供必要帮助。

5. 合作理念。所谓合作理念，就是寻找共同的全球治理理论和模式，适应当前国际新环境新秩序需求，如协商一致或超国家模式、互利双赢、结伴不结盟、尊重联合国等。显然，在这种合作理念和基本原则的促动下，需要创新合作模式，不能再单纯依靠区域经济合作，或是传统区域合作组织等模式，而是需要更具包容力和想象力的合作模式。中国作为世界第二大经济体，在合作中更需要重视与沿线国家的经济优势互补、地区利益共享、发展理念趋近等方面的问题，在此基础上进行贸易和投资便利化，才更容易获得沿线国家的理解和支持。

（二）政策沟通的形式

1. 完善双边合作机制，促进重大规划对接。与沿线国家建立和完善双边联合工作机制，研究推进"一带一路"建设的实施方案、行动路线图，发挥现有的联委会、混委会、协委会、指导委员会、管理委员会等双边机制作用，协调推动合作项目实施。对合作意愿较强的国家，推动签署"一带一路"合作备忘录或合作规划，确定双方合作的领域、项目、投资主体等内容。推动建设一批双边合作示范项目，让双边合作沿着"一带一路"驶向更加科学化、规范化的"快车道"。

2. 强化多边合作机制，促进多边合作。在"一带一路"区域，已经形成了多个多边合作机制，如上海合作组织（SCO）、中国—东盟"10＋1"、中国—东欧"16＋1"合作机制、亚太经合组织（APEC）、亚欧会议（ASEM）、亚洲合作对话（ACD）、亚信会议（CICA）、中阿合作论坛（CASCF）、中国—海合会战略对话、大湄公河次区域经济合作（GMS）、中亚区域经济合作（CAREC）等。今后，应充分发挥这些多边合作机制的作用，加强相关国家间的沟通，让更多国家和地区参与"一带一路"建设。

（三）如何实现有益的政策沟通

1. 重视政策沟通内容的全域性。政策沟通的最终目标是推动区域合作和发展，达成这一目标，需要将沟通交流贯穿在寻求共识、消除分歧、化解问题、谋求发展的全过程中。

第一，政策沟通是一个达成理念共识的过程，即通过沟通，建立互信，在合作共赢目标下，共同打造"利益共同体、责任共同体和命运共同体"。以目标协调、政策沟通为主要途径，不刻意追求一致性，是"一带一路"建设的一个重要特征。

第二，政策沟通是一个促进制度包容的过程，即通过沟通，求同存异，在尊重各国发展道路和模式选择基础上，相互借鉴，促进沿线国家制度体制的共同进步和完善，为区域合作打造稳固而友好的社会基础。

第三，政策沟通是一个实现战略对接的过程，即通过沟通，推动沿线各国重大发展战略与"一带一路"倡议相融合，推动各国之间发展战略的对接与耦合，发掘区域内市场潜力，逐步形成优势互补的区域产业布局。

第四，政策沟通是一个为经济融合提供务实支持的过程，即通过沟通，共同制定区域合作规划、政策和措施，协商解决合作中的突出问题，为务实合作及大型项目实施提供政策和法律支持。

2. 促进政策沟通参与方的广泛性。"一带一路"政策沟通具有多主体和多层次的特征。

首先，从参与主体来看，政府是宏观政策沟通的主导者，同时社会组织、企业、个人等在政策沟通中也发挥着不可忽视的作用。中国与"一带一路"沿线国家可以通过政党、议会、地方、民间等交往渠道，开展形式多样的交流合作。特别是，我们要不断努力推动架设各国民间交往的桥梁。

其次，从沟通层次来看，国际上的政策沟通既包括国家之间的双边沟通和多边沟通，还包括经济体之间的内部协调和外部交流、部门和地区层面的国际交流以及非政府层面的社会交流等多个层次。

最后，还应同步关注国内地区和部门之间的协调。在中国的"一带一路"建设中，西北地区、东北地区、西南地区、沿海和港澳台地区以及内陆地区都明确了各自的发展定位、合作目标和合作重点，但还应该积极建立跨地域、跨部门的协调机构，统筹建立海外利益保护机制。加强完善国内沟通协调将是完善"一带一路"政策沟通的关键内容。

3. 健全"一带一路"政策沟通长效机制。除了目前的双边或多边合作机制外，不同合作主体之间为实现有效政策沟通和协调，还将尽快建立具有"一带一路"示范效应的常规性政策沟通平台，形成政策沟通的长效机制。

（1）理顺沟通方式。以政府高层互访为引领，以政府间战略沟通为支撑；以地方和部门间政策协调为助力；以企业、社会组织等项目合作为载体；建立多层次、多主体的沟通渠道。

（2）明确沟通内容。阐释理念，寻求双边、多边合作共识；推动签署区域合作协议；制定合作战略和规划；协调实施方案和行动路径；为项目合作提供政策和法律支持。

（3）整合相关平台。目前，"一带一路"倡议得到了100多个国家及国际组织的响应，与50多个国家签署了合作协议或谅解备忘录，同20多个国家开展了国际产能合作，在沿线20多个国家建立了56个经贸合作区。这些多边合作机制、沿线各国区域和次区域相关平台，都提供了很好的政策沟通实践经验。在借鉴吸收现有经验的基础上，未来"一带一路"建设将会整合健全现有政策沟通平台，并逐步推广成为沿线国家常规性的沟通交流渠道，让沿线国家和地区更有效地参与"一带一路"建设。

二、设施联通的重点在哪里

基础设施互联互通是"一带一路"建设的重要前提与基础条

件。基础设施直接决定着经济活动的效率和效益，同时也影响着每个经济体的投资环境。基础设施的改善会带来经济与社会发展的良性循环，加快工业化进程，吸收利用外国资本，融入区域产业链体系，获得宝贵的发展机遇。相反，如果基础设施建设滞后，经济和社会发展便会受到严重制约，甚至难以摆脱贫困。这也会导致难以吸收利用国际资本，工业化和城镇化进程进展缓慢，进而陷入基础设施与经济发展的恶性循环。可以说，基础设施对"一带一路"沿线国家的经济与社会发展都具有决定性作用。"一带一路"沿线国家之间的相互贸易与投资的密切程度，也取决于基础设施的互联互通。

当前，"一带一路"区域的基础设施建设还存在着不连、不通、不畅的问题。一方面，由于政治与经济的原因，亚欧大陆上许多交通运输路段都已废止，许多交通运输要道的通行能力非常有限，相关设备设施也较为陈旧，使得该区域间的通行成本居高不下。另一方面，世界各国的基础设施往往都有自己所遵循的技术标准体系，导致交通运输难以畅通，降低物流效率，增加物流成本。例如，国际通用的铁路标准轨距是 1435 毫米，中国、朝鲜、韩国以及许多欧洲国家都采用这一标准。而俄罗斯、蒙古国以及苏联国家的铁路大多为 1520 毫米的宽轨制式。亚欧大陆桥铁路从中国出发，经中亚，一直延伸到欧洲，但由于沿线国家的铁路轨距标准不同，致使行驶在"泛欧亚铁路干线"上的火车无法实现"欧亚直通车"，极大地限制了经哈萨克斯坦进入中国的欧亚铁路的国际联运业务。而东盟国家，包括越南、柬埔寨、老挝、缅甸、泰国、马来西亚的铁路以米轨（1000 毫米）为主，南亚国家的印度、巴基斯坦、孟加拉国及斯里兰卡的铁路轨距不一，但多数为 1676 毫米。

"一带一路"基础设施互联互通秉承"绿色低碳""环境友

好"的理念，建设中充分考虑气候变化影响，强化基础设施绿色低碳化建设和运营管理。它是一个"三位一体"的系统工程，以交通基础设施互联互通为基础，以能源基础设施互联互通为战略重点，以信息丝绸之路建设为技术支撑，从交运、能源、信息三方位打造高效的"一带一路"联通网络。

（一）设施联通的重点领域

1. 交通基础设施联通。交通基础设施联通是设施联通的基础。交通基础设施建设，总的来说就是"从不通到连通，从连通到畅通"。具体来说，就是抓住关键通道、关键节点和重点工程，优先打通"断头路"，畅通瓶颈路段，组建以公路为基础、以铁路为动脉、以航空和水运为补充，集公、铁、水、航多种运输方式为一体的国际立体运输大通道，完成"由未通到打通"的目标。而"由打通到畅通"是一个长期的目标，包含了硬件和软件两方面的要求。

硬件上，从陆路、水路、空路三方面加强基础设施建设，增加陆、海、空运输线的荷载能力，完善铁路、公路、海港、空港的基础设施水平，促进海港、空港与陆上交通枢纽的衔接，提升陆、海、空三线的联运能力。完善道路安全防护和交通管理设施设备，提升交通路线的抗风险能力。

软件上，建立现代化的交通运输体系，形成兼容各国规范的运输规则，重点解决国际通关慢以及换装速度慢、效率低的问题，建立统一的全程运输协调机制，促进国际通关、换装、多式联运有机衔接，实现国际运输便利化。畅通陆水联运通道，增加海上航线和班次，加强海上物流信息化合作。拓展建立民航全面合作的平台和机制，加快提升航空基础设施水平。

随着"一带一路"倡议的深化，中欧班列成为"一带一路"

设施联通的重要平台。目前，中国已经开行西、中、东三大通道的中欧班列运行线路（见表3-1）：西通道从新疆阿拉山口或霍尔果斯口岸出境，中通道由内蒙古二连浩特口岸出境，东通道由内蒙古满洲里或黑龙江绥芬河口岸出境，通达中亚、西亚和欧洲各国。截至2016年8月，中欧班列运营路线38条，共涉及国内31个城市和5个边境口岸，可到达15个国家的28个城市。

表3-1 中国主要中欧班列运营情况

班列名称	运营情况
渝新欧	该班列从重庆出发，经阿拉山口出境，进入哈萨克斯坦，再经俄罗斯、白俄罗斯、波兰，至德国的杜伊斯堡，全长11179公里，平均需运行16天。 2011年3月19日，"渝新欧"全线开始运行，目前已经实现常态化运行，平均一周开行四班。截至2016年8月，"渝新欧"已开行624班次，为中欧班列中开行最高的货运班列
汉新欧	2012年10月24日"汉新欧"开通。从武汉出发，过阿拉山口口岸，途经哈萨克斯坦、俄罗斯、白俄罗斯、波兰，到达捷克的梅林克帕尔杜比采，行程10863公里，运行约23天。2014年3月，"汉新欧"实现常态化运行，每周开行4~5班，并已开通到达德国汉堡、俄罗斯莫斯科和法国里昂的班列。截至2016年8月，"汉新欧"运行班次已达360列
蓉新欧	从成都出发，从阿拉山口出境，经哈萨克斯坦、俄罗斯、白俄罗斯，终点为波兰罗兹。2013年4月26日开行，该线全长9826公里，运行时间14天。之后，又开通了从霍尔果斯出境，至土耳其伊斯坦布尔的班列。截至2016年8月，"蓉新欧"运行班列336列
郑新欧	2013年7月18日，首班"郑新欧"列车开通，从郑州出发，经阿拉山口、哈萨克斯坦、俄罗斯、白俄罗斯、波兰，终到德国汉堡，全长10214公里，运行时间16~18天。2014年7月，该班列实现常态化运行，每周开行2~3班。截至2016年8月，"郑新欧"运行班列400列

班列名称	运营情况
义新欧	起始于中国义乌,经阿拉山口、哈萨克斯坦、俄罗斯、白俄罗斯、波兰、德国、法国,终点到西班牙马德里,全长 13052 公里,运行时间 18 天。该班列首发于 2014 年 11 月 18 日,主要货源为义乌及长三角地区的小商品和机电产品等
西新欧	又称"长安号"国际运输班列。2013 年 11 月 28 日,"长安号"首发开行,从西安出发,前往哈萨克斯坦的阿拉木图、热姆,全长 5926 公里,运行时间 6～8 天。2014 年 6 月,"长安号"实现常态化运行,每周开行 1 班。截至 2016 年 2 月,"长安号"班列累计开行 162 列
湘新欧	2014 年 10 月 30 日首发,实行"一主两辅"运行路线。"一主"为长沙至德国杜伊斯堡,经过阿拉山口出境,途经哈萨克斯坦、俄罗斯、白俄罗斯、波兰、德国,全程 11808 公里,运行时间 18 天。"两辅"一条从长沙出发,经新疆霍尔果斯出境,终抵乌兹别克斯坦的塔什干,全程 6146 公里,运行时间 11 天;另一条从长沙出发,经二连浩特(或满洲里)出境,到达俄罗斯莫斯科,全程 8047 公里(或 10090 公里)运行时间 13 天(或 15 天)
苏满欧	2013 年 9 月 29 日开始试运行,2014 年 7 月 1 日正式运行,开行周期为每周 1 班。从苏州出发,由满洲里口岸出境,途经俄罗斯、白俄罗斯,终点到波兰华沙,全程 11200 公里,运行时间约 15 天
冀满欧	从保定始发,由满洲里出境,途经俄罗斯,最后抵达白俄罗斯明斯克,全程约 9500 公里,用时 12～14 天。首趟冀欧班列于 2016 年 4 月 26 日首发,是国内首列开往中白工业园的货运班列,也是华北地区第一条直达欧洲的陆运通道
哈满欧	2015 年 2 月 8 日开始运行。从哈尔滨开出,全程运行 6578 公里,由满洲里口岸出境,经俄罗斯西伯利亚大铁路,到俄罗斯比克良,运行时间 10 天
沈满欧	2014 年 8 月 6 日正式运行,开行班次为每周 5 班。从营口出发,经满洲里出境,目前运行线路有三条:第一条终点是俄罗斯(重点为莫斯科、叶卡捷琳堡、新西伯利亚等);第二条至欧洲(主要为德国汉堡、波兰华沙、捷克布拉格);第三条终到乌兹别克斯坦的塔什干。其中,营口—德国汉堡 14000 公里,运行 23 天

班列名称	运营情况
粤满欧	2013 年 11 月 22 日正式开通,从广州始发,由满洲里出境,直达俄罗斯莫斯科。全程 11500 公里,运行时长 18 天。现每周准时发运,为珠三角地区的对欧贸易提供了更加便捷稳定的运输通道。2016 年 4 月 14 日开通广州至德国杜伊斯堡的班列,全长 13488 公里,历时 18 天,是目前车内运距最长的中欧班列。2016 年 8 月 28 日开通广州至俄罗斯卡卢加州沃尔西诺的班列。目前,该班列以每周一趟的频率运行,全程 11500 公里,历时 15 天
郑蒙欧	2013 年 1 月 3 日运行首列。该班列从郑州出发,经二连浩特、蒙古国、俄罗斯、哈萨克斯坦、白俄罗斯、波兰,终点到德国汉堡,全长 10399 公里,用时 15 ~ 18 天
蓉蒙欧	2013 年 8 月 30 日首列蓉蒙欧开通,从成都出发,从二连浩特口岸出境,经蒙古国、俄罗斯、白俄罗斯,终点到波兰罗兹,全程 12000 公里。截至 2014 年 8 月 1 日,共开行班列 58 列

资料来源:根据网站相关资料整理。

2. 能源基础设施联通。能源基础设施联通是基础设施建设的战略重点。能源安全是关乎各国国家安全的大问题,而"一带一路"的腹地——中亚和西亚地区(尤其是西亚地区),存在着许多不稳定因素。西亚地区作为亚、非、欧三大洲与印度洋、大西洋的交汇处,地理位置十分重要,又是世界上最大的石油产区,同时也是世界最动荡的地区之一。政局的不稳定导致油气运输管道的安全受到巨大的威胁。因此,"一带一路"建设将加强与中亚、西亚、俄罗斯等能源通道建设合作,与相关国家共同维护跨境输油、输气管道等运输通道安全运营,作为能源基础设施互联互通建设的重点领域。

在能源设施联通方面,目前,中国与中亚国家的管道合作正处于蓬勃发展阶段,无论是石油管道还是天然气管道都取得了一定的成就（见表 3-2）。

表 3-2 中国与中亚各国能源设施联通情况

名 称	起始国家	经过国家	中方起点	管道里长（公里）	年输油气能力	通油/气时间（年）
中哈石油管道	哈萨克斯坦	—	阿拉山口	2798	2000 万吨	2009
中国—中亚天然气管道A线	土库曼斯坦	乌兹别克斯坦、土库曼斯坦、哈萨克斯坦	霍尔果斯	1833	300 亿立方米	2009
中国—中亚天然气管道B线	乌兹别克斯坦					2010
中国—中亚天然气管道C线	乌兹别克斯坦			1840	250 亿立方米	2014
中国—中亚天然气管道D线	土库曼斯坦	土库曼斯坦、塔吉克斯坦、乌兹别克斯坦、吉尔吉斯斯坦	乌恰县	约1000	300 亿立方米	预计2020

资料来源：根据交通运输部、商务部相关资料整理。

另外，"一带一路"建设坚持互利共赢的目标，通过能源领域的合作，帮助能源资源产地优化当地产业结构，推进能源资源就地加工转化合作。同时，推进跨境电力与输电通道建设，积极开展区域电网升级改造，助力能源资源产地发展经济。

3. 通信基础设施联通。"信息丝绸之路"是基地设施互联互通的技术支撑，更是交通运输、能源合作信息化、现代化的重要支撑。

"一带一路"沿线国家应共同推进跨境光缆等通信网络建设，

规划建设洲际海底光缆项目,完善空中(卫星)信息通道,扩大信息交流与合作,共同推进区域通信干线网络建设,大幅度提高国际通信互联互通水平,打造畅通便捷的"信息丝绸之路"。

在通信技术应用领域,实施标准体系、认证认可、标准计量、统计信息等领域互联互通方面的对接互认。

作为"一带一路"互联互通战略的一部分,中国正在开发泛亚信息网络,希望能够增大互联网宽带,加强各国之间的互联网连接速度。在海缆方面,截至2016年,中国参与铺设国际海底光缆长达43000千米,相当于绕地球赤道一周。这些光纤分布在马六甲海峡、安达曼海以及印度洋的海底,连通了孟加拉国、缅甸、新加坡和印度尼西亚。同时,中国还参与建设了三条连通东北亚和东南亚的海底光缆网络。在陆缆方面,中国已经建成19个跨境陆缆边境站,利用路基光缆连通了俄罗斯、蒙古国、哈萨克斯坦、吉尔吉斯斯坦、塔吉克斯坦、越南、老挝、缅甸、尼泊尔、印度10个国家。

(二)设施联通合作机制建设

基础设施互联互通是"五通"的基础,合作机制建设则是设施联通的关键环节和制度保障。"一带一路"沿线多数国家为内陆、欠发达经济体,基础设施严重不足、区域联通水平低、制度不对接等都严重制约了区域经济发展。特别是各国设施建设规划繁多,技术标准不统一,制度性壁垒错综复杂,成为推进区域设施联通的重要阻碍。因此,亟须建立健全合作机制,整合各方力量和资源,务实推进双边和区域基础设施联通建设与合作,以提升"一带一路"设施联通合作的深度和实效。

合作内容既应包括交通、通信、能源、管道、口岸等基础设施建设上的"硬件联通",还应包括通关、检验、认证、融资等运营管理、金融支持服务等制度建设上的"软件联通"。

合作主体包括沿线国家的中央与地方不同层面；合作机制包括高官和工作层定期会晤、企业和行业协会对口沟通等；合作形式则包括重点项目推进、签署部门合作备忘录、在专项领域签署具有一定约束力的次区域或双边协议等。

近年来，设施联通成为区域一体化的优先领域，在合作机制建设促进区域基础设施联通方面取得了一些可供借鉴的经验。

借鉴欧盟、南美和东盟等区域性机制建设的有益经验，"一带一路"设施联通合作机制建设应注意以下几点：

一是注重以区域和双边协定促进设施联通的协调规划。区域基础设施互联互通，需要以规划引领和提升设施网络建设与制度对接，签署区域和双边协定成为落实区域设施联通建设规划与合作机制常态化的重要途径。

二是注重基础设施技术标准的对接统一。技术标准的对接是跨境和区域基础设施联通的重要条件。如欧盟出台并持续修订《成员国之间建立联合运输通用准则指令》，明确了联合运输的标准含义，并发布在成员国内和国际道路范围内运营车辆适用的法定尺度和从事国际运输的法定载重质量标准。

三是注重建立收益分享和利益协调制度。由于涉及不同国家和利益主体，要形成区域设施联通建设的合力，必须建立明确合理的收益分享和利益协调制度。欧盟在2012年版的《国际旅客联运和铁路货物联运清算规则协约》中，制定了包括国境站货物换装费、客货车换轮费、货物加固费、交接列车服务费、租用和提供调车作业机车和专用车辆劳务作业费用等清算规则，为欧盟统一的铁路市场建设提供了重要的支持。

四是注重协调行动的组织保障和法律支撑。区域基础设施联通建设，需要在决策、管理、实施、监督和评估等环节建立组织管理体系，以保障各方采取协调、高效的行动。南美基础设施一体化（IIRSA）倡议下，组成由各成员交通、能源和通信部部长共同参与的执行指导委员会，下设协调与执行技术小组和融资方的协调委员会（CCT）。东盟成立互联互通协调委员会，通过统筹协调以确保利益相关者参与到战略实施过程。此外，法律法规建设有助于减少协调联通的制度成本。欧盟通过制定《航道法》《货物运输法》《码头装卸法》《港口服务市场法》等一系列技术标准和法律法规，促进欧洲大陆内河航运市场的规范与统一。

【小资料】

欢喜"渝新欧"

欧亚大陆桥上运营最早的"渝新欧"货运班列是目前常态化运行坚持得最好的班列，截至 2013 年 8 月 8 日，"渝新欧"货运班列共发出 76 班次 3301 车，远远超过其他城市发往欧洲的列车次数。中国阿拉山口海关相关人士表示，"渝新欧"货运班列占中国各城市开往欧洲货运班列的八成。

2011 年 3 月，一个满载重庆制造的电子产品的班列从重庆出发，途经西安、兰州、乌鲁木齐和阿拉山口，最终抵达德国杜伊斯堡，行驶 11179 公里，耗时 16 天，这标志着"渝新欧"的全线开行。时至今日，"渝新欧"货运班列已实现常态化运行。班列通过采用"五定模式"，以及电子锁监控和"安智贸"的试点，使其运行时间比长江水运至上海再海运至欧洲节省近 30 天，是 IT 产品等高附加值货物常态化运输的首选。

"渝新欧"货运班列在四方面优于海运：一是运时比海运快 30 多天；二是不受自然条件和非常规安全因素影响，避免了运时和安全的不确定性；三是综合成本较低，由于企业资金周转率提高近两倍,每只集装箱运费及集装箱本身货物价值的资本利息形成的综合成本与海运相当,随着回程货源的增加,综合成本还有降低的空间;四是由于运时短,到达时间可控,企业的市场营销计划和商品物流安排的预见性和可控性大大提高。

据了解,"渝新欧"货运班列目前箱公里的运价为0.7美元,为空运的1/5～1/4,但"渝新欧"货运班列的运价与海运相比仍偏高。不过一位业内人士对记者表示,虽然海运价格比货运班列便宜,但加上20天的货品利息成本,海运价格并无优势。再加上有些货物要从鹿特丹再通过高速或航空运到中东欧或俄罗斯,全程运费并不低。货值超过200万元的集装箱,走"渝新欧"货运班列更划算。

一家货代企业负责人对"渝新欧"货运班列的点评是:"该班列的一个好处是,货物从重庆出发实现一次申报、一次查验、一次放行,途中不用再开箱验货,或是重新报关了。"

业内人士预测,随着"渝新欧"回程班列的常态开行,可为"渝新欧"去程再降低10%左右的运价,"渝新欧"货运班列箱公里运价达到0.6美元,基本与海运价格持平。时间和运价双重优势将进一步增加"渝新欧"货运班列的竞争力,吸引更多的货物通过"渝新欧"货运班列往返于重庆与欧洲之间。

资料来源:航运交易公报微博,2013-08-27.

三、如何促进贸易畅通

贸易投资合作是推进"一带一路"建设的传统领域,也是大有可为的重中之重,需要各方着力研究解决贸易投资便利化问题,消除贸易和投资壁垒,构建良好的营商环境,共同商建自由贸易区,激发释放合作潜力,做好做大合作"蛋糕"。

（一）推动贸易自由化

实践证明，因贸易壁垒小、合作层次深，我国与东盟和欧盟等次区域合作组织的贸易水平大大高于我国与"一带一路"沿线其他国家的水平。为此，需要大力推进"一带一路"区域内的贸易自由化水平。"一带一路"沿线国家特别是还未加入 WTO 的国家，关税仍处于较高水平，通过双边、区域谈判降低关税壁垒仍有较大努力空间。对于已签署自由贸易协定的国家应提升贸易自由化的水平，打造自由贸易协定的升级版，扩大服务贸易和投资领域的开放，创造更为便利和自由的贸易投资环境。与此同时，应加速推进与海湾阿拉伯国家合作委员会的自由贸易协定谈判，推动与马尔代夫、斯里兰卡以及格鲁吉亚的自由贸易协定谈判，探讨与欧亚经济联盟国家开展自由贸易协定谈判等，争取与更多国家商签自由贸易协定，为提升贸易水平提供制度性保障。

（二）提高贸易便利化水平

1. 贸易便利化的含义。关于贸易便利化，迄今在世界范围内尚无一个被普遍接受的统一定义。贸易便利化的概念与范畴会随着社会的不断发展而演进和充实。不同框架协议下贸易便利化的定义见表 3 - 3。

表 3 - 3　　　　　不同框架协议下贸易便利化的定义

构架/组织	年份	定　　义
世界贸易组织（WTO）	1998	简化和协调国际贸易程序，包括国际货物贸易流动所需要的收集、提供、沟通及处理数据的活动、做法和手续

续表

构架/组织	年份	定 义
联合国贸易和发展会议（UNCTAD）	2001	贸易便利化是指国际贸易程序的简化和协调，而这里的贸易程序是指在收集、提交和处理国际贸易中的商品流动所需的数据时涉及的活动、惯例和手续，通常涉及海关程序、国际运输、贸易保险和支付以及过境时必须履行的正式程序和手续
世界海关组织（WCO）	2001	海关程序的简化和标准化，同时将贸易便利化与贸易安全联系在一起，寻求两者的平衡
联合国欧洲经济委员会（UNECE）	2002	用全面的和一体化的方法减少贸易交易过程的复杂性和成本，在国际可接受的规范、准则及最佳做法的基础上，保证所有贸易活动在有效、透明和可预见的方式下进行
亚太经合组织（APEC）	2002	贸易便利化一般是指使用新技术和其他措施，简化和协调与贸易有关的程序和行政障碍，降低成本，推动货物和服务更好地流通

资料来源：根据倪东升《通往贸易便利化之路》整理。

尽管各个组织的表述有所不同，但基本精神是一致的，即贸易便利化是对国际贸易过程中涉及的行为、手续及惯例进行简化与协调，保证所有的相关行为都发生在一种有效、透明、可预见的方式之上。近年来，人们更多地从广义的角度，即影响贸易交易的整个环境来考虑贸易便利化问题。在实践中，各种促进贸易便利化的措施大多体现在贸易程序和手续的简化、适用法律和规定的透明、基础设施的标准化和改善等，为国际贸易活动创造一个简化的、协调的、透明的、可预见的环境。因此，贸易便利化涉及的内容十分广泛，几乎包括了贸易过程的所有环节，其中海关与跨境制度是问题的核心，此外还包括运输、许可、检疫、电子数据传输、支付、保险及其他金融要求、企业信息等诸多方面。

2. 我国贸易便利化的现状。由于地理位置、国际贸易地位以及政策导向不同,我国的贸易便利化程度在地区上表现出了差异化,其中以自贸区(FTZ)与非自贸区的差异为主,前者的贸易便利化程度远高于后者。上海自贸区是我国建立的第一个自由贸易试验区,是改革开放试验田,其贸易便利化措施对全国有示范作用。

一是"单一窗口"和 APEC 全球供应链电子口岸试点。"单一窗口"与我国"电子口岸"建设有类似之处,核心是建立统一的政府信息平台实现数据共享,将进出口手续签注一体化。进出境商品电子数据通过单一窗口接入统一信息平台,一次性提交监管部门要求的所有与进口、出口和转口相关的标准化单证和电子信息。监管部门再通过单一平台,将处理状态(处理结果)反馈给申报人。这种电子化、一体化的操作模式可使现有的口岸执法简化为"一次申报、一次查验、一次放行",即"单一窗口"摒弃了以往多人员、多客户端、多单证系统的操作模式,极大地简化了进出口程序,实现了贸易投资便利化。

二是"负面清单"的设立。负面清单的管理模式是本着"法无禁止则可为"的法理精神推出的投资领域"黑名单",列明外资不能投资的领域和产业,使外资在投资时可以对照清单进行相应调整,从而提高投资效率。

三是上海自贸区进行了一系列海关贸易监管制度和检验检疫监管制度创新,包括推出先进区、后报关,区内自行运输,统一备案清单,智能化电子卡口验放管理等 14 项"可复制、可推广"的监管服务制度,以及推动通关无纸化、分线监管机制、进境货物预检验、第三方检验结果采信机制等检验检疫制度 8 项新政。

非自贸区,各省节点城市、经济开发区和港口是"一带一路"贸易便利化推进重点,贸易投资管理程序的改善和便利条件的提供已成为努力方向。目前,我国已推进了口岸通关程序改革,运用电子手段建立了统一口岸数据平台,规范和改良了口岸进出口货物的信息流、单证流、货物流和资金流,实现口岸数据信息共享,提高了管理部门监督的能力和效率。

3. 推动"一带一路"贸易便利化的措施。"一带一路"涵盖区域广阔,各国贸易便利化水平参差不齐,东南亚国家和南太平洋国家的贸易便利化水平比较高,而中亚国家的贸易便利化水平比较低。《全球营商环境报告2015》显示,中亚国家的贸易成本相当于中国贸易成本的 5~10 倍,成为制约区域贸易发展的重大障碍。我们需针对不同区域,采取不同的贸易便利化措施。

(1) 深化政策沟通,增强互信互利。加强政策沟通是推进"一带一路"贸易投资便利化的重要保障。促进各国间对便利化的深入理解,让"一带一路"沿线国家明白这是一条合作、共赢、开放、发展、和平之路;建立政府间贸易便利化政策的长效沟通机制,使各国政府和相关管理机构可以就贸易便利化的发展战略和关键领域进行交流与对接,共同制定促进便利化的规划和措施,协商解决推进便利化面临的问题,为贸易投资便利化提供政策支持。

(2) 加强贸易投资便利化的机制化与能力建设。我国应倡议"一带一路"国家组建"贸易投资便利化委员会",一方面,统一协调贸易投资便利化措施,落实相关领导人在各项国际会议上达成的有关促进贸易投资便利化的决定,监督各国推进举措。另一方面,边境和通关管理是贸易投资的关键环节。安全的边境和一流的通关效率会极大地促成贸易投资便利化。应加强沿线各经济体的检验检疫交流与合作,制定统一的供应链安全标准、检验标准,推动检验检疫证书国际互联网核查,开展"经认证的经营者"(AEO)互认。促进"一带一路"各国加快"单一窗口"建设,制定便利的通关办法，开发"海关跨境合作平台"。与"一带一路"沿线国家进行信息互换、监管互认、执法互助等方面的海关合作，进行海关数据联网，搭建海关跨境合作平台和电子通关系统，互认海关监管数据，实现数据共享，降低通关成本，提高通关效率。

（3）营造良好的贸易投资环境。营造公正、公开、稳定、透明的营商环境。加强制度建设，加大对腐败和垄断的打击力度；借鉴国际经验，增强政策法规和行政程序的公开化与透明化；加强监督，使监督及时、有效地发挥作用。制定规则与措施时须保持政策的稳定性、连续性和透明性，促进"一带一路"沿线各经济体稳定发展。

【案例链接】

新加坡促进贸易便利化的政策措施

在世界经济论坛（WEF）发布的 2014 年 ETI 指数中，新加坡整体得分连续 6 年蝉联世界第一，其中市场准入和运营环境排名世界第二，边境管理和基础设施位列世界第一。新加坡在贸易投资便利化方面的措施和理念十分值得我们学习。

（1）"一站式"信息门户。1989 年，新加坡建立了贸易网 Trade Net，这也是世界上第一个用于贸易数据审理的电子数据交换系统。将新加坡税务、海关等 35 个政府部门链接起来，形成了新加坡国际贸易投资的"单一窗口"。

（2）充分利用 IT 技术。新加坡开发了多套网络系统，形成了国际航运中心信息平台。主要包括：港口网 Port Net、贸易网 Trade Net 和码头作业系统等。

（3）简化和精简的海关。新加坡海关的通关手续和程序便捷，只对 4 类商品征收关税。在新加坡 6 个自由贸易区的货物向市场出售前,无须向海关申报,大大提升了通过效率。

(4)企业支撑,构建贸易便利化框架。新加坡海关于 2011 年发布了 Trade First 贸易便利化框架,实施了世界海关组织《全球贸易安全与便利标准框架》下的经认证经营者制度,与 300 个成员公司建立合作伙伴关系,指定专属的海关官员来帮助并指导操作。

资料来源:张建平."一带一路"国家贸易投资便利化状况及相关措施需求.国家行政学院学报,2016(1).

4. 优化贸易结构,促进贸易转型升级。贸易结构不合理是困扰发展中国家的一个巨大问题,也是诱发贸易摩擦的重要因素之一。发展中国家大量出口劳动密集型、资源密集型产品,而在资本密集型或资本技术型产品上缺乏竞争力。以中国为例,中国贸易结构的不合理突出体现在三个方面:一是传统工业制成品出口比重较高,高新技术产品所占比重依然很低。同时,这些高新技术产品中还绝大部分使用国外的核心零部件或者关键性技术,国内自主创新的高技术产品仅占外贸总额的 2%。二是加工贸易在出口产品中占据了相当大的比重,使得贸易对国民财富增长的贡献比较有限。三是服务贸易严重缺乏国际竞争力。2013 年,中国服务贸易总额已达 5396.4 亿美元,占世界服务贸易总额的 6%,居世界第三位。但我国服务贸易逆差由 2012 年的 897 亿美元急剧扩大到 2013 年的 1184.6 亿美元,同比增长 32.1%。另外,2013 年,运输、旅游、建筑等传统服务出口占服务出口总额的比重高达 47.5%,专业服务等高附加值的现代业占比则较低。

另外,过大的贸易差额也是产业贸易摩擦的重要原因。仍以中国为例,中国与重要贸易伙伴之间的不平衡日益加剧,这将使中国努力追求的贸易平衡效果大打折扣。一方面,中国对美国、欧盟的贸易顺差均在持续扩大;另一方面,中国对日本和韩国的贸易逆差则进一步增加。这种复杂的双边贸易不平衡使得中国在双边贸易谈判中，无论是对逆差国还是对顺差国都处于劣势。像美国这样的逆差国，会迫于国内压力对中国施压，顺差国也会担心过度依赖中国而对中国产生戒心。

中国的传统货物贸易优势为劳动密集型的加工制造业，沿线部分贸易伙伴的优势集中于资源密集型产品，还有一些国家农产品贸易优势明显。虽然中国与沿线国家具有较强的贸易互补性，但传统的比较优势对贸易增长的带动效应不足。"一带一路"建设，通过实施贸易畅通，拓展发展中国家之间的贸易合作，形成发展中国家间水平型贸易关系，优化发展中国家的贸易结构，挖掘贸易新增长点，促进贸易平衡。

建立健全服务贸易促进体系，巩固和扩大传统贸易，大力发展现代服务贸易。创新贸易方式，发展跨境电子商务等新的商业业态，把投资和贸易有机地结合起来，以投资带动贸易发展。

（三）加快贸易投资便利化进程

投资便利化是贸易畅通的另一重要方面。投资便利化强调东道国与母国通过改善基础设施质量、优化营商环境、降低投资壁垒、保护投资者利益以及提升金融便利性等可操作性规则，简化和协调国际投资全过程涉及的各种程序，为企业投资创造更加开放、透明、便捷和可预见的投资环境。

当前，跨国投资的障碍主要集中在三个方面：一是缺乏足够有效的双边投资保护协定，以及由于各国税收法律差异所产生的国际双重征税问题；二是投资壁垒，主要分为准入壁垒、经营壁垒和退出壁垒三种；三是投资审批手续繁杂，投资相关政策不透明。"一带一路"倡议致力于促进要素自由流动、资源高效配置和市场深度融合，通过推进沿线国家投资便利化，拓展沿线各国投资领域，深化区域内国家间的经济合作，构建国际经济合作新局面。

1. 与有关国家签订双边投资保护协定，保护投资者的合法权益。一般来说，各国缔结的双边投资保护协定包含投资定义、批准、待遇、代位权、征收条件和补偿以及争端解决程序等条款，其核心内容主要体现在以下四个方面：

（1）外资准入及待遇。双边投资保护协定一般规定，缔约一方根据其法律（或法规、政策、行政惯例），准许缔约对方投资，并相互给予对方投资者以"公平和公正的待遇"以及"不低于第三国投资者的待遇"。

（2）利润汇出。允许投资者在"合理期间内"自由转移利润、资本清算所得及征收补偿等收入。

（3）代位。规定缔约一方可为其投资者在缔约另一方境内的已得到批准的投资提供担保；缔约另一方应承认缔约一方之代位权。

（4）征收补偿。规定东道国对外国投资征收或国有化的前提条件，即：①为了公共目的；②采取非歧视性方式；③按照法律程序进行；④给予补偿。

截至 2016 年底，中国与 53 个沿线国家签署了双边投资协定，与 54 个沿线国家签署了避免双重征税协定，并且积极商签标准化合作协议、签证便利化协议等各类合作文件，促进资本、技术、人员等要素有序流动和优化配置，降低企业制度性交易成本，共同为企业开展产能和投资合作营造良好政策环境。

2. 消除投资壁垒。投资壁垒主要有三种表现形式：

（1）投资准入壁垒。资本流入国为了限制外资的进入，保护本国产业，在投资准入环节构筑壁垒，主要表现为：

一是禁止、限制外国投资的领域，或不合理地限制了外国投资的进入。一些国家采取产业政策导向、外资股权比例限制等做法，禁止外资进入关系国家安全、国计民生或涉及公共利益的关键部门、行业或限制外资进入本国需要重点保护的行业。

二是 WTO 成员未按照 WTO《与贸易有关的投资措施协议》有关规定向外国投资开放某些特定领域。如某一成员未按照其关于开放服务贸易市场的承诺允许国外公司在本国保险领域投资。

三是通过立法上的治外法权条款，为其他国家对第三国的投资设置障碍。

（2）投资经营壁垒。一些国家从产、供、销、人、财、物等多个方面，对外资企业的经营活动规定了多种限制性措施，使其正常经营受到影响和障碍，如国产化或当地含量要求、贸易平衡要求、限制产量的要求、用汇限制、出口比例要求等。例如，某国对外资企业出口比例的要求（70%）高于其对内资公司的要求（50%）；要求制药公司从一家特定的本国公司购买半合成抗生素；要求采矿公司把精炼铜优先卖给当地由该国政府控制的公司等。

（3）投资退出壁垒。一些国家为了限制外国投资退出或外资企业经营利润离境，或在外国投资退出时谋求不合理的本国利益，在投资退出环节设置了限制性措施，使外国投资者的投资利益难以充分实现。这些投资壁垒主要表现在：其一，一些国家对外国投资的退出和外资企业经营利润的转移设置了严格的限制，使外国投资不能自由退出，外资企业经营利润不能及时、有效地转移到投资者本国或第三国，或在退出及转移时蒙受不合理的损失。其二，一些国家还规定了外资企业退出时逐步本地化的做法，要求外资企业必须将其资本或技术部分或完全转让给本国企业。

要消除投资壁垒，具体措施有以下三个方面：

（1）以国民待遇和最惠国待遇的非歧视投资政策与"公平公正"和"充分保护与安全"为法律保护的基本规则，同时保障各缔约方政府实现合法公共政策目标的能力，减少或消除与贸易相关的投资规则。

(2)各方采用"负面清单"管理模式,此即意味着"法无禁止则可为"的法理精神,列出投资领域"黑名单",列明外资不能投资的领域和产业,除此之外,市场对外资全面开放。这样,使外资在投资时可以对照清单进行相应调整,从而提高投资效率。

(3)为投资争端提供中立、透明的国际仲裁机制,并通过有力的措施防止该机制被滥用,确保政府出于健康、安全和环境保护之目的进行立法的权利。

3. 优化投资程序。

(1)增强各国投资政策的透明度。包括及时公布法律法规及其修订情况、建立咨询点为企业提供政策咨询、提供对各国投资政策进行评论的机会等。

(2)提高各国的行政效率,减少投资者的行政成本。应将审批结果及时通知投资者,通过"一站式"服务简化投资批准程序,尽可能降低投资相关的行政成本,减轻企业负担。

(3)提升各国在投资方面的合作水平。主张建立公私对话机制,搭建政府倾听企业意见、解决企业关切的平台;促进各国投资主管部门交流和政策协调等。

(四)推进贸易投资合作

1. 拓展相互投资领域。继续推动在农、林、牧、渔业及生产加工等领域深度合作,积极推进海水养殖、远洋渔业、海水淡化、海洋工程技术、环保产业等领域合作。加大传统能源资源勘探开发合作,积极推动水电、核电、风电、太阳能等清洁可再生能源合作,推进能源资源就地、就近加工转化合作,形成能源资源合作上下游一体化产业链。加强能源资源深加工技术、装备与工程服务合作。促进新一代信息技术、生物、新能源、新材料等新兴产业领域深入合作，推动建立创业投资合作机制。

2. 努力探索投资合作新模式。加强与有关国家在产业链条上的分工合作，推动上下游和关联产业协同发展，提升区域产业配套能力和综合竞争力。扩大服务业相互开放。积极与有关国家合作建设境外经贸合作区、跨境经济合作区等，促进产业集群发展。中国欢迎各国企业来华投资，鼓励本国企业参与沿线国家基础设施建设和产业投资。

3. 树立投资合作新典范。在投资贸易中突出生态文明理念，加强生态环境、生物多样性和应对气候变化合作，共建绿色"丝绸之路"。支持中国"走出去"企业按属地化原则经营管理，积极帮助当地发展经济、增加就业、改善民生，主动承担社会责任。

4. 建立投资合作机制。在双边层面，中方同哈萨克斯坦、马来西亚等30多个国家签署了产能合作有关文件，把产能合作纳入机制化轨道，与有关国家进行发展规划和建设项目的对接，共同为企业间合作穿针引线、铺路架桥。在多边层面，中方积极参与和引领区域、次区域合作，推动发表《中国—东盟产能合作联合声明》《澜湄国家产能合作联合声明》等重要文件，和有关国家共同谋划产能合作的重点领域和重大项目，加快形成开放包容、多方共赢的合作格局。

【专家论道】

"一带一路"如何推进贸易畅通?

在拥有一台电脑或者一部手机就能"买卖遍全球"的时代，贸易畅通还是个问题吗?

15日，"一带一路"国际合作高峰论坛在北京闭幕。论坛圆桌峰会联合公报提出，深化经贸合作，推动贸易投资自由化和便利化，让普通民众从贸易中获益。

"一带一路"沿线国家之间做生意怎样才能更便利,"一带一路"倡议将在其中扮演何种角色,这在本次论坛上成为与会者热议的话题。

"软硬兼施":促贸易畅通,"硬件"和"软件"缺一不可。

用世界贸易组织总干事阿泽维多的话说,能用手机购买和销售商品,还不意味着贸易畅通真正实现。

"我们还需要其他方面的东西。"阿泽维多表示,"硬件"层面,要有使货物运输畅通无阻的公路、铁路、港口等基础设施,"这正是'一带一路'倡议为什么非常重要且恰逢其时的原因";还要实现数字互联互通,让目前全球接近半数还无法上网的民众也能顺利接入网络。至于"软件"层面,要有良好的监管环境,为商品流通提供便利条件。

德国经济和能源部长齐普里斯也认为,要推进贸易畅通,既需要港口、道路,也需要宽带、数字的互联互通,"这是我们现在急需的"。"一带一路"倡议为实现这两方面目标提供了良好契机,"德国企业非常愿意助一臂之力"。

清除"堵点":促贸易畅通,需清除"堵点"。

当前,全球贸易虽然曙光初现,但还未彻底摆脱长时间低迷之困。保护主义、民粹主义抬头,逆全球化升温,地缘政治紧张局势加剧,凡此种种都给贸易发展前景蒙上阴影。

"政治问题不应成为阻碍贸易的工具",匈牙利外交与对外经济部部长西雅尔多·彼得呼吁,"贸易越自由,发展得就越快"。

澳大利亚贸易、旅游和投资部部长史蒂文·乔博也表示,只有坚持开放,坚持自由贸易,才能实现持续经济增长。在他看来,"一带一路"倡议为促进开放、包容发展提供了机会,有助于扩大贸易规模,实现互利共赢。

值得注意的是,在论坛期间发布的《推进"一带一路"贸易畅通合作倡议》中，各参与方均同意，在当前全球经济增长动力不足的背景下，有必要在尊重各国发展目标的同时，推动更具活力、更加包容、更可持续的经济全球化，促进贸易投资自由化和便利化，抵制保护主义。

更多机遇：促贸易畅通，目的在于惠及所有人。

联合国副秘书长、联合国贸发会议秘书长穆希萨·基图伊强调，推进贸易畅通"不能让任何一个人落下"。考虑到电子商务近年来发展速度已5倍于传统贸易，今后应着力建设"电子丝绸之路"，为中小企业提供更多机遇。

"我们注意到，'一带一路'倡议的确能够让普通人也能获得发展机会，拥有更好的生活，不会把中小企业甩在后面。"泰国商业部部长阿披拉迪·丹达蓬说。

资料来源：中国新闻网，2017－05－16.

四、如何进行资金融通

随着现代化的发展，金融成为整个经济的"血脉"，渗透到"一带一路"建设的方方面面。无论是基础设施的互联互通，还是经贸合作的不断畅通，都需要大量的货币流转和资金融通。仅基础设施互联互通一项，据亚洲开发银行测算，2010～2020年，亚洲各经济体的基础设施要想达到世界平均水平，内部基础设施投资需要8万亿美元，区域性基础设施建设另需3000亿美元，融资缺口巨大。同时，根据中国政府已经公开的信息，中国各地方"一带一路"拟建、在建基础设施规模已经达到1.04万亿元，跨国投资规模约524亿美元，因此，资金融通是推进"一带一路"建设的重要支撑，能否在全球范围内广泛融资，获得更多的资金供应将决定"一带一路"建设能否稳健推进的关键。

（一）"一带一路"资金融通的必要性

推进"一带一路"建设中，如何解决好资金融通问题，是各方持续关注的焦点之一。"一带一路"建设的融资瓶颈主要体现在三个方面：

一是基础设施建设项目存在融资难的本质特征。"一带一路"沿线国家的许多设施联通投资项目，具有资金需求规模巨大、回收周期较长、直接回报率不高等特点。资金需求规模大，意味着投融资的门槛高；回收周期长，意味着未来的风险较大，也意味着主要依靠较短期资金来源的金融机构难以参与项目融资；风险较大再加上直接回报率不高意味着基础设施建设项目对市场化资金的吸引力不大。融资难是所有基础设施建设项目的共同特征，不是"一带一路"项目所独有的。"一带一路"项目更难的地方在于部分设施联通项目需要跨越国境，因而要多一些跨国协调的障碍。

二是资金缺口大，且沿线国家资金动员能力较弱。多数"一带一路"沿线国家国内储蓄不足以支撑大规模基础设施投资，总体上存在较大资金缺口。同时，沿线国家的金融市场不发达，金融开放度不高，融资活动主要依赖银行贷款，股票、基金、债券、保险等金融市场发展滞后，难以有效动员国内国际资金参与"一带一路"项目建设。

三是国家风险较大。"一带一路"沿线有不少政治经济形势不太稳定的国家，基础设施建设和其他投资活动除了需要面对项目本身的风险之外，还需要面对东道国经济社会动荡带来的风险，而这种国家风险往往是项目的投融资方难以依靠自身的力量来管理的。

(二)"一带一路"资金融通的内容

1. 货币稳定体系。在当前全球经济联动性加大、美元币值不稳定、各国亟须资金的情况下,加强相关各国之间的金融合作十分必要。在"一带一路"建设中,推动经常项下和资本项下本币兑换和结算,使用本币开展资金融通,对于抵御金融风险具有许多优势。

一是有利于动员当地储蓄和全球资金。"一带一路"建设必须充分利用当地和全球资源。使用本币开展对外投融资,可调动当地储蓄资源,通过合理的回报形成示范效应,撬动更多的当地储蓄和国际资本,形成正反馈。

二是有利于降低换汇成本。资金接受国可直接使用他国本币购买本币发行国的产品,节省换汇成本。随着资金接受国和资金提供国的联系越来越密切,本币收入越来越多,未来也可直接使用资金提供国的本币偿还融资债务,节省换汇成本。

三是有利于维护金融稳定。更多地使用本币会逐渐增强对本币的信心,提升本币吸引力;有助于发展本币计价的资本市场,丰富投资工具和风险管理手段,维护金融稳定。同时,本币的使用会逐渐减少对美元等主要货币的依赖,降低因汇率波动而引发的风险。

为此,要重视共同货币市场建设,扩大沿线国家双边本币互换、结算的范围和规模,支持在条件满足的情况下加快货币离岸中心建设,不断延伸本币在共同货币市场上的辐射空间,增强货币的竞争力。同时,构建多层次的资本市场,加强亚洲债券市场的开放和发展,为货币稳定体系构建防波堤和缓冲地带,有助于形成明确的市场信号,从而稳定货币市场的信心。

2008 年以来,中国先后与"一带一路"沿线 22 个国家签署了总额超过 9000 亿元人民币的本币互换协议。这些协议的签订一方面有利于双边以及多边贸易的有序发展，降低交易成本，规避因美元币值的剧烈波动所产生的汇率风险；另一方面也有利于人民币的跨境结算，扩大人民币影响力，推动人民币国际化。中国还与 8 个 "一带一路"沿线国家实现了货币的直接交易，与 2 个沿线国家实现了货币的区域直接交易，有效地降低了汇率风险，便利了贸易和投资。中国还在 23 个国家和地区建立了当地的人民币清算安排，指定了当地的人民币清算行，其中 7 个为 "一带一路"沿线国家。

【知识链接】

本币互换协议与亚洲债券市场

本币互换协议，又称为货币掉期、货币互换，是指一国（地区）的央行（货币当局）与另一国（地区）的央行（货币当局）签订协议，约定在同一期限内，根据约定的汇率，将一定数额的本国货币和对方国家货币进行互换，用于双边贸易结算或为金融市场提供短期流动性支持。到期后双方换回本币，资金使用方同时支付相应利息。其目的是提高两国的外汇储备，以平衡两种货币的供需，稳定汇率，防止（特别在金融危机条件下）出现外汇市场的混乱。

亚洲债券是指用亚洲国家货币定值，并在亚洲地区发行和交易的债券。亚洲债券的供给方大多来自亚洲经济体，而其需求方则来自包括亚洲各经济体在内的全球投资者。亚洲债券市场就是亚洲债券发行、交易和流通的市场。作为以亚洲地区为主的区域性债券市场，一段时间以来，亚洲债券市场的发展已日益成为亚洲各经济体，特别是东亚经济体加强区域金融合作的重要内容。

2. 投融资体系。对 "一带一路"资金融通来说，需要建立发达的投融资体系，为其提供稳定可靠的资金供应。从融资角度来说，"一带一路"需要多方面融资，为基础设施互联互通、产业园区和贸易畅通提供源源不断的资金来源。在现有的多国商业银行和以世界银行、国际货币基金、亚洲开发银行等国际融资平台基础上，需要新建若干新融资平台，如中国倡导并积极参与的亚洲基础设施投资银行、金砖国家新开发银行、上海合作组织开发银行和"丝路基金"等，中国—东盟银行联合体、上合组织银行联合体等也可以采取银团贷款、银行授信等方式开展多边金融合作，为"一带一路"提供融资服务。此外，还可以支持"一带一路"沿线国家政府和信用等级较高的企业以及金融机构在相关国家发行债券，为沿线国家的"一带一路"建设筹集所需资金。从投资体系来说，"一带一路"需要构建起包括政府、企业、社会等多元化投资主体共同参与的投资体系，尤其是通过加强双边投资保护协定、拓宽相互投资领域，引导"丝路基金"、各国主权基金和商业性股份投资基金和社会资金共同参与重点项目建设，消除投资壁垒，加快投资便利化进程，保护投资者合法权益。

支持沿线国家政府和信用等级较高的企业以及金融机构在中国境内发行人民币债券。符合条件的中国境内金融机构和企业可以在境外发行人民币债券和外币债券，鼓励在沿线国家使用所筹资金。

3. 信用体系。"一带一路"是一项庞大的世纪工程，投资数额巨大，周期长且风险大，需要建立起强大的社会信用体系，才能支撑起如此规模的建设工程。为此，建设"一带一路"社会信用体系就需要从沿线国家的实际情况出发，加强征信管理部门、征信机构和评级机构之间的跨境交流合作，在资信调查、资产调查、市场调查、资信评级、信用担保、信用保险、风险抵押、商账追收、信用管理资信和票据电话咨询等领域，支持信用行业和产业的发展,以强大的社会信用体系支持"一带一路"重点项目建设。

4. 金融监管体系。在推进"一带一路"资金融通过程中,要高度重视"防火墙"的问题。目前世界经济对银行体系的压力太大,推动"一带一路"资金融通必须与各国结构调整配合起来,在利率、资本市场、银行改革等方面都要配套进行,建立起相应的监管体系。金融监管当局之间的交流与合作,对于确保竞争环境的公平、透明、可预期不可或缺。

金融监管当局之间就当地宏观经济形势、金融市场发展情况和趋势、金融监管制度、投资机会和风险、大型银行在当地的经营和风险等信息进行交流,增进了解和互信。各国金融监管当局还需重点就市场准入进行深入的沟通,了解和妥善处理彼此间的关系,共同消除各种不合理的准入壁垒和限制,提供开放、公平、有序的监管环境。监管当局还应加强在跨境机构处置和危机管理、反洗钱、宏观审慎管理等方面的监管合作,更好地维护区域金融市场信心和金融体系稳定,防控风险。

五、民心相通的核心是什么

"一带一路"范围广阔,将涵盖40多亿人口,涉及60多个国家。这些不同的民族和国家地理环境不同,民情风俗迥异。各个民族和国家都有着不同的历史传统、不同的文化、不同的价值观。不同的国家制度决定了不同的意识形态,也带来了宗教问题。这里存在着佛教、道教、伊斯兰教、东正教、基督教等多种宗教。同时,不同国家也有着不同的经济文化发展水平,这也决定了经济带上文明文化的多样性。

2014年7月4日,习近平主席在首尔大学发表演讲时指出,"加强人文交流,不断增进人民感情。以利相交,利尽则散;以势相交，势去则倾；惟以心相交，方成其久远。国家关系发展，说到底要靠人民心通意合。"① 无论是国家与国家之间的关系，还是一国内部不同地区、族群和宗教团体之间的关系，真正起决定性作用的还是民心是否相通，是否夯实了坚实的人脉基础。因此，民心相通是"一带一路"建设的社会根基，也是"一带一路"能否真正取得成功的根本落脚点。作为一项沟通多元文明、众多族群和国家的合作倡议，"一带一路"能否获得成功，从根本上取决于能否跨越藩篱，搭建民心相通的桥梁和纽带，特别是能否建立起纵横交织的社会交流网络，以互联互通的社会网络替代界限分明的民族国家支撑起"一带一路"的区域合作架构。

推动中国与沿线各国广泛开展文化等多领域的交流合作，不仅能够为其他领域的合作打下坚实的民意基础，更有助于发掘沿线深厚的人文资源，在交融往来中实现不同文明的互学互鉴，共同浇灌人类文明这棵参天大树。

（一）民心相通首先需要双向的文化理解

民心相通，首先需要不同文化的彼此理解，其次是文化沟通。对彼此文化的理解是顺畅沟通的前提。没有对他国文化的理解，沟通势必困难重重。

就文化理解来说，它既包括沿线国家对中国文化的理解，也包括中国对沿线国家文化的理解。这种不同文化的彼此理解，不应只是中国文化的单向输出、展示推广，让他国了解中国、配合中国，更需要中国普通民众理解他国。这是今天面临的更大挑战。

从民心相通的实践来看，促进国外对中国文化的理解，是国家投入的重点。例如，截至 2014 年底，我国在海外开办的 475 所

① 习近平．"共创中韩合作未来，同襄亚洲振兴繁荣——在韩国国立首尔大学的演讲"．新华网，2014－07－04．

孔子学院，文化部在海外建设的 20 多个"中国文化中心"，以及在其他国家举办的"中国文化年"活动。它们对于提升中国在国际上的形象起到了很好的作用，但也面临着如何提升内涵、以哪种中国文化打动国外民众的难题。

对于如何加强对沿线国家文化的理解，"走出去"和"请进来"两种方式都不可或缺。首先，国人可以走进这些国家，实地了解这些国家的文化。但这种"走出去"不能仅局限在出国旅游这种浅层面的文化了解，更应加大力度支持相关高校、科研机构的研究人员、学生走进沿线国家进行深度的文化学习和研究。它有两个维度，一个是当下视角，另一个是历史视角。就前者来说，需要熟悉对方的语言，深入该国百姓生活，进行文化研究和写作，从细节上把握所在国的民心。对于后者，应从沿线国家的历史和传统着手，对其沉淀为现实生活的文化构成进行深入解读，其中包括多种非物质文化遗产、文化记忆、文化历史思维等。其次，可以邀请沿线国家的各个领域的相关人士来中国进行人文交流，这种交流不只是在沿线国家人民和中国人民之间，也包括在沿线国家人民之间展开。

（二）民心相通的落实在于文化交流

民心相通必然要落实在各种各样的人际交往与互动中，落实在海外建设工程、商贸投资、外交、旅游、移民、跨国婚姻等具体活动中。这不仅意味着加强与沿线国家的人文交流，也要在民心相通的高度去把握各种领域、各种群体的交往。如海外的华人华侨所带来的文化沟通便是典型案例。

文化沟通，必须有所准备。各种跨文化沟通能力的教育和训练是必不可少的，需要形成行之有效的对相关派出人员进行培训的课程与教育机制，并能实质性地为对外交流的企事业员工进行有针对性的培训。巴基斯坦驻上海领事法哈特（Farhat Ayesha）女士曾建议："送公司员工到国外之前，中国政府应该要培训他们，让他们尊重所在国的文化。他们就是中国的形象。中国应该认真地思考这个问题，使中国人为全球化做好准备。"

（三）民心相通的实现途径

1. 教育交流与合作。教育是人文交流的重要载体，是培养人文素养、传承人文精神、传递人文情感和锻造人文力量的重要路径。应通过双向流动的教育交流，推动中国与"一带一路"沿线国家在教育领域的广泛交流。

在留学领域，扩大互派留学生规模，加强青年学生之间的友好往来。目前我国正在实施"丝绸之路"留学推进计划，并设立"丝绸之路"中国政府奖学金项目，每年向沿线国家提供 1 万个政府奖学金名额，吸引优秀人才来华学习和研修，为"一带一路"沿线各国专项培养行业领军人才和优秀技能人才。2016 年，教育部印发《推进共建"一带一路"教育行动》，聚力构建"一带一路"教育共同体，培养大批共建"一带一路"急需人才，开展更大范围、更高水平、更深层次的人文交流。截至 2016 年底，中国已经先后与 46 个国家和地区签订了学历学位互认协议，其中"一带一路"沿线国家与中国学历互认已达 24 个。"一带一路"沿线国家在华留学生就达 20 多万人；国家支持中国学生到沿线国家留学，2012 年以来，我国共有 35 万多人赴"一带一路"沿线国家留学，仅 2016 年就有 7.5 万人，比 2012 年增长了 38.6%。

从教育交流的层次来看，目前中国与"一带一路"沿线国家的教育交流更多地停留在高等教育的层面上，而其他层次的教育交流尚需逐步完善与加强。随着中国企业"走出去"步伐的加快，"一带一路"沿线发展中国家迫切需要本土化的技能人才。加强中国与"一带一路"沿线国家的职业教育交流与合作也将成为未来教育交流的重要方向。

在沿线国家建设孔子学院，推动各国文明交流互鉴。近年来，我国在"一带一路"沿线国家建设孔子学院135所，中小学孔子课堂129个。孔子学院通过教授汉语和传播中国文化，有效地推动了与"一带一路"沿线各国文明交流互鉴，扩大了中外人民相知相交。

探索与"一带一路"国家建立大学联盟，支持合作办学。通过开展教育合作、研究交流、暑期项目、培训项目、学生交换等，推动相互了解和资源共享；同时，通过提供更多的奖学金、讲习教授、联合实验室等，为沿线国家大学合作创造良好的环境和条件，尤其是推进沿线国家大学在研究生阶段的合作，有助于弥补彼此的缺陷，共享教育资源，从而为"一带一路"倡议提供一大批相知相亲的人力资源。

加强学术合作。推动与沿线国家的研究机构共建联合实验室、研究中心、技术转移中心等，促进科技人员交流，合作开展重大科技攻关，在学术研究上互相帮助，加深彼此的友谊。积极推进与沿线国家在生态、气候、医疗、工程技术、人文等共同关心领域的务实合作。

2. 文化交流。文化是人与人理解的重要桥梁，文化交流包括文学、艺术、影视和宗教等多种文化要素的交流与合作，是人文交流的重要组成部分。音乐、电影、美术、雕塑、电视剧、图书等都是深化国家之间了解的重要载体，依托这些文化载体，可以更好地进入彼此的内心世界，实现一种心与心的交流。文化交流是民心相通的重要前提，只有沿线各国各民族人民彼此尊重、欣赏对方的文化，才能从相识变为相知。通过广泛开展文化交流、学术往来、各类人群互相交往，拉近情感，增进友谊，自然而然地会产生亲切感和凝聚力。目前我国与沿线大部分国家都签署了"政府间文化交流合作协定"及执行计划，高层交往密切，民间交流频繁，合作内容丰富，与不少沿线国家都互办文化年、艺术节、电影周、图书展以及重大体育赛事等活动，在不同国家多次举办以"丝绸之路"为主题的文化交流与合作项目推介，促进文化贸易合作。如2014年创办的"丝绸之路国际电影节"，已经连续举办3届。2016年，参加"丝绸之路国际电影节"的国家达到了57个。

要支持沿线国家联合申请世界文化遗产，共同开展世界文化遗产的联合保护，塑造"丝绸之路"世界文化品牌。2006年，中国与中亚五国共同启动"丝绸之路"跨国系列申遗工作。2011年底，中国与哈萨克斯坦和吉尔吉斯斯坦草签了《丝绸之路跨国系列申遗工作备忘录》。2012年3月，中国与哈萨克斯坦和吉尔吉斯斯坦三国的申遗文本正式报送联合国教科文组织。2014年6月，世界遗产大会决定将"丝绸之路：起始段与天山廊道的路网"正式列为世界遗产名录。

要依托行业、产业和具体领域，支持利用现代媒体和通信传播手段，建立各种人脉关系网络，通过举办各种行业庆典、纪念活动、学术会议等活动，加深友谊，培植人脉，共同汇聚建设"一带一路"的人气、智慧和力量。

3. 媒体传播。在信息技术革命飞速发展的今天，媒体成为人们沟通最便捷的工具，包括报纸、杂志、广播、电视、网络和移动互联网等现代传播手段，为人们之间的沟通提供了优越条件。

媒体是传播信息和塑造国家形象的重要手段，是世界各国人民了解他国人民生活状态的重要窗口，也是"一带一路"沿线国家人民认同中国的重要途径。因此，要加强"一带一路"沿线国家文化传媒的国际交流合作，积极利用网络平台，运用新媒体工具，塑造和谐友好的文化生态和舆论环境。

要支持"一带一路"沿线国家建立媒体网络，在节目互换、媒体合作、资源共享上加强互动，以抱团取暖的方式深化传统媒体之间的深度合作。同时，要特别重视加强新媒体的共同开发，利用互联网、社交媒体和各种新闻客户端加强彼此之间的交流合作。

要推进共同媒体平台的建设，在现有各国媒体基础上，组建"一带一路"媒体协会和媒体从业人员协会，促进媒体从业人员之间的交流，建设覆盖"一带一路"沿线国家的共同媒体委员会，降低与西方强势媒体角逐的压力。

4. 城市外交。友好城市是各国地方政府增进了解、发展友谊、促进合作的重要方式。通过友好城市关系可以促进城市人民之间的了解和友谊，开展文化、教育、科技、经贸、人才等方面的实质性交流与合作。加大与沿线国家之间的友好城市建设是促进人心相通的重要举措。"一带一路"倡议鼓励"开展城市交流合作，欢迎沿线国家重要城市之间互结友好城市，以人文交流为重点，突出务实合作，形成更多鲜活的合作范例"。城市作为"丝绸之路"上的珍珠，通过"城市外交"串接起来，经济和文化交流互动，交相辉映。在"一带一路"沿线国家中，由于历史、文化、政治等因素，俄罗斯与中国的友好城市数量最多，为122个，越南、泰国、菲律宾、印度尼西亚、波兰、乌克兰、罗马尼亚、匈牙利、蒙古国、土耳其等与中国的友好城市也在20个以上。近年来，中亚五国与中国的友好城市数量也增加较快，但总体依然偏少，除哈萨克斯坦和吉尔吉斯斯坦各为13个和12个外，其余中亚三国的数量均在5个以下。地处南亚的印度、缅甸、孟加拉国等国与中国的友好城市数量相对更少，文化交流与合作更为薄弱。而巴基斯坦与中国的友好城市数量较多，在文化交流的各个方面都较为密切。未来我国将探讨建立"一带一路友好城市群""新兴市场友好城市群""金砖国家友好城市群"等,真正实现充分整合资源,优势互补,互助共赢。

今后,我国各城市应积极开展城市外交,与沿线国家重要城市建立友好城市和伙伴关系,组建"丝绸之路经济带"城市伙伴网络。在海洋上,沿海各城市应抓住机遇,加快基础设施互联互通和产业规划,大力发展港口外交、城市外交、公司外交和公共外交等外交活动,在各个港口城市中建立起发达的互联互通网络和战略伙伴关系,为建设国际化大都市战略创造良好条件。尤其是乌鲁木齐、香港、广州、上海、北京应该在建设世界城市方面迈出更大步伐,切实发挥城市外交的龙头带动角色,全方位建立沿线城市间的伙伴关系网,搭建通往世界的信息、人才、技术、资金、文化等交流渠道,打造强大的"一带一路"经济增长带。

5. 民生合作。民生合作是民心相通的基础,只有做好"一带一路"沿线国家的民生合作,"一带一路"才能真正算得上是惠及广大民众,从而得到民众的理解、接受和支持。从民众日常生活最为关注的问题来看,民生合作可能更多地围绕就业、医疗、教育、扶贫、环保、公益、慈善等领域进行,这些领域都是为民众所看得见的事务,很容易为民众所注意到。

"一带一路"民心相通要把民生合作摆到突出位置,下大力气投入到沿线国家的民生合作事业中。要与沿线国家强化在传染病疫情信息沟通、防治技术交流、专业人才培养等方面的医疗合作,提高合作处理突发公共卫生事件的能力,为沿线国家提供医疗援助和应急医疗救助,共同建设"一带一路"联合疾病控制中心,为沿线国家提供及时高效的医疗救助。

要整合现有资源,积极推进沿线国家在青年就业、创业培训、职业技能开发、社会保障管理服务、公共行政管理等领域的务实合作，为解决失业和扩大就业提供帮助。

要加强沿线国家民间组织的交流合作，重点面向基层民众，广泛开展教育医疗、减贫开发、生物多样性和生态环保等社会公益慈善活动，促进沿线国家和地区生产生活条件的改善。要密切与妇女、青年、残疾人等群体交流，通过建立对话交流平台，开展多种形式的务实培训，进行能力建设，促进包容性发展。

6. 旅游合作。旅游交流是民间交流的主要渠道，也是人文交流的重要组成部分。它不仅是文明互鉴、文化交流和友谊播种的重要桥梁，而且是人员交流的主要载体。

根据国家旅游局预测，"十三五"期间，中国将为"一带一路"沿线国家输送 1.5 亿人次中国游客和超过 2000 亿美元的旅游消费。同时，随着"丝绸之路旅游年"宣传主题的推广，"丝绸之路"旅游品牌效益将激发"一带一路"游客入境中国旅游的潜力。

开展旅游交流与合作时，要发挥旅游业兼容性高、带动性强的特点，联合打造具有"丝绸之路"特色的国际精品旅游线路和旅游产品，提高沿线各国游客旅游签证便利化水平和服务水平。要加强旅游景点和旅游线路的互联互通，在强化旅游管理规范的同时，强调旅游个性化特征，在旅游便利化方面，通过建设国际一流水准的旅游集散中心，推动旅游场站、旅游业务、观光巴士、旅游专线、咨询服务及旅游换乘等功能一体化。

为方便国际游客，应推动开设相关语言援助中心、出租车语言后台服务中心、警务救助外语平台、宾馆酒店和旅游商贸特色街区设立外语指示系统等，随时能为来自世界各地的游客提供母语服务。

此外，还可以通过互办旅游年活动，推广对方的旅游产品，介绍对方的旅游产业，增强中国与"一带一路"沿线人民对彼此旅游人文资源和自然资源的认知，增强对对方国家的认识和了解，增进人民之间的友谊与感情。

7. 公共外交。除了族群和解和宗教对话外,在"一带一路"民心相通中分量最重要的就是公共外交了。尽管在沿线国家已经提出了众多合作倡议,但"一带一路"毕竟是由中国提出并推动的重大倡议,尤其中国是一个经济实力迅速上升且体量巨大的国家,中国在历史上曾有过盛极一时的辉煌盛世,"一带一路"沿线国家有很多还曾经属于古代中国的藩属国,有的甚至直接就是古代中国的一部分,故而提出"一带一路"倡议很容易引发沿线国家的误解、猜忌和疑虑,特别是担心中国可能搞"势力范围",企图复兴古代的朝贡体系。针对域内、域外国家的诸多疑虑,中国推动"一带一路"建设,首先需要做好公共外交,甚至可以直接说兵马未动,公共外交先行。公共外交的任务是解释中国推进"一带一路"倡议的意图、目标和方式方法,通过充分发挥沿线国家立法机构、主要党派、政治组织等政治团体的友好往来,向沿线国家政治精英和普通大众讲清楚"一带一路"倡议的意图,通过支持沿线国家的城市互相结为友好城市加强务实合作,通过加强沿线国家的媒体和新媒体合作塑造和谐友好的舆论环境,通过支持沿线国家的智库开展联合研究和举办论坛增进对相关政策的理解,通过推动大学、文艺团体、科研机构、医疗机构、旅行社等社会民间组织加强基层民众交流,将"一带一路"倡议转化为公益慈善和民生合作的成果而惠及沿线国家广大民众。

【小资料】

多国青少年在京参加"国家日"活动

央视网消息:"民心相通"是推进"一带一路"倡议行稳致远的重要保障。为落实民心相通理念,来自17个国家的200多名不同肤色、不同语言文化的青少年,共同参与"国家日"活动,增进彼此了解，并更好地认识中国。

匈牙利的传统舞蹈、马来西亚的乐器和演唱，来自 17 个国家的青少年们，用不同文化特色的表演拉近彼此距离；带来各自国家的礼物，互相交换，并体验各国特有的民俗，充分展现"在中国，交世界的朋友"这一活动主题。

美国学生："我认为这个活动很有意思，因为我可以和来自不同国家的人交流。聊他们的文化，可以了解世界上其他地方的人是怎样的，我之前从未有过这样的经历，我非常喜欢。"

"国家日"活动是第八届宋庆龄国际青少年交流营的重要项目之一。2017 年的青少年们也更多来自"一带一路"相关国家，通过认识和感知不同文化，增进彼此了解，同时从多元文化包容互鉴的角度，更好地认识中国。

爱沙尼亚学生："活动会改变我们对中国的认识，因为过去我们大多通过电视和网络，但现在我们能有机会真正和中国人当面交流，这对我来说是一个积极的改变。"

中国宋庆龄基金会国际合作交流部部长陈爱民："我们把'一带一路'的美食、美景、好山、好水、好人情，我们都会体现。活动重点还是让他们相互理解文化、体验，比如说大草原、高铁、实际上就是想让青少年朋友用他们自己的眼睛来看中国。"

资料来源：央视网，2017 - 07 - 18.

问题四　如何建设"一带一路"国际经济走廊

【导入案例】　**中巴经济走廊，从梦想到现实**

2016 年 11 月 13 日，"一带一路"建设历史上的一个关键节点，瓜达尔港首次大规模向海外出口集装箱。当天，在瓜达尔港码头，中远海运集装箱运输有限公司的惠灵顿轮吊装完 144 个集装箱后，缓缓出港。"随着瓜达尔港正式启用，中巴经济走廊正逐渐梦想成真。"巴基斯坦《黎明报》如是说。

这些商品是由中巴经济走廊联合贸易车队用 60 多辆货车，经过 15 天的行程，跨越 3115 公里，通过陆路联通，从新疆喀什运抵瓜达尔港的。这是中巴经济走廊提出 3 年多来，双方首次真正实现货运车队贯穿走廊，中巴经济走廊的"一走廊，多通道"理念正逐步成为现实。巴基斯坦总理谢里夫说："这标志着中巴经济走廊正从概念成为现实，揭开了本地区互联互通新的一页。"

2015 年 4 月，习近平主席访问巴基斯坦期间，双方确定了"1 +4"合作布局。2016 年是中巴建交 65 周年，也是落实习近平主席访巴成果的关键一年。作为"一带一路"旗舰项目和"1 +4"的中心，中巴经济走廊已进入全面实施阶段，其推进之深、合作之实，在中国同"一带一路"沿线国家合作中已经走在前列。

资料来源：根据《中巴经济走廊，从梦想到现实》改写，人民日报，2017 - 02 - 21.

"一带一路"贯穿亚欧非大陆,一头是活跃的东亚经济圈,另一头是发达的欧洲经济圈,中间广大腹地国家经济发展潜力巨大。根据"一带一路"的规划,陆地上将依托国际大通道,以沿线中心城市为支撑,以重点经贸产业园区为合作平台,共同打造新亚欧大陆桥、中蒙俄、中国—中亚—西亚、中国—中南半岛等国际经济合作走廊。2015年4月,中国国务院副总理张高丽在重庆出席亚欧互联互通产业对话会开幕式时指出,中国正与"一带一路"沿线国家一道,积极规划中蒙俄、新亚欧大陆桥、中国—中亚—西亚、中国—中南半岛、中巴、孟中印缅六大经济走廊建设,每一个经济走廊建设都是以区域经济一体化为核心,既符合中国的国家利益,也同样符合所在区域的国家利益。

六大经济走廊成为"丝绸之路经济带"的物质载体,也将成为"一带一路"倡议的主要内容和骨架。如何规划和建设六大经济走廊,也成为今后"丝绸之路经济带"建设的核心任务。

一、中蒙俄经济走廊的建设前景如何

(一) 合作基础

中、蒙、俄三国地缘毗邻,有着漫长的边境线。三国都面临着经济发展和实现现代化的任务,中国提出振兴东北老工业基地战略,蒙古国提出国家综合发展战略和"草原之路"倡议,俄罗斯提出以"跨欧亚发展带"为抓手实施东西伯利亚和远东开发战略,发展战略高度契合。建设"中蒙俄经济走廊"的关键,就是把"丝绸之路经济带"同俄罗斯"跨欧亚大铁路"、蒙古国"草原之路"倡议进行对接,通过加强铁路、公路等互联互通建设,推进通关和运输便利化,促进过境运输合作,促进旅游、智库、媒体、环保、减灾救灾等领域务实合作,实现中蒙俄的共同发展目标。

中、蒙、俄三国经济具有高度的互补性,这是中蒙俄经济走廊建设的基础。中国是全球第一制造业大国,工业门类齐全,资本积累充裕,基础设施良好。与蒙、俄等资源出口国建立紧密经贸联系,不仅能获取更稳定的原材料和能源供应,还能在增长最快的市场开展贸易与投资合作。蒙、俄拥有丰富的自然资源,希望与新兴经济体发展经贸合作,开辟更大的出口市场。

根据中、蒙、俄三国的区位特征、资源禀赋和交通布局,中蒙俄经济走廊有两条重要通道:一是从中国华北的京津冀地区到呼和浩特,从边境城市二连浩特到蒙古国乌兰巴托,然后汇入俄罗斯远东铁路网;二是中国东北地区从大连、沈阳、长春、哈尔滨到满洲里和俄罗斯的赤塔。两条通道的共同特征是将中国的环渤海经济圈通过中蒙俄经济走廊与欧洲经济圈连接起来,形成一条从亚洲到欧洲的北方通道。两条通道互动互补,形成一个新的开放开发经济带。与"丝绸之路经济带"从西北地区走新亚欧大陆桥相比,这条经济通道连接我国东北三省,向东可以抵达海参崴出海口,向西到俄罗斯赤塔进入亚欧大陆桥,具有运输成本低、时间短、途经国家少、海关通关成本低等优势,是一条潜力巨大的经济走廊。

(二)合作共识

2014年9月,中、蒙、俄三国元首在上海合作组织杜尚别峰会期间首次举行会晤,商定在中俄、中蒙、俄蒙双边合作基础上开展三方合作,明确了三方合作的原则、方向和重点领域。三国元首还商定将中方"丝绸之路经济带"建设同俄罗斯"跨欧亚大铁路"计划、蒙古国"草原之路"倡议对接合作,加强铁路、公路等互联互通建设,推进通关和运输便利化,促进过境运输合作,打造中蒙俄经济走廊。

2015 年 7 月，中、蒙、俄三国元首第二次会晤，批准了《中俄蒙发展三方合作中期路线图》。其间，三国有关部门分别签署了《关于编制建设中蒙俄经济走廊规划纲要的谅解备忘录》《关于创建便利条件促进中俄蒙三国贸易发展的合作框架协定》《关于中俄蒙边境口岸发展领域合作的框架协定》，明确了三方联合编制《建设中蒙俄经济走廊规划纲要》的总体框架和主要内容。这预示着中蒙俄经济走廊建设进程的加速推进及中蒙俄三国谋求区域经济一体化快速发展的迫切心态。

在 2016 年 7 月的上海合作组织塔什干峰会上，中、蒙、俄三国元首举行第三次会晤，共同签署了《建设中蒙俄经济走廊规划纲要》。根据规划纲要，中、蒙、俄三国的合作领域包括交通基础设施发展及互联互通、口岸建设和海关、产能与投资合作、经贸合作、人文交流合作、生态环保合作、地方及边境地区合作共七大方面。中蒙俄经济走廊是三国发展战略有机对接的结晶，更是"一带一路"合作共赢理念的生动体现。三国以走廊为依托，将有助于形成经济带式的辐射效应，提升区域合作水平，培育东北亚广大区域新的经济增长极。

（三）项目进展

1. 中蒙二连浩特—扎门乌德跨境经济合作区。中蒙跨境经济合作区位于中蒙国界两侧的毗邻接壤区域，紧邻二连浩特—扎门乌德边境口岸，规划总占地面积 18 平方公里，中蒙两国各 9 公里。通过"两国一区、境内关外、封闭运行"模式，打造集国际贸易、物流仓储、进出口加工、电子商务、旅游娱乐及金融服务等功能于一体的综合开放平台。跨境经济合作区将主要发展加工制造、商贸物流和现代服务业，通过吸引人流、物流、资金流、技术流向合作区聚集，建设面向中国、蒙古国、俄罗斯及国际市场的商品加工生产基地，实行开放的贸易和投资政策。

2. 满洲里综合保税区。2015年3月，国务院正式批复设立满洲里综合保税区。满洲里综合保税区规划建设面积1.44平方公里，地处满洲里市公路口岸、铁路口岸和航空口岸三大口岸的中心交汇处，地理位置极为优越，总投资4.6亿元。建成运营后，将以现代物流、保税仓储、国际贸易、保税加工四大产业为重点，逐渐发展成为内蒙古自治区乃至全国重要的生产服务基地、国际物流集散地、大宗商品交易地、制造业加工出口基地和国际展览展示中心，成为服务全国、面向蒙俄两国、辐射东北亚的重要载体和平台。

2016年12月，满洲里综合保税区正式实现封关运营。

3. 策克口岸跨境铁路。2016年5月，策克口岸跨境铁路通道项目正式开工建设。该条铁路建设采用中国标准轨距（1435毫米），是中国实施"一带一路"倡议后，通往境外的第一条标准轨道铁路。

该项目建成后，将与国内的京新铁路、临策铁路、嘉策铁路，以及拟建的额酒铁路相连，构成南联北开、东西贯通的能源输送网。向东与北京至莫斯科铁路相连，往北与中西伯利亚欧洲铁路相连，经鹿特丹港入海，成为中蒙俄经济走廊的西翼和第四条欧亚大陆桥，为中国充分利用境外资源提供有力保障。届时，策克公路、铁路两个口岸年过货量将突破3000万吨，成为中国第一大陆路口岸和蒙古国最大口岸。

4. 中蒙"两山"铁路。中蒙"两山"铁路是连接中国内蒙古阿尔山市至蒙古国东方省乔巴山市的国际铁路，建成后将形成珲春—长春—乌兰浩特—阿尔山—乔巴山市—俄罗斯赤塔，最后与俄罗斯远东铁路相连的一条新欧亚大陆路桥。根据初步计划，"两山"铁路全长 476 公里，预计总投资 142 亿元。

5. 莫斯科—喀山高铁项目。莫斯科—喀山段高铁项目是中俄共建的"俄罗斯（莫斯科）—中国（北京）"欧亚高速运输走廊的重要组成部分。2015 年 6 月，俄罗斯企业与中国中铁二院组成的联合体中标该项目，项目造价约为 1 万亿卢布（约合 1084 亿元人民币）。莫喀高铁线路全长 770 公里，穿越俄罗斯的 7 个地区。项目规划在 2018 年世界杯之前完工。

未来，线路还将继续向东，经过叶卡捷琳堡、哈萨克斯坦首都阿斯塔纳至中国境内的乌鲁木齐，并最终融入中国"八纵八横"高速铁路网络。

6. 乌力吉公路口岸建设项目。乌力吉口岸处于中蒙交接的中心节点，对内辐射西北、华北、华中等地区，并与欧亚大陆桥连通；对外辐射蒙古国巴音洪格尔、南戈壁、前杭盖、后杭盖和戈壁阿尔泰五个省。优越的地理位置和得天独厚的区位优势，使乌力吉口岸将成为中国连通欧亚大陆桥，链接长江经济带，打通中国、蒙古国、俄罗斯之间最便捷的陆路大通道，也是三大欧亚大陆桥和"一带一路"的重要枢纽节点、实现"北开南联""西进东出"的重要枢纽。

乌力吉口岸开放申报工作始于 2004 年，经过 10 年的不懈努力，2014 年 2 月，蒙古国政府同意中蒙乌力吉—查干德勒乌拉口岸开放，为陆路客运货运常年开放口岸。2016 年 1 月，中国政府同意内蒙古乌力吉公路口岸对外开放，口岸性质为双边性常年开放公路客货运输口岸。至此，乌力吉口岸由申报阶段转入开发建设阶段。

乌力吉口岸建设项目，计划总投资约 14.9 亿元。其中，2016年启动乌力吉口岸联检楼建设工程、乌力吉大道建设工程、生活区市政道路建设工程、监管区市政道路建设工程、智能化信息平台、通关查验设施6个项目，总投资约5.66亿元。

共建"一带一路"打造"中蒙俄经济走廊"
建设新引擎

中国网呼和浩特2017年9月28日讯（记者 栗卫斌）由中、蒙两国政府共同主办的第二届中蒙博览会于26日至30日在内蒙古呼和浩特隆重举行。本届博览会的主题为"建设中蒙俄经济走廊，面向全球合作共赢"，共设投资贸易洽谈、会议论坛、展览展示和中蒙国际文化交流活动周"四大板块"。

中蒙博览会是"一带一路"沿线国家的盛会，是国际经贸人文交流的重要平台。在"开放包容：文明互鉴与'中蒙俄经济走廊'建设"论坛上，中、蒙、俄等多国嘉宾学者为加快"中蒙俄经济走廊"建设，扩大多边合作，建言献策。

美美与共 助推丝路互联互通

"'丝绸之路'是沿线各国共同促进经贸发展的产物，它沟通东西方文明、促进亚欧各国和中国的友好往来。'丝路精神'是古代东西方各国人民共同创造的人文精神，凝结着人类社会和平包容、互助互利的合作精神，"内蒙古社会科学院副院长张志华表示，"'中蒙俄经济走廊'建设是"丝路精神"的继承和发扬光大，更是'丝路精神'的当代彰显和弘扬。"

中国倡导的"一带一路"建设，秉持共商、共建、共享的原则。这是东方文明助力和推动全球化进程确立的新理念。

中国社会科学院学部委员郝时远表示，平等协商、集思广益的共商，各尽所能、各施所长的共建，互利共赢、发展成就的共享，根本在于"美美与共"。它既是中国治国理政的基本思想，也是中国参与全球治理的基本准则。

郝时远说,"在中、蒙两国共享的人文历史资源中,民间传统具有平等、互惠、诚信特点的'安答'伙伴关系,对实现中、蒙两国互联互通经济走廊的建设具有现代启示,'安答'精神能够为深化发展两国全面战略合作伙伴关系提供民心相通的文化力量。"

文明互鉴 共建"中蒙俄经济走廊"

中、蒙、俄三国有着悠久的国际关系史和密不可分的地缘、人缘、文缘、商缘联系。由于历史的原因,在三国间形成了多民族跨境而居的独特格局。这些跨境民族彼此间语言、文化基本相同,人文联系素来密切,共同构筑了联结三国历史与现实的人缘脉络。多元人文联系是"中蒙俄经济走廊"建设的历史基础。

"文明互鉴理念作为贯穿'中蒙俄经济走廊'建设各阶段的思想基础和文化契合点,在三国间的政策沟通、经贸合作和人文交流中始终起着消除忧虑、增强互信、强化认同的积极作用,"内蒙古社会科学院草原文化研究所研究员王其格说,"文化和文明的平等对话与和谐互鉴,具有重要的先导作用。因此加强文明互鉴,推进'中蒙俄经济走廊'建设已经成为中、蒙、俄三国携手合作,共同繁荣的时代课题。"

俄罗斯科学院远东研究所教授奥斯特洛夫斯基表示,积极参与"中蒙俄经济走廊"建设是各国进入亚太地区多国合作体系的重要表现形式。对于俄罗斯来说,将为开发远东和西伯利亚地区的能源和交通基础设施创造机会;对于蒙古国来说,可以解决其东西部地区的矿藏开发均衡问题。对于中国来说,可以有效利用现有资源,加快西部地区发展。

资料来源:中国网,2017-09-28.

二、新亚欧大陆桥经济走廊建设进展如何

(一) 概况

新亚欧大陆桥,又名"第二亚欧大陆桥",是相对于 1967 年营运的西伯利亚大陆桥而言的,它东起中国的连云港、日照等港口城市,经由陇海、兰新两条铁路干线,西出新疆阿拉山口与哈萨克斯坦铁路接轨,通过中亚、西亚地区,连接欧洲的铁路网,抵达荷兰的鹿特丹、比利时的安特卫普等欧洲口岸,全长 10900 公里,辐射 30 多个国家和地区,是连接亚欧、沟通太平洋与大西洋的亚欧铁路大动脉。新亚欧大陆桥于 1990 年 9 月全线贯通,1992 年 12 月 1 日正式营运。

新亚欧大陆桥不仅是一个国际运输通道,而且是一条经济发展走廊。以亚欧大陆桥为纽带,它将中国与中亚、西亚、南亚、欧洲及非洲紧密相连,将亚太经济圈与欧洲经济圈连接起来,形成一个更大、更广阔的市场。目前,中国与俄罗斯、白俄罗斯等国家就"丝绸之路经济带"和"欧亚经济联盟"发展规划对接已经达成协议,这将极大地推动新亚欧大陆桥经济走廊建设。

(二) 合作基础

与西伯利亚大陆桥相比,新亚欧大陆桥有着自身独特的优势,具体表现在以下几个方面:

1. 地理位置和气候条件优越。西伯利亚大陆桥所处地域纬度高,处于寒带,东桥头堡纳霍德卡港冬季封冻 3 个月以上,船舶航行、停靠困难。而新亚欧大陆桥东桥头堡连云港位于中国东部沿海脐部,气候温和,港口一年四季无封冻期,可以不间断作业。

2. 运输距离和时间短,经济成本优势明显。根据铁路运行图

计算，新亚欧大陆桥的亚欧之间陆上运输距离为 1.097 万公里，而西伯利亚大陆桥约为 1.201 万公里，因此运输距离缩短约 1040 公里。新亚欧大陆桥运输时间一般为 30 天左右，而西伯利亚大陆桥以相同运速需要 35 天，因此，运输时间可缩短 5 天。比之经马六甲海峡、苏伊士运河以及直布罗陀海峡的海上运输路线缩短约 9630 公里、运输时间缩短 1 个月左右。

3. 沿桥地区能源矿产资源丰富。新亚欧大陆桥经过的中亚地区石油、天然气储量极为丰富。哈萨克斯坦的钨储量居世界第一，镉和磷矿石储量为世界第二，铜、铅、锌储量居亚洲第一。土库曼斯坦的石油总储量超过 70 亿吨，天然气储量为 28 万亿立方米。乌兹别克斯坦黄金储量超过 4000 吨，人均产金量居世界第一。我国沿桥地区矿产资源也极为丰富，煤炭储量 2000 亿吨，石油储量数百亿吨，沿桥 10 省区有 66 种矿产资源储量占全国储量的一半以上，其中煤炭、铝土矿、钼、镍、钴、铂族元素、石棉、天然碱、钾盐、钠盐等储量居全国首位。

4. 辐射面广，连接欧亚两大市场。新亚欧大陆桥东部辐射东亚、东南亚各个国家和地区组成的环太平洋经济圈，中部连接中国广大腹地以及中亚、西亚、南亚经济圈，西部连接经济、技术实力强大的欧洲统一市场。新亚欧大陆桥辐射亚欧 30 多个国家和地区，总面积达 5071 万平方公里，人口占世界总人口的 75% 左右。东亚、中亚、东南亚以及欧洲与我国的贸易往来不断增加，为亚欧大陆桥沿线国家的经济发展提供了广阔的市场。

自 1992 年 12 月正式营运以来，新亚欧大陆桥已运营 20 多年，并取得了显著成就。

一是沿桥联运技术逐步完善，畅通了欧亚货运通道。目前，中国境内已形成以连云港为主，由多个沿海港口和多个边境口岸组成的陆桥通道。2012 年 12 月，新亚欧大陆桥中国段（连云港—

阿拉山口）全长 4100 公里的铁路线全部实现电气化。目前，我国已先后开行多趟直通欧洲的集装箱货运班列，如 2011 年开行的"渝新欧"班列已基本实现常态化运行。

二是沿线国家国际交流合作进一步加深。2011 年，中哈在霍尔果斯成立国际边境合作中心。2013 年 3 月，连云港市政府与哈萨克斯坦国有铁路股份公司签订项目合作协议，共同构建通过连云港的过境货物运输通道及货物中转分拨基地。同年，第三届中国—亚欧博览会暨中国—亚欧经济发展合作论坛在乌鲁木齐开幕。11 月，第二届"新丝绸之路国际运输物流商务论坛"在哈萨克斯坦召开，旨在搭建信息平台、分享各国运输业发展经验、链接全球交通物流企业并促进物流资源整合，实现共享共赢。

"一带一路"背景下，通过在经济走廊沿线地带实行沿海地区的开放政策，设立各种开发区和保税区；试办资源型开发区；按照高起点和国际接轨的要求，建立资源和资源加工型企业；促进沿线地区工业化和城市化；利用外资，试办中国西部农业合作开发区，营造亚欧农产品批发交易中心；根据交通枢纽、资源状况、地理位置，以中心城市为依托，在沿线地区建立若干个经济发展区，如以日照为中心的国际经济贸易合作区等，新亚欧大陆桥经济走廊必定将发挥更大的作用。

（三）项目进展

1. "中欧班列"陆续开通。所设"中欧班列"是指由中国开往"丝绸之路经济带"沿线国家（主要是欧洲和中亚）的国际货物联运班列，其主要运行方式是"五固定"，即固定线路、固定站点、固定车次、固定时间和固定价格。"中欧班列"具有安全快捷、绿色环保、受自然环境影响小等优势，已成为国际物流中陆路运输的骨干方式，为贯通中欧陆路贸易通道，实现中欧间的道路联通、物流畅通，推进"一带一路"建设提供了运力保障。

自2011年3月19日由重庆至德国村伊斯堡的首趟"渝新欧"班列开行以来，成都、西安、郑州、武汉等城市相继开通了"蓉欧快铁""西新欧""郑新欧""汉新欧"等前往德国杜伊斯堡、汉堡，西班牙马德里等欧洲城市的班列。至2016年，中国城市已经开通39条"中欧班列"运营线路，累计开行"中欧班列"1700列以上，共涉及国内31个城市，通达莫斯科、圣彼得堡、汉堡、杜伊斯堡、德黑兰、马德里等28个国外城市，成为"一带一路"互联互通建设的标志性运输合作平台。"中欧班列"的开行有利于推动"一带一路"发展倡议，加快物流网络现代化建设，全面提升对外开放水平；对节约物流成本，提高国际市场竞争力具有积极意义。

2016年6月，中国铁路决定正式启用"中欧班列"统一品牌。统一品牌"中欧班列"当日分别从重庆、成都、郑州、武汉、长沙、苏州、东莞、义乌八地始发。今后，中国开往欧洲的所有"中欧班列"将全部采用这一品牌。

2. 中哈（连云港）物流合作基地。2013年9月，中哈国际物流合作项目协议正式签署，成为"一带一路"建设的首个实体平台。项目总投资超过30亿元，其中一期工程规划建设集装箱堆场22万平方米，拆装箱库2.3万平方米；堆场铁路专用线3.8公里，日均装卸能力10.2列，年最大装卸能力41万标准集装箱，主要经营国际多式联运、拆装箱托运、仓储等国际货物运输业务。

2014年5月19日，中哈（连云港）物流合作基地项目一期工程在连云港港庙岭作业区正式启用投产。截至2016年12月，二期项目正在稳步推进中，将扩建粮食泊位和筒仓，为哈国小麦等农产品出口提供港口装卸、仓储等配套服务。

3. 中哈霍尔果斯边境合作中心项目。中哈霍尔果斯国际边境合作中心是由中国与哈萨克斯坦共同承建的经贸合作项目，是中国与其他国家建立的首个国际边境合作中心，是上海合作组织框架下国家间经贸往来的示范项目，是霍尔果斯打造"丝绸之路经济带"的强大引擎。

合作中心总面积 5.28 平方公里，其中中方区域 3.43 平方公里，哈方区域 1.85 平方公里，于 2006 年开工建设，2012 年 4 月封关试运营。中方区域总投资 234.5 亿元，涉及商品展示、餐饮娱乐、商业设施、金融服务等领域 22 个重点项目。哈方区域于 2015 年 4 月开建，规划建设了仓储物流、旅游购物、休闲娱乐、酒店式公寓、民俗村、国际哈中大学等 107 个项目。这些项目将分三期建设，全部项目预计 2019 年完工。届时，合作中心哈方区将建成欧洲式的世界村购物区及休闲娱乐胜地。

三、中国—中亚—西亚经济走廊建设有何意义

（一）合作基础

中国—中亚—西亚经济走廊，从我国新疆出发，经阿拉山口出中国国境后，经中亚、西亚，抵达波斯湾、地中海沿岸和阿拉伯半岛。沿线涉及中亚五国（哈萨克斯坦、乌兹别克斯坦、吉尔吉斯斯坦、塔吉克斯坦、土库曼斯坦）、伊朗、伊拉克、土耳其、叙利亚，以及阿富汗等国家。

中亚位于欧亚大陆中心，扼守欧亚陆路通道，是"丝绸之路经济带"的枢纽，地缘位置具有明显优势。中国与中亚国家有长达 3300 多公里的共同边界。同中亚国家的关系是中国周边外交的重要组成部分。中亚、西亚地区拥有丰富的自然资源。中亚油气资源丰富，矿藏种类繁多、含量大。哈萨克斯坦的铬铁矿探明储量居世界第三；乌兹别克斯坦的天然气、黄金和铀矿开采量分别

居世界第十一、第九和第五。西亚是世界上石油储量最丰富、产量最大、出口量最多的地区。沙特阿拉伯、伊拉克、伊朗分别是中国第一、第三和第五大原油供应国。中国是世界能源消耗大国，与上述国家能源合作空间巨大。同时，中亚、西亚国家水电运输网、交通运输网、通信等基础设施建设普遍处于较低水平，严重制约其经济发展。而中国在基础设施建设方面拥有丰富的经验，可以通过相关机制为中亚、西亚国家提供资金、技术等方面的帮助。

中国—中亚—西亚经济走廊是一条能源大通道，是中国—中亚石油管道和天然气管道的必经之地。目前，已经有两条连接中国和中亚的天然气管线正在运营，连接中国和哈萨克斯坦的第三条输气管线于 2013 年竣工，2014 年初投入运营。目前中国和土库曼斯坦已就建设第四条输气管线达成协议。一旦第四条输气管线开通运营，土库曼斯坦将每年向中国输送 650 亿立方米天然气，再加上沿途的乌兹别克斯坦和新开通的哈萨克斯坦管线，中国每年将从中亚三国进口天然气 800 亿立方米。中国与中亚长期稳定的能源合作关系对于双方的能源战略来说，都具有不可替代的重大战略价值。

自 1992 年建交以来，中亚五国已全部成为中国的战略伙伴。在贸易方面，中国已经成为哈萨克斯坦、土库曼斯坦的第一大贸易伙伴，乌兹别克斯坦、吉尔吉斯斯坦的第二大贸易伙伴，塔吉克斯坦的第三大贸易伙伴。随着上海合作组织的成立，中国与中亚地区能源、交通等各方面开展广泛合作，采矿业、建筑业、制造业、批发和零售业、金融业、航空运输业等产业，是中国企业对中亚五国直接投资的主要产业。这形成了面向西部开放的现实基础。

尽管中亚、西亚地区资源丰富，但制约经济社会发展的因素仍然很多，基础设施建设严重落后、资金技术缺乏等问题较为突出。同时，中亚、西亚地区是"三股势力"渗透的"重灾区"，伊拉克、叙利亚、阿富汗的国内局势十分动荡，加上大国博弈竞争和伊朗核问题，未来中亚、西亚的地缘冲突形势将十分严峻。

（二）合作共识

目前，中国与塔吉克斯坦、哈萨克斯坦、吉尔吉斯斯坦先后签署共建"丝绸之路经济带"双边合作协议。哈萨克斯坦的"光明之路"、塔吉克斯坦的"能源交通粮食"三大兴国战略、土库曼斯坦的"强盛幸福时代"等国家发展战略，都与"丝绸之路经济带"建设找到了契合点。随着合作的深入，一批物流合作基地、农产品快速通关通道、边境口岸相继启动或开通，双方海关物流更加通畅，中国—中亚—西亚经济走廊将不断延伸到伊朗、伊拉克、沙特阿拉伯、土耳其等西亚及北非地区众多国家，成为另一条打通欧亚非三大洲的经济走廊。

中国—中亚天然气管道 C 线通气投产、D 线开工建设。中亚地区累计对华输气、输油超过 1000 亿立方米、7500 万吨。一批物流合作基地、农产品快速通关通道、边境口岸相继启动或开通，双方海关物流更加通畅。哈萨克斯坦、乌兹别克斯坦、塔吉克斯坦成为亚洲基础设施投资银行意向创始国。

（三）项目进展

1. 中国—中亚天然气 D 线管道。中国—中亚天然气管道起于阿姆河右岸的土库曼斯坦和乌兹别克斯坦边境，经乌兹别克斯坦中部和哈萨克斯坦南部，从霍尔果斯进入中国，成为"西气东输二线"。管道全长约 1 万公里，其中土库曼斯坦境内长 188 公里，乌兹别克斯坦境内长 530 公里，哈萨克斯坦境内长 1300 公里，其余约 8000 公里位于中国境内。截至 2016 年 12 月，A/B/C 三线已经通气投产，D 线正在铺设中。

中国—中亚天然气 D 线管道以土库曼斯坦复兴气田为气源，途经乌兹别克斯坦、塔吉克斯坦、吉尔吉斯斯坦进入中国，止于新疆乌恰的末站。全长 1000 公里，其中境外段 840 公里，设计年输气量 300 亿立方米，投资总额约 67 亿美元。预计中亚天然气管道 D 线将于 2020 年底全线完工，从而使中国—中亚天然气管道的整体输气能力达到 850 亿立方米。按照 2020 年中国天然气消费将达到 4000 亿~4200 亿立方米来计算，可满足国内超过 20% 的天然气需求。

2. 卡姆奇克隧道项目。卡姆奇克隧道是乌兹别克斯坦"安格连—帕普"铁路建设的重点和难点工程。隧道全长 19.2 公里，位于乌兹别克斯坦纳曼干州巴比斯科地区，穿越库拉米山、库伊尼德及萨尼萨拉克萨伊河等复杂地质环境，是全长 169 公里的"安格连—帕普"电气化铁路的"咽喉"。该项目金额 14.6 亿美元，由中铁隧道集团有限公司承建。

"安格连—帕普"铁路隧道是目前中国企业在乌兹别克斯坦承建的最大工程，是共建"一带一路"互联互通合作的示范性项目。2013 年 9 月开工，2016 年 2 月实现全隧贯通，比原计划提前了近100 天。2016 年 6 月，"安格连—帕普"铁路隧道正式通车。

3. 安格连火电厂项目。乌兹别克斯坦安格连电厂工程位于塔什干市东偏南 130 公里，建设一台 150 兆瓦燃煤火力发电机组。该工程是中国在乌兹别克斯坦的第一个火电厂施工项目，哈电国际与乌兹别克斯坦国家能源股份有限公司于 2012 年 9 月签订火力发电总承包项目。

2016 年 8 月，哈电国际承建的中乌"一带一路"标志性工程——安格连 1×150 兆瓦燃煤火电厂总承包项目成功并网发电。

4. 安伊高铁二期项目。安卡拉—伊斯坦布尔高铁全长 533 公里。2006 年，由中国铁道建筑总公司和中国机械进出口总公司组成的联合体中标。项目覆盖路段全长 158 公里，设计时速 250 公里，合同金额 12.7 亿美元。2014 年 7 月正式开通。

安伊高铁是中国与土耳其建交 40 年来最大的工程合作项目，也是中国企业在北约国家拿下的第一单高铁项目。截至 2016 年，安伊高铁项目已安全商业运营 2 年，并于 8 月 10 日完全移交给土耳其铁路总局。

5. "瓦赫达特—亚湾"铁路（简称瓦亚铁路）项目。瓦亚铁路是中国铁建首次在塔吉克斯坦承揽的工程项目，也是中国铁路施工企业首次进入中亚铁路市场。瓦亚铁路全长 48.65 公里，总投资 7200 万美元。2015 年 5 月开工建设，主要工程量包括隧道 3 条，桥梁 5 座。2016 年 3 月，"瓦赫达特—亚湾"铁路项目 1 号隧道顺利贯通。1 号隧道全长 2 公里，是该项目 3 条隧道任务中最长的一条，也是最后贯通的一条。2016 年 8 月，塔吉克斯坦"瓦赫达特—亚湾"铁路正式建成通车。

6. 杜尚别 2 号热电厂。杜尚别 2 号热电厂于 2012 年 10 月正式动工。2014 年 9 月，由中国新疆特变电工股份有限公司承建的杜尚别 2 号热电厂一期工程竣工并网发电供热。

杜尚别 2 号热电厂二期 2×150 兆瓦电厂是塔吉克斯坦重点建设项目，也是"一带一路"重点建设项目之一，由中国电建集团所属湖北工程公司承建。电厂主体工程建设于 2015 年 6 月开工，2016 年 11 月竣工。

二期工程完成后，全年总发电量达 22 亿度，可解决整个塔吉克斯坦电力缺口的 60%，同时提供 430 万平方米采暖面积，覆盖杜尚别 70%的供热面积。该工程是塔国发展经济、改善民生的重要工程。

四、中国—中南半岛经济走廊前景如何

(一) 合作基础

中南半岛是"一带一路"的重要区域,是亚洲南部三大半岛之一。中南半岛处于中国和南亚次大陆之间,西临孟加拉湾、安达曼海和马六甲海峡,东临南海,是东亚与马来群岛之间的桥梁。它包括越南、老挝、柬埔寨、泰国、缅甸及马来西亚西部,这些国家和地区皆与中国有着密切的历史、文化和经济联系。

中南半岛各国位于我国东南方向重要航线沿岸,沿河海分布着许多重要城市和港口,主要有海防、岘港、芽庄、胡志明市、磅逊、曼谷、新加坡、巴生港、槟城港、仰光等。其中,新加坡海峡和马六甲海峡是国际航运的重要通道,对我国印度洋航线、波斯湾航线、亚欧航线、东南亚航线安全产生重大影响,交通和战略意义十分重要。

中国—东盟自由贸易区、大湄公河次区域合作、"两廊一圈"等区域合作机制的建立,使中国与中南半岛国家的经济联系日益密切,一条连接珠三角经济圈与中南半岛国家的经济走廊开始浮现。该经济走廊东起珠三角经济圈,沿南广高速公路、桂广高速铁路,经南宁、凭祥、河内至新加坡,以沿线中心城市为依托,以铁路、公路为载体和纽带,以人流、物流、资金流、信息流为基础,加快形成优势互补、区域分工、联动开发、共同发展的区域经济体,开拓新的战略通道和战略空间。目前,我国两广地区已经在积极推进沿线大城市间的合作,并通过产业园区开发和基础设施互联互通,推进经济大通道的形成,特别是沿线国际性交通运输大通道的建设,必将把中国与东盟更加紧密地联系在一起。如果在通关便利化、合作机制制度化、政策沟通多层化等方面加快推进，这一经济走廊必将对沿线国家和地区共同发展产生巨大带动效应。

（二）合作共识

中国—中南半岛经济走廊是中国西南地区通往印度洋的重要通道，是中国连接中南半岛的大陆桥，也是中国与东盟合作的跨国经济走廊。

2014年12月，李克强总理在曼谷出席大湄公河次区域合作第五次领导人会议时，强调"中南半岛五国是东盟的重要成员，与中国同处澜沧江—湄公河两岸，山水相连，人文相通，经济互补，是中国在东盟近邻中的近邻"[①]，并就深化中国与中南半岛合作、构建大湄公河流域全面发展伙伴关系新阶段提出五点建议，即深化基础设施领域合作、创新产业合作模式、加强对贸易投资合作的金融支持、推进民生与社会事业发展以及提高地区发展的开放联动水平。期间，中、泰两国签署铁路和农产品贸易合作的谅解备忘录。

2016年5月，第九届"泛北部湾经济合作论坛暨中国—中南半岛经济走廊发展论坛"在广西南宁举行，会议发布《中国—中南半岛经济走廊倡议书》，中国—中南半岛跨境电商结算平台、中国—东盟（钦州）华为云计算及大数据中心、龙邦茶岭跨境经济合作区试点建设项目、南海国际邮轮母港及航线建设工程、缅甸中国（金山都）农业示范区等9个项目签约，总投资额达784亿元。

---

① 李克强. 携手开创睦邻友好包容发展新局面——在大湄公河次区域经济合作第五次领导人会议开幕式上的讲话. 新华网，2014年12月20日.

目前,"一带一路"倡议已和越南的"两廊一圈"构想①、柬埔寨的"四角"战略、印度尼西亚的"全球海洋支点"构想等有关规划实现对接,但中国与中南半岛国家的合作进展不一。

(三)项目进展

1. 雅万高铁建设项目。雅万高铁一期工程全长 142 公里,项目投资额 51.35 亿美元,连接印度尼西亚首都雅加达和第四大城市万隆,最高设计时速 350 公里,计划 3 年建成通车。届时,雅加达到万隆的车程将由现在的 3 个多小时缩短至 40 分钟。2016 年 3 月,印度尼西亚交通部与中国、印度尼西亚合资公司签署项目特许经营协议,根据协议,中国、印度尼西亚高铁合资公司获得雅万高铁特许经营权,为期 50 年。3 月 24 日由中国、印度尼西亚企业联合体承建的印度尼西亚雅加达至万隆高铁项目 5 公里先导段实现全面开工。2016 年 8 月,雅万高铁正式获得全线建设许可证。目前,雅万高铁的建设正在按预定计划推进。

中国和印度尼西亚全面合作的雅万高铁作为印度尼西亚和东南亚地区的首条高铁,是中国高速铁路从技术标准、勘察设计、工程施工、装备制造、物资供应,到运营管理、人才培训、沿线综合开发等全方位整体"走出去"的第一单,是对接中国"21 世纪海上丝绸之路"倡议和印度尼西亚"全球海洋支点"构想的重大成果,创造了中国、印度尼西亚务实合作的新纪录,树立了两国基础设施和产能领域合作的新标杆。

---

① 早在 2004 年,中、越两国总理进行友好互访时发表的联合公报中就明确提出要合作建设"两廊一圈",即"昆明—老街—河内—海防—广宁"经济走廊、"南宁—谅山—河内—海防—广宁"经济走廊和"环北部湾经济圈"。2016 年,中越双方在声明中宣布,将通过实现两国发展战略对接,共同推进"一带一路"和"两廊一圈"建设,扩大产能合作,加强基础设施互联互通合作,实现互利共赢。

2. 中老铁路建设项目。中老铁路项目北起中国老挝边境磨憨—磨丁，南至老挝首都万象市，途经老挝孟塞、琅勃拉邦、万荣等主要城市，全长418公里。中老铁路项目总投资约374亿元，建设期5年。按照协议，中老两国按70%：30%的股权比例合资进行建设。

2015年11月，中老两国政府正式签署《关于铁路基础设施合作开发和中老铁路项目的协定》，标志着中老铁路项目正式生效。但由于资金、环境、沿线开发、偿还方式等多种因素，中老铁路一直未能如期建设。2016年9月，李克强在访问老挝时与老挝政府总理通伦发布《中老联合公报》，最终落实中老铁路的修建问题。中老铁路2016年12月开工建设，预计将于2020年建成通车。

中老铁路是泛亚铁路中通道的重要组成部分，对构建印度洋出口新通道，加强中国与老挝、泰国的经贸合作，促进中国与东盟自由贸易区建设，发挥中国铁路整体输出的示范和引领作用，带动沿线地区经济社会发展具有十分重要的意义。中老铁路项目也是老挝21世纪的重大政治事件，承载着老挝从内陆"陆锁国"到"陆联国"的转变之梦，将极大地带动当地的经济社会发展。老挝国家"八五"规划将中老铁路项目列为国家1号重点项目。

3. 磨憨—磨丁跨境经济合作区。2013年10月，中老两国签署《中国磨憨—老挝磨丁跨境经济合作区框架协议》。2014年6月，中老两国签署《关于建设磨憨—磨丁经济合作区的谅解备忘录》（鉴于老方对跨境两字有顾虑，双方文本未使用），标志着磨憨—磨丁经济合作区正式纳入中老两国国家层面项目开启推动。2016年11月，中老两国签署《中国老挝磨憨—磨丁经济合作区共同发展总体规划（纲要）》。

经济合作区占地21.23平方公里。2016年7月，连接中国磨憨口岸与老挝磨丁口岸的货运专用通道正式开工建设，标志着中老跨境经济合作区建设跨出了实质性的一步。货运通道分为国内段和老挝段，国内段长 800 米，老挝段长 1654.46 米，总投资近5000 万元，预计工期为 4 个月。其中老挝段先启动建设 489.52 米的一段，概算总投资为 1300 万元，由中国云南省政府援建。

五、中巴经济走廊的意义及进展如何

（一）合作基础

中巴经济走廊起点位于新疆喀什，终点在巴基斯坦瓜达尔港，全长 3000 公里。作为六大经济走廊之一，中巴经济走廊是中国唯一与单个国家合作推动建设的经济走廊，主要基于以下几点考虑：

第一，巴基斯坦位于东亚、南亚、中亚与中东的交接处，与中国新疆接壤，还与阿富汗、伊朗、印度、吉尔吉斯斯坦、塔吉克斯坦等国联系紧密，是"丝绸之路经济带"和"21 世纪海上丝绸之路"的交汇点。既是中国进入中东的陆上通道，也是中国进入印度洋（尤其是波斯湾）的前沿基地，对于我国破解"马六甲困局"，加强中国西部的发展稳定至关重要。

第二，中巴传统友谊深，政治互信程度高。中巴关系是好邻居、好朋友、好伙伴、好兄弟，中巴关系是目前中国唯一的"全天候战略合作伙伴关系"。1951 年，中巴建交以来，不管国际地区形势和两国国内情况如何变化，两国始终在涉及彼此核心利益的问题上相互尊重、相互支持、坦诚相待、高度互信，堪称不同社会制度国家之间合作友好的典范。

第三，中巴经济互补性强。改革开放以来，中国经济发展迅速，经济结构也发生了重大变化。巴基斯坦人力资源丰富，劳动人口占总人口的比重较高，伴随着中国人口红利的逐步消失和劳动力成本的不断上升，巴基斯坦将成为中国经济结构调整、产业转移的优先选择地。特别是在制造业领域，中巴两国合作潜力巨大。巴基斯坦丰富的劳动力资源可以为制造业的发展奠定良好的人力资源基础；中国制造业企业在巴投资设厂，有利于降低中国企业的用工成本，解决巴基斯坦当地民众的就业问题，推动巴基斯坦制造业的转型升级。

（二）合作共识

2013年5月，李克强总理在访问巴基斯坦期间提出了共建"中巴经济走廊"的设想，意图加强中巴两国之间交通、能源、海洋等领域的交流与合作，打造一条北起喀什、南至巴基斯坦瓜达尔港的经济大动脉，推进两国互联互通，促进两国共同发展。

2015年4月，习近平主席访问巴基斯坦期间，中巴两国一致同意将中巴关系提升为"全天候战略合作伙伴关系"，深化两国各领域务实合作，充实中巴命运共同体内涵。中巴两国确定了以经济走廊建设为中心，以瓜达尔港、能源、交通基础设施、产业合作为重要领域的"1+4"合作框架，并启动了460亿美元的投资计划，共同推进修建新疆喀什市到巴基斯坦瓜达尔港的公路、铁路、油气管道及光缆覆盖"四位一体"通道的远景规划。随着一系列建设项目的推进，中巴经济走廊北通"丝绸之路经济带"，南接"21世纪海上丝绸之路"，成为一条贯通南北"丝绸之路"倡议的枢纽，一条包括公路、铁路、油气和光缆通道在内的贸易走廊。2015年4月，"中巴经济走廊委员会"在伊斯兰堡正式成立，这也标志着中巴经济走廊确立了组织依托，走上了制度化的开发轨道。

2017年12月，《中巴经济走廊远景规划（2017～2030年)》（以下简称《规划》）发布。该《规划》是经两国政府批准的国家级规划，由两国政府有关部门共同编制，将中国相关国家规划、地方规划与巴基斯坦"愿景 2025"国家发展战略对接。《规划》明确了中巴经济走廊建设的规划愿景和发展目标、指导思想和原则、投融资机制和保障措施等内容,确定了互联互通、能源领域、经贸及产业园区领域、农业开发与扶贫、旅游、民生领域合作和民间交流、金融领域合作等重点合作领域。

(三)中巴经济走廊的战略意义

中巴经济走廊是贯通南北"丝路"的关键枢纽,北接"丝绸之路经济带",南连"21世纪海上丝绸之路",是一条包括公路、铁路、油气和光缆通道在内的贸易走廊。中巴经济走廊规划不仅涵盖"通道"的建设和贯通,更重要的是以此带动中巴两国在走廊沿线开展基础设施、能源资源、农业水利、信息通信等多个领域的合作,创立更多工业园区和自贸园区。它意味着中国"一带一路"的西部起点向外延伸打通了一条重要的贸易通道,对于未来货物进出口、中转,对本地区互联互通建设具有引领意义。

中巴经济走廊的建设贯通,使巴基斯坦的深水港瓜达尔港与中国的新疆相连,中国"一带一路"西部起点向外延伸,打通了一条重要的贸易通道,有效增加中国能源的进口路径。把经由阿拉伯海及马六甲海峡长达 1.2 万公里的传统运输通道缩短为 2395公里,大大降低了运输成本,提高了中国能源运输的保障能力,同时可以绕过马六甲海峡和存在主权纠纷的南中国海,把中东石油直接运抵中国西南腹地。

巴基斯坦连接东亚、南亚、中亚和中东,中巴经济走廊贯通后,能把东亚、南亚、中亚、北非、海湾国家等通过经济、能源领域的合作紧密联合在一起,形成经济共荣,同时强化巴基斯坦的桥梁和纽带作用,连接欧亚及非洲大陆。

巴基斯坦总理谢里夫认为:"中巴经济走廊沿线设有经济特

区，这为中巴两国各行业的企业提供了一个巨大的机遇。"谢里夫同时也指出，中巴经济走廊不仅将使中国中西部受益，还将使巴基斯坦和整个南亚地区受益。

（四）中巴经济走廊建设的主要内容

中巴经济走廊的建设近期主要包括瓜达尔港、能源、交通基础设施和产业合作四个方面。

1. 瓜达尔港。作为中巴经济走廊的重要枢纽，瓜达尔港对加强经济走廊与外部世界联系，推动地区经济增长具有重要意义，对顺利推进实施"一带一路"倡议和规划项目具有重要的示范和引领作用。

2013 年 2 月，巴方正式将瓜达尔港运营权和配套基础设施开发权从新加坡港务集团移交至中国海外港口控股有限公司。2015 年 11 月，巴方向中方企业移交瓜达尔港自贸区 2281 亩土地使用权，租期 43 年。2015 年 5 月，瓜达尔港至中国港口的首航正式开启，瓜达尔港终于实现了自 2007 年建成、2013 年中方企业接手运营以来期待已久的商业集装箱货运。

目前，在中、巴两国的推动下，东湾快速路、新国际机场、防波堤工程、泊位及通道清淤工程、自贸区与出口加工区的基础设施、淡水处理及供应设施等一批瓜达尔港配套基础设施项目正在加速启动。同时，为帮助当地民众改善生活水平，中方同巴方一道，推进援助建设瓜达尔港小学、医院、技术职业中心等教育、医疗和培训项目。

2. 能源。近年来，能源危机已成为严重困扰巴基斯坦经济发展和民生的主要问题。巴政府也将解决能源短缺问题列为首要任务。为帮助巴方尽快摆脱制约经济发展的能源困境，能源成为中巴经济走廊建设的重点合作领域。

　　2014 年 11 月，中、巴两国签署《中巴经济走廊能源项目合作的协议》，确定了一批优先实施和积极推进项目。目前，中巴经济走廊能源项目共有优先实施项目 16 个、积极推进项目 8 个，其中火电项目 13 个、水电项目 3 个、风电项目 5 个、光伏项目 1 个以及输变电线路项目 2 个。已有一批建设周期短、见效快的清洁能源项目在巴基斯坦开工或建成投产并取得了较好的社会和经济效益。

　　中巴经济走廊的能源合作已初步形成一个覆盖整个产业链、投资形式多样、多方参与、包容开放、合作共赢的局面。能源项目的陆续开工建设将极大地缓解巴基斯坦能源危机，为巴基斯坦经济发展和民生改善提供强劲动力。

　　3. 交通基础设施。交通基础设施落后是长期制约巴基斯坦经济社会发展的主要瓶颈之一。为提升中巴互联互通水平，改善当地交通状况、促进巴基斯坦经济社会发展，中、巴两国密切沟通协作，共同推进交通基础设施建设早期收获项目尽快开工。目前，已有若干项目取得了突破性进展。如拉合尔轨道交通橙线项目、喀喇昆仑公路二期（哈维连至塔科特段）升级改造项目和卡拉奇至拉合尔高速公路（苏库尔至木尔坦段）项目。上述项目建成后，将极大改善巴基斯坦当地交通状况，为中巴互联互通发挥积极作用。

　　4. 产业合作。受能源电力短缺和交通基础设施落后等客观不利因素的制约，目前中巴产业合作仍处在起步阶段。未来随着中巴经济走廊建设项目逐步落实，巴基斯坦当地投资经营环境日益改善，中巴互联互通水平不断提升，中巴产业合作前景广阔。

　　早在 2006 年 11 月，中国海尔集团就同巴基斯坦鲁巴集团共同建立了"海尔—鲁巴经济区"，这是中国首批国家级境外经济合作区之一。经济区建设带动了当地经济发展，目前入区企业 7 家，年营业额约 3 亿美元。

2014 年 5 月，由山东如意集团联合巴基斯坦马苏德纺织厂在旁遮普省共同投资建设的纺织工业园举行奠基仪式。此外，瓜达尔港自贸区建设也在稳步推进，有关前期规划正在修订当中。

（五）项目进展

1. 卡西姆港燃煤电站项目。卡西姆港燃煤电站（简称卡西姆火电站）位于卡拉奇东南部市郊的沿海地区，是首个开工的中巴经济走廊框架下能源项目，该电站建成后预计可以填补巴基斯坦全国电力约 20% 的缺口，在很大程度上缓解巴基斯坦电力供应紧张问题。卡西姆火电站由中国电建旗下的中国电建集团海外投资有限公司和卡塔尔王室控股的 AMC 公司共同投资开发，总投资约 20.85 亿美元，75% 的资金由中国进出口银行提供贷款。电站设计总装机容量为 132 万千瓦，年均发电量约 90 亿千瓦时。2015 年 5 月，项目全面开工，目前各项建设进展顺利。项目于 2017 年底实现首台机组发电，2018 年 6 月底两台机组进入商业运行。

2. 萨希瓦尔燃煤电站项目。萨希瓦尔燃煤电站，位于巴基斯坦旁遮普省萨希瓦尔市，由华能山东发电有限公司承建。2015 年 7 月 31 日，电站建设全面启动。萨希瓦尔燃煤电站在 2017 年底前并网发电，成为中巴经济走廊框架下首个竣工的能源项目。该电站的年发电量约 90 亿千瓦时，极大地缓解了巴基斯坦严重缺电的局面并有效地推动了中巴经济走廊建设。

3. 喀喇昆仑公路二期改扩建工程（哈维连至塔科特段）。喀喇昆仑公路是目前中国和巴基斯坦唯一的陆路交通通道。项目二期将在对原有公路进行提升改造的基础上，将喀喇昆仑公路延伸至巴基斯坦腹地。喀喇昆仑公路升级改造二期项目于 2015 年 12 月签订合同，项目金额为 1339.8 亿卢比（约合 13.15 亿美元）。中国交通建设股份有限公司子公司中国路桥工程有限责任公司负责项目建设，预计耗时 42 个月，在哈维连至塔科特间新建一条全长 120 公里、双向四车道（部分两车道）的高速公路及二级公路。2016 年 4 月开工。该项目的开工建设标志着贯穿巴基斯坦南北、连通中国和巴基斯坦陆上交通线建设的正式启动。该项目是中巴经济走廊首个重点公路项目。项目建成后，将有力改善当地交通状况，促进当地经济社会发展，进一步提升中巴经贸合作。

4. 卡拉奇—拉合尔高速公路（苏库尔至木尔坦段）。卡拉奇至拉合尔高速公路（苏库尔至木尔坦段）是连接巴基斯坦南北的经济大动脉。项目线路全长 393 公里，工期是 3 年，将建成双向 6 车道，设计时速是 120 公里。项目合同价值共计 2943 亿卢比（约合 28.9 亿美元），由中国进出口银行提供融资支持，承建方是中国建筑股份有限公司。2016 年 5 月该项目正式开工，目前项目进展顺利。

该条高速公路连接的卡拉奇和拉合尔分别是巴基斯坦第一和第二大城市，线路全长 1152 公里。作为中巴经济走廊框架下最大的交通基础设施项目，卡拉奇—拉合尔高速公路项目建成后将极大地改善巴基斯坦两大城市之间的交通状况，有力地促进巴基斯坦经济社会发展。与此同时，该条公路能将巴基斯坦南部瓜达尔港经卡拉奇同中国西部城市喀什相连，有助于巴基斯坦同中国、伊朗、阿富汗等中亚国家的互联互通。

5. 瓜达尔港建设与运营项目。瓜达尔港被称为是中巴经济走廊的旗舰项目，总投资额为 16.2 亿美元，包括修建瓜达尔港东部连接港口和海岸线的高速公路、瓜达尔港防波堤建设、锚地疏浚工程、自贸区基建建设、新瓜达尔国际机场等 9 个早期收获项目，预期在 3～5 年内完成。中国拥有该港 40 年的运营权。

中国海外港口控股有限公司在 2013 年 2 月从新加坡国际港务集团的手中接过瓜达尔港。经过两年的建设，2015 年 5 月，瓜达尔港首次进行了货物出口。截至 2016 年 1 月,瓜达尔港发运 6 艘船,出口 25 个集装箱。巴基斯坦政府将努力促进港口的货物运输量,并启动自贸区工作。

与瓜达尔港一并移交中国企业的还有总面积 923 公顷的瓜达尔自由区,中方首先开发临近瓜达尔港区的 25 公顷土地,也被称为自由区的"起步区"。投入 2 亿~3 亿美元,用以建设大型仓库、展销中心、商务中心等,"起步区"于 2017 年 4 月完成建设。

2016 年 11 月,中巴经济走廊首次完成陆路连通,由 60 辆货车组成的联合贸易车队经过 15 天行程,跨越 3115 公里,经过巴基斯坦西部联通起中国新疆的喀什市和巴基斯坦的瓜达尔港。广阔的南亚和中亚地区同中东、东南亚等印度洋沿岸地区,将通过中巴经济走廊历史性地联结在一起。

6. 巴基斯坦 ML—1 号铁路干线升级与哈维连陆港建设项目。巴基斯坦 1 号铁路干线从卡拉奇向北经拉合尔、伊斯兰堡至白沙瓦,全长 1726 公里,是巴基斯坦最重要的南北铁路干线。哈维连站是巴基斯坦铁路网北端尽头,规划建设由此向北延伸经中巴边境口岸红其拉甫至喀什铁路,哈维连拟建陆港,主要办理集装箱业务。1 号铁路干线升级和哈维连陆港建设,是中巴经济走廊远景规划联合合作委员会确定的中巴经济走廊交通基础设施领域优先推进项目。

该铁路升级项目初期投入约 40 亿美元,总投资达 60 亿美元,预计 2 年内完工。

7. 卡洛特水电站。卡洛特水电站位于巴基斯坦北部印度河支流吉拉姆河流域,是吉拉姆河梯级水电开发的第四级,装机容量 72 万千瓦,是巴基斯坦第五大水电站。该项目总投资约 16.5 亿美元,采用 BOOT 方式投资建设。"丝路基金"与中国进出口银行、中国国家开发银行一起将向负责建设项目的三峡南亚子公司卡洛特水电公司提供贷款。卡洛特水电站是"一带一路"首个水电大型投资建设项目，也是中巴经济走廊首个水电投资项目，由三峡集团投资，长江委设计院设计，中国电建水电七局承建。2016 年 1 月，卡洛特水电项目主体工程奠基，标志着中巴经济走廊首个水电投资项目主体工程全面开工建设，卡洛特水电站是中国企业在海外投资在建的最大绿地水电项目。

8. 拉合尔轨道交通橙线。拉合尔轨道交通橙线项目是中巴经济走廊早期收获和示范性项目。2014 年 4 月，由中国铁路总公司和北方公司组成联营体中标承建，合同总价约为 16 亿美元，由中国进出口银行提供融资支持。

橙线项目正线全长约 25.58 公里，全线共设车站 26 座，其中高架站 24 座，地下站 2 座。项目采用中国标准，地铁车辆及机电系统全部采用中国设备。合同工期为 27 个月，在项目建设完成后，联营体还将承担 5 年运营维护工作，为橙线项目提供从建设到运营的全方位支持。

9. 恰希玛核电项目。巴基斯坦恰希玛核电工程是中国自行设计、建造的第一座出口商用核电站。其中，1 号、2 号机组已分别于 2000 年和 2011 年投入商业运行。3 号、4 号机组于 2011 年 3 月和 12 月正式开工，2016 年 10 月 3 号机组正式并网成功。4 号机组于 2017 年上半年正式并网发电。恰希玛核电 3 号、4 号机组项目由中核集团中国中原对外工程有限公司负责总承包建设。

截至 2016 年底，中核集团已向巴基斯坦出口建设 4 台 30 万千瓦级核电机组、2 台百万千瓦级核电机组，并正积极开展铀资源、人才培训等领域合作。同时，中巴两国已就采用"华龙一号"核电技术启动恰希玛五期核电项目达成初步框架协议。

10. 卡拉奇核电项目。卡拉奇核电项目（K2、K3）是巴基斯坦国内目前最大的核电项目，厂址位于阿拉伯海沿岸、巴基斯坦卡拉

奇市附近。卡拉奇核电项目总金额为 96 亿美元，中方贷款额为 65
亿美元，发电能力为 220 万千瓦，采用国产华龙一号（ACP –
1000）技术，项目由中国中原对外工程有限公司承建，计划 2020
年发电。卡拉奇 2 号核电机组是中国自主三代核电技术华龙一号的
海外首推，意味着华龙一号首次走出国门，落地巴基斯坦。

六、什么是孟中印缅经济走廊

孟中印缅经济走廊建设倡议是 2013 年 5 月李克强总理访问印
度期间提出的，得到印度、孟加拉国、缅甸三国的积极响应。该
倡议对深化四国间友好合作关系，建立东亚与南亚两大区域互联
互通具有重要意义。

（一）概况

中印缅孟四国山水相连，友好往来源远流长。四国物产丰富，
资源能源富集，经济互补性强，合作潜力巨大。四国邻近地区是
连接亚洲各次区域的重要枢纽，入有中印缅三国广袤腹地，出有
加尔各答、吉大港、仰光等著名港口，有连接南亚和东南亚的明
显区位优势。

孟中印缅经济走廊东起中国西南部的云南省，经缅甸和孟加
拉国北部，西至印度西孟加拉邦加尔各答市，跨越了大片地区，
其关键节点包括昆明（中国）、曼德勒（缅甸）、达卡（孟加拉
国）、吉大港（孟加拉国）、加尔各答（印度）和其他主要城市和
港口。经济走廊覆盖到的地区面积约 165 万平方公里，人口达 4.4
亿人，有自然资源、农产品富足的优势，也有基础设施薄弱、政
治因素影响等劣势。在这一次区域相邻区域内，已经存在昆明
（中国）—缅甸—老挝—泰北湄公河次区域经济合作圈、新加坡—

柔佛(马来西亚)—廖内(印度尼西亚)的三角经济带、槟城(马来西亚)—棉兰(印度尼西亚)—普吉(泰国)三国经济带。随着交通、能源、电信网络的联通,孟中印缅经济走廊将促进沿线地区的普遍发展从而打造一条兴旺的经济带。孟中印缅经济走廊的建成,将使新亚欧大陆桥与南亚和环印度洋地区连通,中国西南地区与南亚和环印度洋地区的经贸往来大大缩小运距、时间和成本,促成以中南半岛为核心并向四周辐射的地缘经济格局。直接辐射东亚、南亚、东南亚、中亚几个大市场。

(二)合作潜能

在能源领域四国可以优势互补:孟、缅天然气资源丰富,中、缅水能资源丰富,中、印煤炭资源丰富;孟、缅缺能源开发资金、技术,中、印在此方面优势比较明显。因此,中孟印缅四国加快能源合作的步伐,有利实现能源资源互补,促进四国能源产业快速发展。其中,中、缅油气管道的建设,是中、孟、印、缅在油气管道建设领域成功合作的范例。此外,产业园区、基础设施建设和合作将成为这个经济走廊的两个支撑点。中印两国一致同意开展在产业园区以及基础设施等领域的重大项目合作,这将推动中孟印缅经济走廊的发展进程。

整体上看,中、孟、印、缅四国经济有一定的互补性。例如,中国的制造业相对发达。印度制造业相对落后,但是印度在智能化、个性化的设计和制作方面有优势。如果在产业园区内,中、印两国在这两方面形成互补和示范,那么"中印制造"潜力十分巨大,既有价格优势,又有科技含量,而且依托印度的语言优势,产品与欧美客户更容易对接。此外,印度的软件和文化影视产业相对较为发达,有望为中国做强做大软件外包产业奠定一定的基础,印度也是人口大国,未来市场增长潜力非常巨大。从文化行业来看，中国有望通过经济走廊的建设，加强与这些国家的文化旅游方面的合作，促进中国文化旅游产业进一步发展。

（三）合作历程

孟中印缅经济走廊缘起于20世纪90年代在中国昆明市举办的第一届孟中印缅地区合作论坛。然而，此后合作进展缓慢。后来，2013年5月，李克强总理在访问印度期间正式提出推进孟中印缅经济走廊建设，得到了印度、孟加拉国和缅甸三国的积极响应，成立了孟中印缅经济走廊联合工作组，并召开协调会议，就经济走廊发展前景、优先合作领域和机制建设等进行了深入讨论，签署了会议纪要和孟中印缅经济走廊联合研究计划，正式建立了四国政府推进孟中印缅合作的机制。

2014年9月，习近平主席在访问印度期间，同印度总理莫迪会谈时提出"我们要共同推动孟中印缅经济走廊建设，探讨'丝绸之路经济带'和'21世纪海上丝绸之路'倡议，引领亚洲经济可持续增长。"双方要共同致力于在亚太地区建立开放、透明、平等、包容的安全和合作架构。①

2015年5月，李克强总理在京同印度总理莫迪会谈时表示，要加紧推进孟中印缅经济走廊建设，推动区域经济发展。做好铁路、产业园区等重点领域务实合作，打造旗舰项目，推动双边贸易动态平衡。② 中方愿参与印方的工业走廊建设，加强职业技能培训合作，希望印方为中国企业赴印投资创造良好环境。

作为一项长期、复杂的系统工程，孟中印缅经济走廊建设在推进实施中面临着诸多风险与挑战，建设进度落后于预期。但孟

---

① 习近平. 携手共创繁荣振兴的亚洲世纪. 新华网, 2014 - 09 - 17.
② 李克强同印度总理莫迪会谈时强调 中印携手构建更加紧密的发展伙伴关系. 新华网, 2015 - 05 - 15.

中印缅经济走廊合作潜力巨大，特别是将珠三角经济圈与印度经济链接起来，对沿线国家的发展是一个巨大的推动，特别是中国和印度两国，要着眼于推进发展规划的互联互通，充分发挥各自优势，在推进孟中印缅经济走廊建设中发挥引领作用。

（四）合作内容

新南方"丝绸之路"是构建"一带一路"不可或缺的部分，而孟中印缅经济走廊就是新南方"丝绸之路"的组成部分和关键路段，孟中印缅经济走廊赋予了南方"丝绸之路"新的内涵，应包含交通、能源、商贸物流、产业合作、人文交流五大方面。

1. 交通走廊。孟中印缅经济走廊的辐射范围涵盖南亚的印度、孟加拉国以及东南亚的中南半岛国家，从而带动南亚、东南亚、东亚三大经济板块联运发展。因此，对内，应支持内陆城市增开国际客货运航线，发展多式联运，形成横贯东中西、连接南北方的对外经济走廊。对外，孟中印缅区域陆路交通以连接主要城市或中心城市为选线原则，在亚洲公路网线、铁路网线的基础上，加快互联互通的交通网线建设，打造一条畅通无阻的交通走廊。

2. 能源走廊。中国是最大的能源进口国，能源进口主要来自西亚和北非地区，长期以来依赖于马六甲海峡。中国进口石油量的80%以及进出口货物的50%要经过该海峡。可以说，马六甲海峡是中国经济的生命线。由于马六甲海峡的重要地位，近年来大国介入该海峡的意图日益明显。为此，中国一直谋求从缅甸印度洋海港铺设一条能源管道直通昆明，2015年1月，中缅能源管道正式开通。该管道长2400公里，日输送原油能力为44万桶，这样中国就可以从根本上走出"马六甲困局"。这也从另一侧面体现了能源走廊在孟中印缅经济走廊中的战略地位。

3. 商贸物流走廊。中国西南地区毗邻越南、老挝、缅甸三国，边境线长达4060公里，沿线分布着16个国家一类口岸和7个二类口岸，其中，有3个航空口岸、2个水路口岸、1个铁路口岸和17个陆路口岸，这些以昆明、瑞丽、磨憨、腾冲、河口为核心的口岸形成了陆、水、空全方位的开放格局，有力地促进了中国同东南亚、南亚国家的货物运输和经济往来。为此，建设孟中印缅经济走廊，应具有推动内陆同沿海沿边通关协作，实现口岸管理相关部门信息互换、监管互认、执法互助的巨大作用。同时，可考虑在经济走廊沿线中心城市、口岸城市和物流节点城市建立商贸物流中心和物流体系。

4. 产业合作走廊。抓住全球产业重新布局机遇，推动内陆贸易、投资、技术创新协调发展。创新加工贸易模式，形成有利于推动内陆产业集群发展的体制机制。可以在已有的国际产业园区的基础上，在区域交通沿线、中心城市、商贸节点市镇布局产业园区。与印度西孟邦、孟加拉国吉大港、缅甸曼德勒工业园区进行合作，建立农产品加工区、农用机械化肥农药产业园区、印度软件、医药等高科技工业园区、纺织品工业园区、畜牧业及奶产业园区、特色农业种植园区等；在昆明、红河、瑞丽、版纳、保山、普洱等地区发展沿边金融、电子商务、医疗保健等服务业。

5. 人文交流走廊。这一带基本上是跨民族地区，相邻各国的民族相同性较大，人文交流的基础比较好。因此，可以在昆明、瑞丽、磨憨、腾冲、河口等国家一类口岸建设人员便利化通道，开展边境旅游、跨境旅游和边境省邦节庆活动；也可以在中心城市开展教育、人力资源培训、语言文化交流、学术交流活动；鼓励民间自驾车旅游、汽车拉力赛、边境文化旅游、民族体育赛事等民间文化项目，使之成为跨境旅游集散地、跨境体育赛事基地等。让边境地区的人民增进民心相通，并从旅游文化商贸活动中广泛受益。

（五）项目进展

1. 中缅油气管道建设。中缅油气管道项目由天然气管道和原油管道两部分组成，天然气管道起点为缅甸皎漂，原油管道起于缅甸西海湾马德岛，从中国西南边陲瑞丽入境，接入保山后，借由澜沧江跨越工程连接大理，继而经由楚雄进入昆明。

2010 年 6 月，中石油与缅甸国家油气公司签署了一系列协议，明确中国将在缅甸境内建设并经营天然气与原油两条管道，经营期 30 年。中缅天然气管道干线全长 2520 公里，缅甸段 793 公里，国内段 1727 公里；原油管道全长 771 公里。天然气管道设计输量 120 亿立方米/年，原油管道缅甸段设计输量 2200 万吨/年。

2013 年 10 月，中缅油气管道的天然气管道正式投产。2015 年 4 月，中缅天然气管道在缅配套建设的皎漂、仁安羌、曼德勒、当达 4 个天然气分输站全部投入使用。但是，中缅原油管道的建设进展却稍显波折，2014 年 5 月中缅原油管道全线机械完工具备投产条件，在 2017 年正式投产。

中缅油气管道每年将为缅甸带来包括税收、投资分红、路权费、过境费、培训基金以及社会经济援助资金等巨大的直接收益，并将带来大量的就业机会。中缅油气管道作为一个多国合作的国际化商业项目，已发展成为中缅两国能源合作的重要平台，成为孟中印缅经济走廊和中国与东盟国家开展互联互通基础设施建设的先导项目。

2. 缅甸皎漂工业园与深水港项目。皎漂经济特区位于缅甸西部的若开邦，濒临孟加拉湾，居连接非洲、欧洲和印度的干线上，是缅甸政府规划兴建的三个经济特区之一。特区内的皎漂港为世界级的天然良港，中缅油气管道的起点就位于这里。工业园项目占地 1000 公顷，计划分三期建设，2016 年 2 月开始动工。深水港项目包含马德岛和延白岛两个港区，共 10 个泊位，计划分四期建设，总工期约 20 年。

　　上述六条经济走廊将中国发展与沿线国家的发展紧紧联系在一起，不同经济走廊由于地理区位、资源禀赋和发展特色的差异，在发展重点上也各有不同。但是，作为"一带一路"的载体，六条经济走廊犹如六只翅膀，必将驱动"一带一路"沿线国家经济逐步释放活力，实现经济腾飞。

问题五 "一带一路"建设的资金从哪里来

【导入案例】 **巴基斯坦卡洛特水电站**
——"丝路基金"首单项目正式开工

《人民日报》2016年2月19日报道,1月10日,中国长江三峡集团承建的卡洛特水电站主体工程开工。这是中巴经济走廊首个水电投资项目,也是"丝路基金"首单项目。

卡洛特水电站是吉拉姆河上的一座中型水电站,站址位于首都伊斯兰堡以东约35英里的地方,该项目在2015年习近平访问巴基斯坦时敲定,预计耗资16.5亿美元,"丝路基金"与中国进出口银行、中国国家开发银行一起将向负责建设项目的三峡南亚子公司卡洛特水电公司提供贷款。

水电站的电力将出售给巴基斯坦的国家电网,这个国家电网非常破旧,其输送的电力经常被偷,而且经营电网的公用事业单位被描述为腐败缠身。项目建成后每年将为巴提供逾31亿千瓦时的清洁能源,将有效缓解巴电力短缺问题。

卡洛特水电站在为中国水电技术和标准走向海外提供典范的同时,还将为当地提供2000多个就业岗位,大大带动当地电力配套行业的协调发展和产业升级。

资料来源:东方财富网,2016-02-24.

一、如何建立"一带一路"的资金融通体系

资金融通是"一带一路"建设的重要支撑。"一带一路"沿线多为发展中国家,经济建设和社会发展的资金需求量巨大,但其基础设施等重大项目面临着建设能力不足、资金短缺等问题,融资需求较大,迫切需要国际社会的支持。

(一)"一带一路"的资金来源

"一带一路"项目建设的资金来源主要有以下几个渠道:

1. 传统的多边开发金融机构。现有的多边开发金融机构,包括世界银行、亚洲开发银行、欧洲复兴开发银行、美洲开发银行、非洲开发银行等,尽管其宗旨多是聚焦减贫,但支持基础设施建设能够间接起到减贫的效果。目前,世界银行、亚洲开发行两机构每年对亚洲区域基础设施投资规模约为 200 亿美元,多边开发机构通过国际资本市场发行债券可以筹集期限长、利率低的优惠资金,从而有效满足基础设施互联互通项目的资金需求;多边开发机构拥有相关领域的专业人才和知识储备,在开发和实施大型基础设施互联互通项目方面具有丰富的经验。

(1)世界银行。世界银行集团包括了国际复兴开发银行、国际开发协会、国际金融公司等成员机构。

作为全球提供发展援助最多的机构之一,世界银行主要向发展中国家的政府和由政府担保的公私机构提供优惠贷款,支持这些国家建造学校和医院、供水供电、防病治病和保护环境的各类项目。所以世界银行对"一带一路"沿线许多国家的发展都能提供一定的资金支持,而且也非常重视发展中国家的基础设施建设。仅 2015 年,世界银行集团向东亚和太平洋地区支付贷款总额

509.4万美元、支付欧洲和中亚贷款总额614.4万美元、中东和北非197.4万美元、南亚518.5万美元以及非洲741.1万美元。从行业分布看，对于与"一带一路"密切相关的能源和采矿、卫生和其他社会服务、工业和贸易、交通、供水和卫生设施及防洪领域，世界银行提供的贷款支持占比分别为16%、12%、9%、14%和11%。

目前，作为世界银行集团成员之一的国际金融公司（IFC）已经正式参股中国长江三峡集团在巴基斯坦设立的三峡南亚公司。在完成相关法律手续后，IFC将正式以三峡南亚公司股东的身份参与三峡南亚公司在巴基斯坦的清洁能源项目开发与收购工作。数据显示，IFC是目前巴基斯坦市场最大的非政府类资金提供者，已累计向巴基斯坦投放500亿美元。

尽管世界银行对全球范围内的发展中国家的扶贫和发展起到了积极的作用，但世界银行由美国等西方发达国家主导，对发展中国家实施的贷款项目通常附带许多条件且实施严格的资格审查，而且资金数量也非常有限。

（2）亚洲开发银行。亚洲开发银行是一个亚洲区域性开发组织，致力于通过向其成员国提供贷款、赠款、研究和技术援助以及投资私营公司减少亚洲和太平洋地区的贫困。亚洲开发银行由67名成员组成，其中48名来自亚太地区，因此与"一带一路"规划的区域高度一致。

2016年，亚洲开发银行援助总额（含联合融资）达317亿美元，较2015年增长了18%。包括获批的贷款和赠款174.7亿美元、技术援助1.69亿美元和联合融资140.6亿美元。从地域结构看：

亚洲开发银行在中西亚地区批准贷款、赠款金额为47.6亿美元，联合融资达21.8亿美元。主要用于支持能源（31%）、公共部门管理（24%）、交通运输（21%）。

亚洲开发银行在东亚地区批准贷款、赠款金额为18.6亿美元，联合融资达5.158亿美元，为43个项目提供了0.182亿美元的技术支持。主要用于支持能源（35%）、农业和自然资源（30%）、交通（13%）、城市基础设施和服务（9%）、工业和贸易（7%）。

亚洲开发银行在太平洋地区批准的23个贷款、赠款项目总额达5.96亿美元，对该地区的31个项目提供了0.3亿美元的技术支持，联合融资达2.23亿美元。主要用于支持交通（75%）、公共部门管理（13%）、城市基础设施和服务（8%）。

亚洲开发银行在南亚批准的30个项目的贷款、赠款总额达44亿美元，技术支持达0.541亿美元，联合融资达23.6亿美元。主要用于支持交通（40%）、能源（18%）、金融（16%）、城市服务（10%）。

亚洲开发银行在东南亚批准的贷款、赠款项目总额达33.4亿美元，主要用于支持公共部门管理（45%）、教育（16%）、交通（14%）。

2. 政策性金融机构。政策性银行参与"一带一路"建设主要表现为提供融资及财务咨询服务，通过商业贷款（单个银行授信/银团贷款）、优惠买方信贷、援外贷款、出口信用保险、设立国别/产业基金等为境内外企业、大型项目等提供低成本融资支持。在我国，对"一带一路"提供资金支持的政策性银行主要是国家开发银行和中国进出口银行。国家开发银行（简称国开行）是我国的开发性金融机构和最大的对外投融资合作银行，坚持服务国家战略，开展开发性金融服务。国开行资产超过10万亿元，资金实力非常雄厚；而中国进出口银行作为以支持进出口贸易、助力企业"走出去"、促进开放型经济发展为己任的国家政策性金融机构，也在积极履行政策性金融职能，全方位助推"一带一路"建设。

（1）国开行。2013年以来，国开行与"一带一路"沿线国家合作方签署140余项协议，承担了哈萨克斯坦、老挝、柬埔寨、科威特等8个国家与中国的双边合作规划，以及中蒙俄、中巴、孟中印缅等经济走廊规划。

截至2016年底，国开行已在"一带一路"沿线国家累计发放贷款超过1600亿美元，余额超过1100亿美元，占其国际业务余额30%以上，在"一带一路"沿线国家储备外汇项目达500余个，融资需求总量3500多亿美元，设立了澜沧江—湄公河国际产能等专项贷款，涵盖能源、矿产、装备制造、化工、交通、航空、金融、高新技术等领域，涉及的项目包括新欧亚大陆桥、中蒙俄等六大国际走廊建设、中哈原油管道、中亚天然气管线、中国与印度尼西亚、老挝、哈萨克斯坦等国的产能合作及产业园区开发、阿斯塔纳轻轨项目、印度尼西亚雅万高铁项目、英国HPC核电项目。此外，2013年以来，国开行还在"一带一路"国家发放境外人民币贷款超过400亿元，支持相关国家购买我国产品和服务。

（2）中国进出口银行。2014年以来，进出口银行在"一带一路"沿线国家累计签约项目逾900个，签约金额超过6000亿元，发放贷款4500多亿元，累计支持商务合同金额超过3600亿美元。项目分布于沿线50个国家，以设施联通、经贸合作、产业投资、能源资源合作等为重点领域，涉及基础设施互联互通项目近70个，带动了300多亿美元的投资。超过70%集中在公路、铁路、机场、水运等交通领域。截至2016年6月末，进出口银行在全球150多个国家和地区累计支持"走出去"项目2000多个，签约贷款1.5万亿元，发放贷款1.2万亿元，累计支持商务合同金额近6000亿美元。

3. 商业银行。商业银行作为市场化的间接融资金融机构，在"一带一路"投融资中占重要地位。

截至 2016 年末，共有 9 家中资银行在 26 个"一带一路"沿线国家设立了 62 家一级机构，其中包括 18 家子行、35 家分行、9 家代表处。在"一带一路"沿线国家中，已有 20 个国家的 54 家商业银行在华设立了 6 家子行、1 家财务公司、20 家分行以及 40 家代表处。

中资银行制定多项信贷政策及措施，通过银团贷款、产业基金、对外承包工程贷款、互惠贷款等多样化的金融工具对"一带一路"提供了资金支持，涵盖了公路、铁路、港口、电力、通信等多个领域。

（1）中国银行。中国银行与全球超过 1600 家机构建立了代理行关系，覆盖 179 个国家和地区，其中在"一带一路"沿线国家有 500 家代理机构。截至 2017 年 4 月，中国银行共在 51 个国家和地区拥有 600 多家海外机构，其中，包括 20 个"一带一路"沿线国家。由于在海外建立多家清算行，中国银行在跨境人民币业务上也有优势。2016 年，中国银行跨境人民币清算量达 312 万亿元，列全球首位，累计为 119 个国家和地区的银行开立跨境人民币账户。

截至 2016 年末，中国银行跟进境外重大项目约 420 个，为"一带一路"沿线国家提供各类授信支持约 600 亿美元，撬动投资超过 4000 亿美元。截至 2017 年 4 月，中国银行以"一带一路"沿线国家为重点，累计支持中资企业"走出去"项目 2700 个，提供贷款承诺 1100 亿美元，贷款余额达 600 亿美元。

2015~2017 年，实现"一带一路"相关授信 1000 亿美元。中国银行计划在未来实现沿线国家机构覆盖率超过 50%，继续加大"一带一路"重大项目拓展和授信投放。

（2）中国工商银行。截至 2017 年一季度末，中国工商银行在全球 42 个国家和地区建立了 400 多家分支机构，其中 127 家境外机构可直接参与"一带一路"基础设施和产能合作。中国工商银行已累计支持"一带一路"沿线国家和地区项目212个，累计承贷额674亿美元，业务遍及亚、非、欧30多个国家和地区，涵盖电力、交通、油气、矿产、电信、机械、园区建设、农业等行业，基本实现了对"一带一路"重点行业的全覆盖。

（3）中国建设银行。中国建设银行累计为俄罗斯、巴基斯坦、新加坡、阿联酋、越南、沙特、马来西亚等14个"一带一路"沿线国家的46个重大项目提供了金融支持，承贷金额近60亿美元。包括老挝南欧江二期水电站项目。

（4）中国农业银行。中国农业银行共在全球15个国家和地区设立了18家境外机构和1家合资银行，其中在"一带一路"沿线国家设立5个机构；中国农业银行建立了"走出去"项目库，目前已有100多个"走出去"项目入库，涉及"一带一路"国家30多个，为中粮、中铁建、蒙牛、中联重科、三一集团等重点央企、地方国企以及大型民企提供了综合金融支持。

2014年以来，中国农业银行累计办理项目贷款、保函、境外发债等各类"走出去"业务925亿美元，业务涉及117个国家和地区，其中"一带一路"国家共计42个。

（5）交通银行。截至2016年末，交通银行已向境内逾千个"一带一路"项目累计投放贷款近3000亿元。投放金额占比排在前列的行业分别为交通运输、仓储和邮政业、水利环境和公共设施管理业以及租赁和商务服务业。

（6）中国邮政储蓄银行。截至2016年末，中国邮政储蓄银行共建立代理行1003家和银行242家，其中，覆盖"一带一路"沿线42个国家；与新加坡、卡塔尔等国的银行建立双边授信关系；在广西等地已建设边贸业务特色网点，支持"一带一路"对东盟地区边贸结算。

中国邮政储蓄银行为中国铁路总公司提供 2000 多亿元资金，支持国内重大铁路及"一带一路"跨境铁路建设，并推动"一带一路"沿线交通基础设施建设。在巴基斯坦、印度等"一带一路"沿线国家将重点推进 10 余个项目，涉及交通、建筑、电力等项目。

4. 专项投资资金。专项投资资金是由政策性银行、商业性金融机构、外汇储备等发起和出资成立的，主要投资于东盟、非洲和欧亚等"一带一路"覆盖的地域。主要包括"丝路基金"、中国—东盟投资合作基金、中非发展基金。

（1）"丝路基金"。截至 2017 年 3 月，"丝路基金"已签约 15 个项目，承诺投资金额累计约 60 亿美元，投资范围覆盖中亚、南亚、东南亚、西亚、北非及欧洲等地区的基础设施、资源开发、产业合作、金融合作等领域，包括中巴经济走廊的清洁能源项目、亚马尔液化天然气一体化项目、垂直一体化天然气、与哈电集团共同投资的迪拜哈翔清洁燃煤电站项目、支持中国化工投资意大利倍耐力公司、中法 FC Value Trail 基金等。此外，"丝路基金"还出资 20 亿美元成立了中哈产能合作基金，基金内部批准投资项目 6 个、批准投资额 5.42 亿美元。截至 2017 年 4 月底，基金共备案项目近 60 个，立项项目 11 个。

（2）中国—东盟投资合作基金。中国—东盟投资合作基金成立于 2010 年 4 月，是经中国国务院批准、国家发改委核准的离岸美元股权投资基金。中国进出口银行为该基金主发起人，出资人包括中国进出口银行、中国投资有限公司、中国银行、国际金融公司、中国交通建设集团。基金主要投资于东盟地区的基础设施、能源和自然资源等领域，总规模为 100 亿美元。

中国—东盟投资合作基金的投资有如下特点：单笔投资额通常介于 5000 万 ~1.5 亿美元；采用多元化的投资形式，包括股权、准股权及其他相关形式；不谋求企业控股权，持股比例小于 50%；

可投资非上市公司与上市公司;既可单独投资企业或项目,也可同时投资企业和项目层面。

基金一期10亿美元投资了东盟8国10个项目,涵盖港口、航运、通信、矿产、能源、建材、医疗服务等多个领域。

二期基金将达30亿美元,以产能合作与基础设施为重点投资领域,重点关注工业园区、电力、机械、建材、钢铁、化工项目,以及港口、机场、电力电网、通信骨干网项目。此外,基金二期将重点关注资源与农业领域的优势资源项目、高端经济作物及农产品深加工项目,消费领域的物流、通信、医疗、旅游、新型模式商业项目。

(3)中非发展基金。中非发展基金于2007年6月开业运营,初始设计规模50亿美元,由国家开发银行承办,外汇储备提供资金支持。2015年12月,习近平主席在中非合作论坛约翰内斯堡峰会上再次宣布,为支持中非"十大合作计划"实施,为中非发展基金增资50亿美元。基金总规模提升为100亿美元。[①] 自成立以来,中非发展基金积极支持中非经贸合作,重点投资了一批农业、基础设施、加工制造、产业园区和资源开发等项目。

截至2016年底,中非发展基金对非洲已实际投资了88个项目,分布在37个非洲国家,主要形式是与中国企业成立合资公司对非洲进行直接投资和经营,涉及基础设施、加工制造、能源矿产等领域,投资金额累计40亿美元,带动企业投资及银行贷款共达170亿美元。

除此之外,中非产能合作基金、中国—欧亚合作基金等也为特定区域提供资金支持。

5. 新型多边开发金融机构。投资"一带一路"的新兴多边开

---

① 习近平. 在中非合作论坛约翰内斯堡峰会上的总结讲话. 新华网, 2015 – 12 – 06.

发金融机构主要有亚洲基础设施投资银行、金砖国家新开发银行和上合组织开发银行。

（1）亚洲基础设施投资银行（简称亚投行，AIIB）。2016 年 1 月 16 日，亚投行正式成立。亚投行涵盖 57 个成员，是以满足亚洲基础设施投资需求为目的的多边开发金融机构。亚投行的法定资本为 1000 亿美元，中国从外汇储备出资 50%，即 500 亿美元。注册资本金由成员分期缴纳，一期实缴资本金为初始认缴目标的 10%，即 50 亿美元，其中中国出资 25 亿美元，其他创始成员共同筹集一期资本金的其余 25 亿美元，其中部分国家或由中国提供的贷款出资。除了按期缴纳股本金以外，中国还向亚投行设立的项目准备基金出资 5000 万美元。

就资金管理方式而言，亚投行是一个政府间的金融开发机构，按照多边开发银行的模式和原则运营，是迄今为止中国规模最大、规格最高的政府多边合作基金，并且中国已表明将持开放的态度，不追求亚投行的绝对主导地位，因此其他国家的资本投入仍存在进一步增加的空间。

截至 2017 年 3 月，亚投行共有 70 个签署国，并累计发放 17.3 亿美元的贷款以支持 7 个国家（巴基斯坦、孟加拉国、塔吉克斯坦、印度尼西亚、缅甸、阿塞拜疆和阿曼）的 9 个基础设施项目，撬动了 125 亿美元的投资。

（2）金砖国家新开发银行。2015 年 7 月 21 日，金砖国家依照《福塔莱萨宣言》，正式成立了金砖国家开发银行，即新开发银行。在初始运营阶段，主要针对金砖五国发放贷款。创始成员国覆盖拉美、亚洲、欧洲和非洲。法定资本金 1000 亿美元，首批到位资金 500 亿美元，金砖五国平分金砖发展银行的股权，这意味着中国出资额达 100 亿美元。为了共同防范金融风险和处置金融危机，特别成立了 1000 亿美元的应急储备基金。中国出资 410 亿美元，俄罗斯、巴西和印度分别提供 180 亿美元,南非提供其余的 50 亿美元。

2016 年,新开发银行批准的 7 个贷款项目规模达到 15 亿美元,集中在绿色能源和交通方面。2017 年批准 15 个贷款项目,贷款规模为 25 亿~30 亿美元。

在 2017 年 5 月的"一带一路"国际合作高峰论坛上,习近平主席宣布,中国将加大对"一带一路"建设资金支持,向"丝路基金"新增资金 1000 亿元,鼓励金融机构开展人民币海外基金业务,规模预计约 3000 亿元,国开行、进出口银行将为"一带一路"分别提供 2500 亿元和 1300 亿元等值人民币专项贷款,用于支持基础设施建设、产能、金融合作。中国还将同亚洲基础设施投资银行、金砖国家新开发银行、世界银行及其他多边开发机构合作支持"一带一路"项目。由此看来,在过去几年对"一带一路"起到支撑作用的资金池在未来将继续获得政策的支持,这也将为市场化金融机构参与其中提供更大的吸引力。

6. 社会资金。随着"一带一路"建设项目的进展,投资结构会发生一些变化。一些项目像铁路、电网、移动通信设施建成以后,社会各界对项目感兴趣了,投资意愿也会增强。

"一带一路"建设将吸引企业以独资、合资等形式,开展境外铁路、公路、港口、电信、电力、仓储等基础设施投资,并创新对外投资合作方式。

在开放的背景下,国内金融市场与国际金融市场将进一步融合,直接融资与间接融资并举,充分吸引国内外各种资金,分享"一带一路"的收益。为此,国内与区域性金融市场将加快发展,特别是沿线国家的债券市场和股票市场,以扩大长期资金来源。同时,随着金融市场开放步伐加快,将扩大外资银行、保险、证券等市场准入,并吸引养老基金、主权财富基金等长期机构投资者参与基础设施建设。

(二) 优化"一带一路"投融资合作体系

"一带一路"建设的投融资合作应遵循"企业为主体，市场化运作，互利共赢"的原则，以市场化运作为主，构建并不断完善以市场化、可持续性、互利共赢为特征的投融资体系。这一体系包括以下内容：

1. 金融机构互设。金融机构是金融服务的载体。在经济全球化背景下，金融机构互设不仅能服务于本国企业的海外经营，也可为对方国家引入新的金融产品和服务，更好地满足贸易相关的融资需求，弥补当地金融服务缺口，共同提升金融服务水平。推动机构互设，除金融机构本身的需求和动力外，政府也需在减少准入限制等方面主动作为，提供相应便利。目前，已有9家中资银行在沿线26个国家设立62家一级分支机构。

2. 金融服务对接。投融资合作的进行，还涉及大量配套金融服务，包括代理行关系、银团贷款、资金结算和清算、项目贷款、账户管理、风险管理等。在尚未实现互设机构的情况下，"一带一路"沿线国家的银行之间建立和扩大代理行关系是帮助所在国获取金融服务的重要渠道。提供代理服务的代理银行与接受代理服务的委托银行按照协议约定，以互惠的方式提供跨境资金转账、资金管理、支票结算、贷款和转贷款、信用证等服务，可以很好地满足各类金融服务需求。资金结算和清算、项目贷款、账户管理等基础性金融服务在便利企业经营、促进贸易和投资方面也发挥着重要作用。

3. 资本市场联通。资本市场是提供债券、股票、各种金融衍生品发行和交易的平台，可开展投行业务和上市、并购等多种形式的融资。促进资本市场联通，可以撬动更多国际资金，减少

"一带一路"建设对传统银行贷款的过度依赖。近年来，随着人民币国际化的不断推进和人民币加入特别提款权（SDR）货币篮子，波兰、俄罗斯等国家已在中国债券市场成功发行人民币债券（熊猫债券）。

4. 金融基础设施联通。金融基础设施包括支付结算体系、法律体系等金融运行的监管规则和制度安排等。金融基础设施联通有助于保证金融市场高效运行和整体稳定。例如，近年来，中国银联作为中国的银行卡清算组织，其跨境使用网络已遍布全球160个国家和地区，包括众多"一带一路"沿线国家，不仅为各国企业和居民提供了优质、安全、高效的支付服务，而且参与和帮助了当地支付体系建设。

5. 发挥国际金融中心的作用。"一带一路"沿线的一些区域性、国际性金融中心，如中国香港、巴林、伦敦等，不仅拥有数量众多的机构投资者，同时还连接着全球的机构投资者，他们手中管理着超过百万亿美元的资产，可以成为"一带一路"项目融资的重要渠道。

二、亚投行在"一带一路"建设中发挥什么作用

亚洲基础设施投资银行，简称亚投行（AIIB），是一个政府间性质的亚洲区域多边开发机构，重点支持亚洲区域的基础设施建设。其成立宗旨在于促进亚洲区域的建设互联互通化和经济一体化的进程，并且加强中国及其他亚洲国家和地区的合作。

（一）创立背景

亚洲地区拥有全球60%以上人口，经济总量占全球经济总量的1/3，是当今世界最具经济活力和增长潜力的地区。但因建设资

金有限，一些国家铁路、公路、桥梁、港口、机场和通信等基础建设严重不足，这在一定程度上限制了该区域的经济发展。

据亚洲开发银行估计，2010～2020 年，亚洲各国要想维持现有经济增长水平，内部基础设施投资至少需要 8 万亿美元，平均每年需投资 8000 亿美元，仅印度未来几年的基建就需要 1 万亿美元。8 万亿美元中，68% 用于新增基础设施的投资，32% 是维护或维修现有基础设施所需资金。现有的多边机构并不能提供如此巨额的资金，亚洲开发银行的总资金约为 1600 亿美元，世界银行也仅有2230 亿美元。这两家银行目前每年能够提供给亚洲国家的资金大概只有 200 亿美元。因建设资金有限，一些国家铁路、公路、桥梁、港口、机场和通信建设严重不足，这在一定程度上限制了该区域的经济发展。亚投行给亚洲基础设施建设带来了额外的融资资金，这是亚洲急需的"受欢迎的计划"。

2013 年 10 月，习近平主席在雅加达同印度尼西亚总统苏西洛会谈时表示，为促进本地区互联互通建设和经济一体化进程，中国倡议筹建亚洲基础设施投资银行，愿向包括东盟国家在内的本地区发展中国家基础设施建设提供资金支持。新的亚洲基础设施投资银行将同域外现有多边开发银行合作，相互补充，共同促进亚洲经济持续稳定发展。苏西洛对中国倡议筹建亚洲基础设施投资银行做出了积极回应。同月，李克强总理出访东南亚时，也向东南亚国家提出筹建亚投行的倡议。

中国提出的筹建亚投行的倡议得到广泛支持，许多国家反响积极。2014 年初以来，中国牵头与亚洲域内、域外国家进行了广泛沟通。经过多轮多边磋商，各域内意向创始成员就备忘录达成了共识。

（二）发展历程

2014 年 10 月 24 日，包括中国、印度、新加坡等在内的 21 个首批意向创始成员的财长和授权代表在北京签约，共同决定成立亚洲基础设施投资银行，总部设在北京，法定资本1000亿美元。

2015年1月，新西兰正式成为亚投行意向创始成员。

2015年3月，英国向中方提交了作为意向创始成员加入亚投行的确认函，成为首个申请加入亚投行的主要西方国家。

2015年3月，法国、德国和意大利已同意加入亚投行，这将使亚投行扩围至31个成员。

截至2015年3月底，签署《筹建亚投行备忘录》的国家和申请亚投行意向创始成员的国家和地区超过50个。

（三）组织结构与资市构成

1. 亚投行的成员。分别是孟加拉国、文莱、柬埔寨、中国、印度、哈萨克斯坦、科威特、老挝、马来西亚、蒙古国、缅甸、尼泊尔、阿曼、巴基斯坦、菲律宾、卡塔尔、新加坡、斯里兰卡、泰国、乌兹别克斯坦和越南。

2015年6月29日，亚投行57个意向创始成员的财长和授权代表在北京签署《亚洲基础设施投资银行协定》。

根据《亚投行协定》，亚投行成立后将继续吸收新成员。但新成员与创始成员是有差别的，主要有三点：

一是创始成员参与亚投行筹建过程，特别是《亚投行协定》的谈判和磋商，而新成员需接受上述经由理事会决定的加入条件，才能成为亚投行的成员；

二是每个创始成员均享有600票创始成员投票权，新成员则没有；

三是在理事提名董事、董事任命副董事时，创始成员享有优先权，即每个创始成员均有权在其选区内永久担任或轮流担任董事或副董事。

除此之外,新成员在参与亚投行治理、重大事项决策等方面与创始成员所享有的权利、责任和义务相同。

2. 资本构成与治理结构。亚投行法定股本为 1000 亿美元,分为实缴股本和待缴股本,比例为 2:8,即实缴股本为 200 亿美元,待缴股本为 800 亿美元。目前,由于个别国家未足额认缴其分配的法定股本,亚投行总认缴股本为 981.514 亿美元,剩余 18.486 亿美元为未分配股本。

亚投行的总投票权由股份投票权、基本投票权以及创始成员享有的创始成员投票权组成。

每个成员的股份投票权等于其持有的亚投行股份数;基本投票权占总投票权的 12%,由全体成员(包括创始成员和后加入的普通成员)平均分配;每个创始成员同时拥有 600 票创始成员投票权;基本投票权和创始成员投票权占总投票权的比重约为 15%。

按照上述规则计算,中方认缴股本为 297.804 亿美元,占总认缴股本的 30.34%,现阶段为亚投行第一大股东。中国投票权占总投票权的 26.06%,也是现阶段投票权占比最高的国家。

亚投行设立了理事会、董事会和管理层三层管理架构。其中,理事会为最高决策机构,由各创始成员财长组成,并根据《亚投行协定》授予董事会和管理层一定权力。

董事会负责指导银行的总体业务,由 12 名董事组成,分别来自 9 个域内成员选区和 3 个域外成员选区。中国作为第一大股东国,拥有单独选区。

管理层则是由行长、副行长、首席运营官等组成的专业团队,负责亚投行日常运营的具体工作。

亚投行将建立有效的监控机制,确保决策的高效、公开和透明。

【知识链接】

亚投行创始成员名单

截至 2015 年 6 月 29 日，亚投行意向创始成员增至 57 个，包括奥地利、澳大利亚、阿塞拜疆、孟加拉国、巴西、文莱、柬埔寨、中国、丹麦、埃及、法国、芬兰、格鲁吉亚、德国、冰岛、印度、印度尼西亚、伊朗、以色列、意大利、约旦、哈萨克斯坦、韩国、科威特、吉尔吉斯斯坦、老挝、卢森堡、马来西亚、马尔代夫、马耳他、蒙古国、缅甸、尼泊尔、荷兰、新西兰、挪威、阿曼、巴基斯坦、菲律宾、波兰、葡萄牙、卡塔尔、俄罗斯、沙特阿拉伯、新加坡、南非、西班牙、斯里兰卡、瑞典、瑞士、塔吉克斯坦、泰国、土耳其、阿联酋、英国、乌兹别克斯坦和越南。

从 57 个意向创始成员的统计来看：

G20 集团中 14 国加入，G7 国家中 4 国加入（美国、日本和加拿大暂未加入），金砖 5 国全部跻身首发阵容，东盟 10 国悉数加入，拥有 28 个成员的欧盟已经有 14 个国家加入亚投行。

按大洲分，亚投行有亚洲国家 34 个，欧洲国家 18 个，非洲国家 2 个，美洲国家 1 个，大洋洲国家 2 个。

据报道，亚投行自 2016 年 1 月正式开张以来继续接纳新成员，至 2017 年 6 月 16 日，其理事会已先后批准智利、希腊、罗马尼亚、阿根廷等 23 个新意向成员加入，至此，亚投行成员总数扩至 80 个。

（四）业务活动

亚洲基础设施投资银行将同域外多边开发银行合作，相互补充，共同促进亚洲经济持续稳定发展。

亚投行投资方向主要是铁路、公路、港口、电力电网、通信、油气运输。

亚投行按照多边开发银行的模式和原则运营，重点支持亚洲地区基础设施建设。亚投行将与世界银行、亚洲开发银行等其他多边及双边开发机构密切合作，促进区域合作与伙伴关系，共同解决发展领域面临的挑战。

（五）亚投行与其他多边金融机构的关系

1. 亚投行与世界银行等多边金融机构的关系。在亚洲基础设施融资需求巨大的情况下，由于定位和业务重点不同，亚投行与世界银行、亚洲开发银行等现有多边开发银行是互补而非竞争关系。

从历史经验看，包括亚洲开发银行和欧洲复兴开发银行在内的区域性多边开发银行的设立，不仅没有削弱世界银行等已有多边开发银行的影响力，而是增强了多边开发性金融的整体力量，更有力地推动了全球经济的发展。中国将推动亚投行与现有多边开发银行合作，相互补充，共同促进亚洲经济持续稳定发展。亚投行将通过联合融资、知识共享、人员交流等方式加强与现有多边开发银行的合作。

2. 亚投行与金砖国家新开发银行、"丝路基金"的关系。亚投行、金砖国家新开发银行和"丝路基金"都是中国政府从国家战略全局出发推进的资金融通平台。三者虽然都有政府出资，但机构性质不同，也不影响各自独立运作。同时，三者错位发展，各有侧重。

亚投行和金砖国家新开发银行是多边开发机构，遵循多边程序和规则。亚投行侧重于亚洲地区的基础设施投资建设，金砖国家新开发银行则主要是为金砖国家及其他新兴和发展中经济体的基础设施和可持续发展项目动员资源。"丝路基金"主要是中国有关机构出资成立的中长期开发投资基金，服务于我国"一带一路"建设，其融资渠道、运营模式、管理方式等与多边开发机构也有较大的不同。

考虑到全球巨大的基础设施融资需求，三者之间是互补合作关系，今后将通过加强合作，促进全球和亚洲基础设施建设和互联互通，为推动全球和区域发展共同努力。

（六）亚投行与"一带一路"的交汇点

基础设施建设是亚投行和"一带一路"建设最大的交汇点。"一带一路"沿线是世界上最大的基础设施投资区域，目前沿线国家基础设施落后，急需投资建设涵盖铁路、公路、航空、水运等的立体式交通走廊，打通包括油气、水电、煤电、太阳能、风能等能源大动脉，构建涉及电信、宽带、互联网等的信息一体化网络。亚投行作为多边开放性金融机构，主要投向基础设施建设，因此"一带一路"沿线必然成为其重点投资区域。

亚投行资金和"一带一路"项目的对接。一是亚投行作为"一带一路"的投融资平台，可以解决亚洲区域的资源错配问题，实现其储蓄和投资的有效配置，并在全球进行融资和投资，支持亚洲和世界其他区域的基础设施发展，这也将改善"一带一路"沿线国家的投资环境预期。二是"一带一路"沿线国家和地区有海量项目，大多数靠自己无法完成，需要引进外部资金。而亚投行的资金需要寻找项目，因而可以优先在"一带一路"的项目中按照市场需求筛选。"一带一路"已经启动了一批重大合作项目，例如，率先启动的中巴经济走廊被称为"一带一路"的枢纽，这将使巴基斯坦成为这一地区的港口和贸易中心，促进巴基斯坦经济振兴，并有利于我国的向西开放战略实施。目前被誉为连接南亚和东亚的孟中印缅经济走廊也在积极研讨建设之中。亚投行还将围绕"一带一路"基础设施建设项目进行投资，建设一批产业园区，打造分工协作、共同受益的产业链和经济带。三是我国的对外直接投资过去以央企为主，但在"一带一路"建设中，民营企业将成为主力军。近年来，中国民营经济占 GDP 总量超过 60%，其固定资产投资占全社会固定资产投资的比重也超过 60%，在对外投资中必将成为主要力量。因此，国家要通过亚投行和"丝路基金"给予民营企业大力支持，鼓励其参加"一带一路"建设。

2016 年亚投行参与的"一带一路"融资项目如表 5 - 1 所示。

表 5 - 1　　　　　2016 年亚投行参与的"一带一路"
融资项目　　　　　　　　单位：亿美元

国家	项目名称	行业	联合融资方	亚投行提供融资额	投资总额
巴基斯坦	M—4 国家高速公路	交通	亚洲开发银行	1	2.73
	塔贝拉水电扩建项目	能源	世界银行	3	8.235
孟加拉国	电力输配系统升级扩建项目	能源	—	1.65	2.623
塔吉克斯坦	杜尚别—乌兹别克斯坦边界道路	交通	欧洲复兴开发银行	0.275	1.059
印度尼西亚	国家贫民窟改造升级项目	城建	世界银行	2.165	17.43
缅甸	敏建天然气电厂项目	能源	国际金融公司	0.2	3.04
阿塞拜疆	跨安纳托利亚天然气管道项目	能源	世界银行	6	86
阿曼	杜康港口商业码头与作业区发展项目	交通	—	2.62	3.533
	铁路系统发展项目	交通	—	0.36	0.6

三、"丝路基金"如何运作

(一)"丝路基金"的提出

2014年11月4日,在中央财经领导小组第八次会议研究"一带一路"规划时,习近平指出,设立"丝路基金"是要利用我国资金实力直接支持"一带一路"建设。

2014年11月8日,在北京举行的"加强互联互通伙伴关系"东道主伙伴对话会上,习近平宣布,中国将出资400亿美元成立"丝路基金",为"一带一路"沿线国家基础设施、资源开发、产业合作和金融合作等与互联互通有关的项目提供投融资支持。[①] 中国设立"丝路基金"的初衷,就是以建设融资平台为抓手,打破亚洲互联互通的瓶颈。亚洲各国多是发展中国家,普遍缺乏建设资金,关键是盘活存量、用好增量,将宝贵资金用在"刀刃"上。

2014年12月29日,"丝路基金"有限责任公司在北京注册成立,注册资本为6152500万元,即100亿美元,由国家外汇管理局、中国投资有限责任公司、中国进出口银行和国家开发银行共同出资。"丝路基金"秉持"开放包容、互利共赢"的理念,致力于为"一带一路"框架内的经贸合作和互联互通提供融资支持,与境内外企业、金融机构一道,促进中国与"一带一路"沿线国家和地区实现共同发展、共同繁荣。

在股权结构上,"丝路基金"的资金总规模为400亿美元,实际注入资金分批到位。首期资金100亿美元为注册资本。其中,外

---

① 习近平. 联通引领发展 伙伴聚焦合作——在"加强互联互通伙伴关系"东道主对话会上的讲话. 新华网,2014-11-08.

汇储备(通过梧桐树投资平台有限责任公司)、中国投资有限责任公司(通过赛里斯投资有限责任公司)、中国进出口银行和国家开发银行(通过国开金融有限责任公司)分别出资65亿美元、15亿美元、15亿美元和5亿美元。

(二)"丝路基金"的功能定位

"丝路基金"定位于中长期的开发投资基金,通过以股权投资为主的多种投融资方式,重点围绕"一带一路"建设,投资于基础设施、资源开发、产业合作、金融合作等领域,优先投向"一带一路"重大项目储备库的项目,确保中长期财务可持续和合理的投资回报,维护好股东的权益。经营范围包括进行股权、债权、基金、贷款等投资,可与国际开发机构、金融机构等发起设立共同投资基金,也可进行资产受托管理、对外委托投资,以及国务院批准的其他业务。

"丝路基金"与同期成立的亚投行的不同之处在于:亚投行是政府间的亚洲区域多边开发机构,在其框架下,各成员都要出资,且以贷款业务为主,其主要专注于亚洲基础设施建设,促进区域互联互通和经济合作。而"丝路基金"支持的"一带一路"建设则涵盖政策沟通、设施联通、贸易畅通、资金融通、民心相通,由于其类似PE(私募基金)的属性,主要针对有资金且想投资的主体加入,且股权投资可能占更大比重。

(三)"丝路基金"的运作

"丝路基金"依据《中华人民共和国公司法》设立,在运作上,坚持市场化、国际化、专业化原则,投资于有效益的项目,在"一带一路"发展进程中寻找投资机会并提供相应的投融资服务,以促进"一带一路"沿线国家和地区的互联互通和经贸合作。

"丝路基金"设立董事会、监事会和管理层，按市场化运作方式，引入各类专业人才，致力于建立科学规范、运转高效的公司治理结构。

资金主要投向"一带一路"沿线国家的基础设施建设、能源、钢铁、电力、通信等相关行业领域。"丝路基金"首期规模为100亿美元。"丝路基金"将通过以中长期股权为主的多种投融资方式，投资于基础设施、能源开发、产业合作和金融合作，尤其要重点支持国内高端技术和优质产能的"走出去"。"丝路基金"的优势在于可以提供中长期的股权投资，主要通过股权、债权以及贷款相配合的多元化的投融资方式，为一些可以在中长期实现稳定的合理回报的项目提供更多融资的选择。

在对外投资运作中，"丝路基金"将借力中国企业的人才、行业和技术优势和海外投资经验，实现风险管控。同时，帮助企业提高融资能力，加强企业对项目的经营管控能力，支持企业更好、更高质量地"走出去"。

"丝路基金"一方面加强战略规划和布局研究，建立完善投资决策程序和业务规范；另一方面积极拓展业务联系，主动走访和联系有关部门和企业，加强项目评估和遴选，已确定一批重点跟踪项目和若干潜在可"落地"的投资项目。

作为中长期的开发投资基金，"丝路基金"的运用将遵循四项原则：

一是对接原则。"丝路基金"的投资首先要与各国的发展战略和规划相衔接。在"一带一路"发展进程中寻找投资机会。"一带一路"没有严格的地域界限，只要有互联互通的需要，"丝路基金"都可以参与相关的项目。具体来说，"丝路基金"将通过以中长期股权为主的多种投融资方式，投资于基础设施、能源开发、产业合作和金融合作。这些领域尤其要重点支持国内高端技术和优质产能"走出去",促进中国与"一带一路"沿线国家和地区实现共同发展、共同繁荣。

二是效益原则。"丝路基金"的资金分别来自不同的股东,包括外汇储备、中投公司、进出口银行和国开行,这些资金都是有相对应的人民币负债的,所以"丝路基金"不是援助性或者捐助性的资金,在运作上必须坚持市场化的原则,投资于有效益的项目,实现中长期合理的投资回报,维护好股东权益。

三是合作原则。"丝路基金"是按照公司法设立的中长期开发投资基金,不是多边开发机构。"丝路基金"一定要遵守中国和投资所在国的法律法规,维护国际通行的市场规则和国际金融秩序,注重绿色环保和可持续发展。"丝路基金"的优势在于可以提供中长期的股权投资,要与国内外其他的金融机构发挥相互配合和补充的作用,通过股权、债权以及贷款相配合的多元化的投融资方式,为一些可以在中长期实现稳定的合理回报的项目提供更多的融资选择。

四是开放原则。"丝路基金"是开放的,在运作一段时间之后,欢迎有共同志向的投资者能够进入"丝路基金"来,或者在子基金的层面上开展合作。"丝路基金"也愿意与国际和区域的多边金融机构,包括亚洲基础设施投资银行以及国开行、进出口银行、各个商业银行等金融机构,还有"中非基金"这样已经成立的基金开展投融资的项目合作。通过合作,各个机构可以更加有效地发挥优势互补的作用,共同为地区和全球的发展繁荣做出贡献。

2015年4月,"丝路基金"签下"首单",投资中巴经济走廊优先实施项目之一——卡洛特水电站。

"丝路基金"投资的部分项目见表5-2。

表5-2   "丝路基金"投资的部分项目

国家/地区	项目名称	行业	投资伙伴	投资方式
巴基斯坦	卡洛特水电站项目	能源	三峡集团、巴基斯坦私营电力和基础设施委员会	股权+债权
俄罗斯	亚马尔液化天然气一体化项目	能源	俄罗斯诺瓦泰克公司	9.9%股权并提供专项贷款
迪拜	哈翔清洁燃煤电站项目	能源	哈电集团	股权+债权
哈萨克斯坦	设立中哈产能合作基金	金融	—	金融合作
意大利	意大利倍耐力公司	制造业	中国化工	并购
法国	中法 FC Value Trail 基金	金融	—	金融合作
东南亚地区	加入亚洲新兴市场基金	金融	—	金融合作
阿联酋/埃及	阿联酋及埃及电站项目	能源	沙特国家电力和水务公司	股权+债权

四、为什么要设立金砖国家新开发银行与上合组织开发银行

(一)金砖国家新开发银行

"金砖国家"(BRICS)特指当前世界上几个新兴市场经济国家。原为"金砖四国"(BRICs),即巴西(Brazil)、俄罗斯(Russia)、印度(India)和中国(China)。2010 年,南非(South Africa)加入后,改称为"金砖国家"(BRICS)。

作为世界上主要的新兴市场经济国家,金砖五国拥有世界领土面积的 26%,世界人口的 42%,世界 GDP 总量的 23%,世界贸易额的 15%,对世界经济增长的贡献超过 50%。2000~2010 年,金砖国家的整体平均经济增长率超过 8%,远高于发达国家经济的平均增长率(约 2.6%)和全球经济的平均增长率(约 4.1%)。

随着经济的快速增长，金砖国家的国际影响力与日俱增。

1. 金砖国家新开发银行成立背景与经过。金融危机以来，美国金融政策变动导致国际金融市场资金的波动，对新兴市场国家的币值稳定造成很大影响。金砖国家为避免在下一轮金融危机中受到货币不稳定的影响，计划构筑一个共同的金融安全网。一旦出现货币不稳定，可以借助这个资金池兑换一部分外汇来应急。

2012年，在新德里举行的金砖国家领导人第四次会晤期间，巴西、俄罗斯、印度、中国和南非五国探讨建立金砖国家间的金融合作机制，决定建立一个新的开发银行，为金砖国家和其他发展中国家基础设施建设和可持续发展项目筹集资金，并作为对现有多边和区域金融机构促进全球经济增长和发展的补充。随后在2013年金砖国家领导人第五次会晤期间，宣布了关于成立金砖国家开发银行的决定，目的是简化金砖国家间的相互结算与贷款业务，从而减少对美元和欧元的依赖，有效保障成员间的资金流通和贸易往来。2014年，在巴西福塔莱萨举行的金砖国家领导人第六次会晤期间，巴西、俄罗斯、印度、中国、南非领导人签署协议，宣布成立金砖国家新开发银行（简称新开发银行）。会议发表了《福塔莱萨宣言》，宣布金砖国家新开发银行法定资本为1000亿美元，初始认缴资本为500亿美元，由中国、俄罗斯、巴西、印度、南非五个国家平均分配，每个国家认缴100亿美元。其中最初7年内将共计出资100亿美元现金，另外400亿美元以担保抵押形式出资。

新开发银行2014年7月16日正式成立，并于2015年7月21日正式开业，总部设在中国上海。

2. 金砖国家新开发银行的业务运作。新开发银行可以在任何借款成员参与公共或私人项目，通过担保、贷款或其他金融工具提供支持，并可开展股权投资、承销证券发行，或为在借款成员领土上开展项目的工商业、农业或服务企业进入国际资本市场提供协助。新开发银行可以在其职责范围内与国际金融机构、商业银行或其他合适的实体合作，为项目提供联合融资、担保或联合担保，新开发银行可以为本银行支持的基础设施建设和可持续发展项目的准备和实施提供技术援助。

3. 金砖国家新开发银行成立的意义。金砖国家开发银行主要资助金砖国家以及其他新兴经济体和发展中国家的基础设施建设和可持续发展项目，对金砖国家具有非常重要的战略意义。巴西、南非、俄罗斯、印度的基础设施缺口很大，在国家财政力所不逮时，需要共同的资金合作。金砖国家开发银行不只面向五个金砖国家，而是面向全部发展中国家，但作为金砖成员，可能会获得优先贷款权。

金砖国家开发银行建设，可以使金砖国家改变长期以来将外汇储备主要投资于低收益的美国国债的模式，将宝贵的资产用于自身的发展，或者从资金富余国家转向对资金需求量较大的国家，从而大大提高资金的运用效率和收益率。

英国《金融时报》评论，金砖国家开发银行把金砖国家的合作和重要性提升到一个不同的水平。这家银行不仅将对新兴经济体发挥迫切需求的融资协助作用，同样将提供一个可供选择的发展愿景。

（二）上合组织开发银行

上海合作组织自 2001 年成立以来，确立了涉及政治、经济、文化、安全等各个领域的全面友好合作关系。目前，上海合作组织在多极化世界中已占据重要一席。其人口约 15.816 亿人（占世界总人口的 24%）。若加上观察员国（伊朗、印度、蒙古国、巴基斯坦）的人口 13.479 亿人，上合组织涉及的实际人口可能达

28.029 亿人（占世界总人口的 42.5%）。

为了扩大融资渠道，加强项目融资力度，上合组织成员国在 2005 年成立了由各国指定的开发性或商业性银行组成的、根据市场原则对上合组织通过的区域合作项目组织银团贷款的"上海合作组织银行联合体"，并于 2006 年 6 月签订《银联体成员关于支持区域经济合作的行动纲要》。此外，上合组织还积极与一些国际组织和国际金融机构合作，如亚洲开发银行和联合国开发计划署等，利用其丰富的经验、资金和技术优势，为深化区域经济合作创造有利条件。

成立上合组织开发银行是中国在 2010 年提出建议的，旨在深化上合组织成员国间的财金合作，特别是解决成员国间的融资问题。2010 年 11 月，时任国务院总理温家宝在杜尚别出席上海合作组织成员国第九次总理会议。他就加强上合组织务实合作提出建议，其中提出深化财金合作，推动银联体框架内的合作，拓宽商业融资渠道；并研究成立上海合作组织开发银行，探讨共同出资、共同受益的新方式；扩大本币结算合作，促进区域经贸往来。

在 2013 年 11 月 1 日的上合组织成员首脑会议上，上合组织成员通过特别声明，强调上合框架内建立开发银行和专门账户将有很重要的意义。

推进建立上海合作组织开发银行，扩大本币结算合作，将有力地推动各成员金融、经济关系的进一步发展。从长远看，是为合作组织内部形成自由贸易区的框架打下坚实的基础。而自由贸易区的组建，必然极大地促进各成员互惠互利的发展，为世界经济新的增长极的产生创造条件，进而改变世界经济格局。

五、"一带一路"如何推动人民币国际化

(一) 人民币国际化的含义及意义

随着我国经济规模的不断扩大、进出口贸易的高速增长，我国在国际贸易中的地位发生了显著变化，对世界经济的影响力与日俱增。2009 年，我国超越德国成为世界第一大出口国；2010 年，我国 GDP 以 58786 亿美元超越日本，成为世界第二大经济体；2013 年，我国以进出口货物贸易总额 41603.3 亿美元超越美国，成为世界第一大货物贸易国。伴随着中国经济的快速发展，传统国际结算及国际投资中采用美元、欧元、日元等主要世界货币已不能满足进一步对外开放的需要。在此情况下，实现人民币国际化也进一步提上日程。

货币国际化是指货币跨越国界在境外流通，成为国际上普遍认可的计价、结算及储备货币的过程。货币国际化可以分为三个层次：第一层次是本币在一般国际经济交易中被广泛地用来计价结算；第二层次是本币在外汇市场上被广泛用作交易货币；第三层次是成为各国外汇储备中的主要货币之一。一国货币实现国际化不仅反映了一国总体政治经济实力，同时也反映了一国在国际金融体系中的话语权及影响力。

人民币国际化是指人民币能够跨越国界，在境外流通，成为国际上普遍认可的计价、结算及储备货币的过程。例如，我国企业进口支付人民币、外国企业在香港购买人民币计价的债券、国外的央行利用其持有的人民币外汇进入我国银行间外汇市场投资等。从货币充当计价单位、交易媒介和价值贮藏功能的角度看，一种货币成为国际货币，不仅要能够被各国央行作为官方储备、作为外汇市场干预的载体，而且要被广泛地用于为私人提供货币

替代、投资计价以及贸易和投资交易等。

2009 年 4 月，国务院决定在上海、广州、深圳、珠海、东莞等城市开展与港澳、东盟地区的跨境贸易人民币结算试点，"跨境人民币"业务正式拉开帷幕。2009 年 7 月 1 日，中国人民银行联合财政部、商务部、海关总署、税务总局及银监会颁布《跨境贸易人民币结算试点管理办法》。

2011 年 1 月和 11 月，中国人民银行先后印发《境外直接投资人民币结算试点管理办法》和《外商直接投资人民币结算业务管理办法》。

2015 年 12 月，国际货币基金组织（IMF）正式批准人民币加入 SDR，这是人民币国际化进程加快的重要里程碑。

（二）"一带一路"倡议对人民币国际化的推动作用

"一带一路"倡议的实施，成为人民币"走出去"及最终实现国际化进程中的催化剂。从加大基础设施建设，到实行贸易投资便利化，乃至成立"丝路基金"、亚洲基础设施投资银行等金融平台，都有助于消除人民币在"走出去"过程中遇到的诸多障碍。"一带一路"倡议对人民币国际化的促进作用，主要体现在以下几个方面：

1. 基础设施建设将引领人民币进一步"走出去"。随着"一带一路"倡议的实施，基础设施建设需要巨大的资金，同时建设周期长，因此，以中国为主导提供的相应建设资金可以将人民币作为流通货币，将人民币的使用扩大到哈萨克斯坦、土库曼斯坦、吉尔吉斯斯坦等国家，并使人民币的使用常态化，加强人民币的区域化进程，有利于未来人民币的进一步国际化。

2. 贸易畅通将加深人民币国际化进程。"一带一路"倡议的提出，通过区域经济合作的深入，改变中国外贸受传统欧美市场束缚的困境，在"一带一路"区域范围内扩大市场规模，实现贸易畅通。更为重要的是，沿线国家与我国经济有着极强的互补性，可以提供丰富、廉价的石油、天然气资源，并解决我国外部市场需求不足的局面，实现合作共赢。贸易规模的扩大可以使人民币结算降低交易成本，提高交易效率，推进人民币的区域化进程，发挥人民币在区域贸易中的主导作用。

3. 资金融通平台建设将保障人民币国际化进程。金融是经济发展的血脉，通过类似毛细血管的作用实现资本的输出及资源的合理配置。配合"一带一路"倡议，中国出资建立"丝路基金"及倡导建立亚洲基础设施投资银行，为"一带一路"沿线国家基础设施建设、资源开发、产业合作等项目提供资金支持。专项基金的设立及各国之间金融合作的深入会使人民币的国际化流通进一步加大；同时，通过离岸金融中心的建设以及人民币合格境外投资机构的设立，借助金融创新，将会更进一步增强人民币的国际影响力，为将来人民币国际化提供保障机制。

4. 人文交流纽带的加强将巩固人民币在周边国家的地位。区际贸易及国际贸易包含的是有形的商品及无形的服务，但更重要的是国家之间、民族之间的跨文化沟通、理解和包容。"一带一路"倡议下，我国承诺未来5年将向周边国家提供两万个互联互通领域培训名额，此举将加强其他国家人民对中国的政治、经济、文化、教育等各个领域的了解。同时，随着中国综合国力的增强及人民群众生活水平的提高，中国旅游贸易已呈现逆差态势。发展中国旅游事业；开展中国境外旅游，以及各种涉外交往，都会使得中国和各国人民的人心更加相通，从而各民族之间更加相融、互信，在人民币真正实现国际化之后，巩固人民币的国际化地位。

（三）"一带一路"倡议下人民币国际化的途径

人民币国际化的推进将以"一带一路"沿线国家为优先方向，

以贸易输出、资本输出为重点，以基础设施互联互通、贸易与投资为抓手，构建以人民币为核心的"一带一路"国际货币合作区。

1. 进一步扩大人民币在跨境贸易中的使用。鼓励境内市场主体在国际贸易中更多地使用人民币作为计价结算单位，降低货币错配和汇率风险，节省汇兑成本，提高资金使用效率，进一步扩大经常项目下人民币跨境收支在本外币跨境收支中的比重。鼓励沿线各国企业更多地使用人民币结算，这在国际贸易、能源资源、劳务合作、工程设备等方面有着巨大的市场。

扩大人民币跨境贸易结算试点范围，除了上海、广州、深圳、珠海、东莞五个城市外，将边境贸易较大的省份也纳入试点范围。

2. 为人民币计价结算提供清算平台，降低人民币结算的交易成本。中国将更加积极地构建人民币互换基金池，这样可以有效地防范全球外部风险。在人民币"一对多"的互换、清算系统中，筹建互换资金池，可以极大地扩大这个系统，从而推进清算功能的发展。要允许沿线国家的企业和个人在我国境内银行直接开立人民币账户，保障人民币回流国内的渠道畅通。

3. 扩大双边本币互换的范围与规模。货币互换可以减少国际贸易和投资的汇率风险，也有利于维护区域金融稳定，是许多国家金融合作的新模式。近年来，特别是美国次贷危机引发的全球金融危机波及越来越多的国家和地区的时候，各国中央银行之间的货币互换协议签署更加频繁，这种以货币互换为基础的金融合作正成为一种新趋势。

中国可以与"一带一路"沿线与中国有密切贸易联系的国家或地区签署双边本币互换协定，允许其在一定额度内将人民币兑换成美元、欧元等国际货币，从政策上奠定人民币边境结算的基础，扩大人民币使用范围，提高人民币的接受度。

4. 推进人民币离岸市场的建设。人民币跨境贸易结算必然会形成人民币境外循环，从而产生对人民币离岸金融市场的需求。目前，境外人民币基本上游离于银行体系之外，处于半地下的状态，不能有效解决人民币安全回流的问题。因此，有必要推进人民币离岸金融中心建设，汇集境外流动的人民币，同时提供高效的清算渠道，使境外人民币持有者解除在货币兑换、规避汇率风险与金融产品投资等方面的后顾之忧，使其更长久地、大规模地持有人民币。目前，中国香港的人民币业务已经具有一定规模，且香港具有良好的市场环境，可以发展成为人民币离岸中心。在上海国际金融中心建设过程中，离岸金融业务由于可以规避一些严格的管制而得到快速发展。另外，可以考虑在伦敦、法兰克福、新加坡等国际金融中心发展人民币离岸业务。

【知识链接】

人民币离岸业务

一般来说，各国的金融机构只能从事本国货币存贷款业务，但是"二战"之后，各国金融机构从事本国货币之外的其他外币的存贷款业务逐渐兴起，有些国家的金融机构因此成为世界各国外币存贷款中心。这种专门从事外币存贷款业务的金融活动称为离岸金融业务，由此而形成的金融市场称为离岸金融市场。

离岸金融市场是为非居民提供境外货币借贷或投资、贸易结算等金融服务的一种国际金融市场，亦称境外金融市场，其市场交易以非居民为主，基本不受所在国法规和税制限制，并可享受税收方面的优惠待遇，资金出入境自由。

人民币离岸业务是指在中国境外经营人民币的存放款业务，即境外银行吸收非居民（主要包括境外含港、澳、台地区）的个人、法人（含在境外注册的中资企业）、政府机构、国际组织）的人民币存款，为非居民提供人民币贷款等金融服务。交易双方均为非居民。

当前的跨境贸易人民币结算是在资本项下、人民币没有完全可兑换的情况下开展的，通过贸易流到境外的人民币不能够进入国内的资本市场。在这种情况下，发展人民币贸易结算，就需要解决流出境外的人民币的流通和交易问题，这就需要发展离岸人民币市场，使流到境外的人民币可以在境外的人民币离岸市场上进行交易；使持有人民币的境外企业可以在这个市场上融通资金、进行交易、获得收益。

5. 加快国内金融市场的开放和发展。人民币的国际化必然要求中国金融市场具有足够大的规模和均衡的结构。发达的金融市场，可以加强非居民持有人民币的意愿，进而促进人民币用作国际贸易结算货币。目前，境外人民币运作渠道少，是人民币跨境贸易结算面临的问题之一，因此需要逐步放开国内金融市场，向境外主体提供资金拆借、债券股票投资的机会。同时，加强国内金融市场创新，提供更加丰富的金融产品以满足越来越多境内外投资者的需求。

鼓励境内外机构和个人使用人民币进行跨境直接投融资，允许更多的境外人民币通过外商直接投资或人民币合格境外机构投资者（RQFII）的方式，投资境内的实体经济或证券市场；鼓励境内外银行为跨境项目提供人民币贷款，采用人民币进行对外投资和援助。

【案例】

英国成第二大人民币离岸结算中心

新华网北京 2016 年 4 月 28 日电环球银行间金融通信协会（SWIFT）数据显示，英国 3 月超越新加坡，成为全球第二大人民币离岸结算中心。

据总部设在比利时布鲁塞尔的 SWIFT 数据,英国境内人民币支付金额上月同比增加 21%。

英国《金融时报》28 日评论,这反映人民币在英国、中国内地和中国香港之间的支付中权重上升。这条支付走廊的全部支付货币中 40% 为人民币,其次是港币,占 24%。

英国中央银行英格兰银行数据显示,人民币在伦敦金融城交易最多的货币中排名第八,涉及 1.8% 的交易。伦敦是全球最大外汇交易中心,日均货币交易量相当于 2.15 万亿美元。

SWIFT 英国、爱尔兰和北欧分支负责人斯蒂芬·吉尔德戴尔说,这主要归功于中国建设银行英国分支的人民币结算业务稳步增长。

吉尔德戴尔说:"人民币离岸结算中心正推进人民币在全球贸易中发挥更大作用,而英国等国家正因此获益。"

英国汇丰银行欧洲区支付和现金管理部门负责人埃迪·诺顿认为,英国成为中国香港以外的全球最大人民币离岸结算中心,说明欧洲企业看重与中国的商业往来。

《金融时报》认为,随着德国法兰克福和法国巴黎拓展人民币业务,欧洲与中国之间的投资和贸易往来前景看上去更加光明。

据 SWIFT 数据,2016 年 3 月,全球人民币的支付总量占全球货币支付总量的 1.88%,使人民币保持全球第五大支付货币的位置。另外,人民币在国际货币体系中是第二大贸易融资货币,第七大储备货币。

资料来源:新华网,2016-04-28.

问题六　中国各地如何参与 "一带一路" 建设

【导入案例】　连云港 "一带一路" 倡议落地

2015 年 3 月 8 日，在全国两会江苏省代表团全体会议上，全国人大代表、连云港市委书记披露了连云港推进 "一带一路" 建设工作的四个重点。

此前据新华社报道，"一带一路" 规划将连云港确定为新亚欧大陆桥经济走廊节点城市。

第一个重点是提升出海口功能，把出海口的综合服务功能提升，包括航道的深水化、船舶的大型化、装卸的机械化和管理的信息化，从这四个方面提高港口的服务功能。

第二个重点是产业合作，打造中哈物流基地合作产业园，把它建设成上合组织的国际物流仓储基地，为 "一带一路" 倡议实施提供空间条件，这个规划正着手在做。连云港已经成立中哈物流公司，这是 "丝绸之路经济带" 的首个实体平台，物流园由哈萨克斯坦哈铁快运股份公司和江苏连云港港口集团共同组建。自 2014 年 7 月运行至年底，货物进出总量达到 70 万吨，营业收入 130 万元。

第三个重点是加大东西双向合作。连云港目前优势是向西合作，向东就是海上"丝绸之路"，"我们空间大"涉及和日韩合作，后期还有东南亚、欧洲、南美等。

第四个重点是加强体制机制创新，"目前我们还是复制上海经验，打造好'一带一路'倡议的承载载体。"后期争取把当地综合保税区成功建成类似于自贸区管理平台。

资料来源：环球财经，2015 – 03 – 08.

一、"一带一路"建设中各省区如何定位

（一）国家对各省份在"一带一路"中的定位

国家发展改革委、外交部、商务部联合发布《推动共建丝绸之路经济带和 21 世纪海上丝绸之路的愿景与行动》（以下简称《愿景与行动》），对各省区在"一带一路"规划中的定位予以明确。

其中，新疆被定位为"丝绸之路经济带"核心区，福建则被定位为"21 世纪海上丝绸之路"核心区。

按照《愿景与行动》，要发挥新疆独特的区位优势和向西开放重要窗口作用，深化与中亚、南亚、西亚等国家交流合作，形成"丝绸之路经济带"上重要的交通枢纽、商贸物流和文化科教中心，打造"丝绸之路经济带"核心区。同时，支持福建建设"21世纪海上丝绸之路"核心区。

除了新疆和福建外，《愿景与行动》对其他省区的定位，具体如下：

——广西的定位是"21 世纪海上丝绸之路"与"丝绸之路经济带"有机衔接的重要门户。《愿景与行动》提出，发挥广西与东盟国家陆海相邻的独特优势，加快北部湾经济区和珠江—西江经济带开放发展，构建面向东盟区域的国际通道，打造西南、中南

地区开放发展新的支点。

——云南的定位是面向南亚、东南亚的辐射中心。《愿景与行动》提出，发挥云南区位优势，推进与周边国家的国际运输通道建设，打造大湄公河次区域经济合作新高地。

——对沿海地区的定位是"一带一路"特别是"21世纪海上丝绸之路"建设的排头兵和主力军。《愿景与行动》提出，加强上海、天津、宁波—舟山、广州、深圳、湛江、汕头、青岛、烟台、大连、福州、厦门、泉州、海口、三亚等沿海城市港口建设，强化上海、广州等国际枢纽机场功能。以扩大开放倒逼深层次改革，创新开放型经济体制机制，加大科技创新力度，形成参与和引领国际合作竞争新优势。

——对陕西、甘肃、宁夏、青海四地的定位是形成面向中亚、南亚、西亚国家的通道、商贸物流枢纽、重要产业和人文交流基地。《愿景与行动》提出，发挥陕西、甘肃综合经济文化和宁夏、青海民族人文优势，打造西安内陆型改革开放新高地，加快兰州、西宁开发开放，推进宁夏内陆开放型经济试验区建设。

——对内蒙古、黑龙江、吉林、辽宁、北京的定位是建设向北开放的重要窗口。《愿景与行动》提出，发挥内蒙古联通俄蒙的区位优势，完善黑龙江对俄铁路通道和区域铁路网，以及黑龙江、吉林、辽宁与俄远东地区陆海联运合作，推进构建北京—莫斯科欧亚高速运输走廊。

——对内陆地区，《愿景与行动》提出，依托长江中游城市群、成渝城市群、中原城市群、呼包鄂榆城市群、哈长城市群等重点区域，推动区域互动合作和产业集聚发展。打造重庆西部开发开放重要支撑和成都、郑州、武汉、长沙、南昌、合肥等内陆开放型经济高地。建立中欧通道铁路运输、口岸通关协调机制，打造"中欧班列"品牌，建设沟通境内外、连接东中西的运输通道。支持郑州、西安等内陆城市建设航空港、国际陆港，加强内陆口岸与沿海、沿边口岸通关合作，开展跨境贸易电子商务服务试点。

除了上述这些定位明确的省份外，《愿景与行动》对于其他区域的功能定位也有表述。

例如，推进西藏与尼泊尔等国家边境贸易和旅游文化合作。加快推动长江中上游地区和俄罗斯伏尔加河沿岸联邦区的合作。充分发挥深圳前海、广州南沙、珠海横琴、福建平潭等开放合作区作用，深化与港澳台合作，打造粤港澳大湾区。推进浙江海洋经济发展示范区、福建海峡蓝色经济试验区和舟山群岛新区建设，加大海南国际旅游岛开发开放力度。

对港澳台，《愿景与行动》提出，发挥海外侨胞以及香港、澳门特别行政区独特优势作用，积极参与和助力"一带一路"建设。为台湾地区参与"一带一路"建设做出妥善安排。

（二）国内各省区比较优势与对接策略

国家发改委等三部委的《愿景与行动》出台后，国内各省（区、市）按照国家"一带一路"建设的总体蓝图，充分发挥自身区位和要素禀赋优势，抓住"一带一路"建设的机遇，提出了对接"一带一路"的建设方向和具体举措。

1. 西北、东北地区。充分发挥地处"丝绸之路经济带"核心地带的区位优势，深化与中亚、西亚及东北亚国家的交流合作，形成"丝绸之路经济带"上的重要交通枢纽、商贸物流中心和人文交流中心；完善面向中亚、东北亚的铁路通道及区域铁路网，深化陆海联运合作，建设我国向西、向北开放的重要窗口。新疆——与蒙古国、俄罗斯、哈萨克斯坦、吉尔吉斯斯坦、塔吉克斯坦、阿富汗、巴勒斯坦、印度8个国家接壤，拥有5600多公里长的边境线，是我国连接中亚、南亚、西亚，乃至欧洲的通道，是中国向西开放的窗口。依托地缘优势，深化与周边国家和地区的交流合作，形成"丝绸之路经济带"上重要的交通枢纽中心、商贸物流中心、金融中心、科技文化中心和医疗服务中心，成为"丝绸之路经济带"上的核心区。推动建立面向中亚的自由贸易园区，打造国家向西开放的桥头堡；积极参与中巴经济走廊、中蒙俄经济走廊建设。加快喀什、霍尔果斯经济开发区和综合保税区、中哈霍尔果斯边境经济合作中心建设。

青海——是历史上西域伊斯兰文化、藏传佛教文化、道教文化和儒家文化的交汇点，也是中国的重要资源富集区和生态安全屏障。青海要利用优越的区位优势、丰富的矿产资源、完善的交通网络、多元包容的文化根基、重要的生态屏障作用，加快融入中巴、孟中印缅等经济走廊，将青海建成向西开放的战略通道、商贸物流枢纽、重要产业和人文交流基地。

甘肃——建设"丝绸之路经济带"甘肃黄金段，构建兰州新区、敦煌国际文化旅游名城和"中国丝绸之路博览会"三大平台。重点推进道路互联互通、经贸技术交流、产业对接合作、经济新增长极、人文交流合作、战略平台建设六大工程。

陕西——加快建设"丝绸之路经济带"新起点，加强与中亚国家和澳大利亚等国在资源勘探、开发领域的合作；积极申报建设"丝绸之路经济带"自由贸易区，建设国家航空城实验区；加快西安咸阳新区建设。将西安建设成金融商贸物流中心、机械制造业中心、能源储运交易中心、文化旅游中心、科技研发中心、高端人才培养中心，打造内陆型改革开放新高地。

宁夏——以内陆开放型经济试验区为平台，形成面向中亚、南亚、西亚国家的通道、商贸物流枢纽、重要产业和人文交流基地。用好用足中阿博览会"金字品牌"，打造中阿"网上丝绸之路"经济合作试验区暨宁夏枢纽，发挥中阿博览会的平台作用，推进中阿贸易自由、能源合作等方面的合作，发挥宁夏在中国—中亚—西亚经济走廊的主要节点作用。建设一批铁路公路项目，把银川河东国际机场打造成面向阿拉伯国家的门户机场，加快建设陆上、网上、空中丝绸之路。

内蒙古——横跨中国东北、华北、西北，内与8省区市相邻，外与蒙古国、俄罗斯相邻，共有4221公里的边境线。现有16个国家级对外开放口岸，其中13个陆路口岸、3个航空口岸。内蒙古应发挥联通俄蒙的区位优势，建设我国向北开放桥头堡。加快满洲里、二连浩特国家重点开发开放实验区和呼伦贝尔中俄蒙合作先导区建设，办好中蒙博览会，推进与俄蒙基础设施的互联互通。

黑龙江——能源资源丰富，在石油和天然气开采、石油加工、炼焦和核燃料加工、煤炭开采和洗选等资源依赖型产业及食品加工制造业上具有较强竞争力。黑龙江应发挥地缘优势，加强对俄全方位交流合作，同俄罗斯远东地区开展对接，积极参与中蒙俄经济走廊建设。提高"哈欧班列""哈俄班列"和中俄韩"哈绥符釜"陆海联运效率和效益，借助俄远东港口，开展陆海联运。加大铁路、公路、口岸等互联互通及电子口岸建设力度，推动跨境通关、港口和运输便利化，建成国际多式联运海关监管中心。打造面向俄罗斯及东北亚的区域金融服务中心。

吉林——由于与俄罗斯、朝鲜接壤的地理位置，被看作是东北融入"一带一路"、缩短与欧美货运距离的重要节点。深入实施长吉图开发开放先导区战略，加强与东北亚各国的经贸合作，打造若干国际产业合作园区、跨境经济合作区和境外产业园区；建设国家"一带一路"向北开放的枢纽。积极推进中蒙俄区域合作中的基础设施建设，包括加快珲春至俄罗斯符拉迪沃斯托克（海参崴）高等级陆路通道、珲春扎鲁比诺港海陆联运通道建设，加快通丹陆港建设，打通南部出海口。

辽宁——是中国老工业基地，在原材料开采和金属制造工业部门，特别是重型装备制造等产业具有竞争优势。整合省内优势产能资源，促进国际产能和装备制造合作。辽宁将加快推进以大连、营口、丹东、锦州、盘锦和葫芦岛港为重要节点，以跨境物流为引领的中蒙俄经济走廊建设，构建欧亚大陆桥重要出海口，打造"辽满欧""辽蒙欧""辽海欧"三条运输通道，带动产品出口，鼓励企业开展境外投资，承揽国际工程。打造面向东北亚区域开放合作战略高地。加快沿边重点开发开放试验区和边境经济合作区建设。

2. 西南地区。发挥与东盟国家陆海相邻的独特优势，构建面向东盟区域的国际通道，打造西南、中南地区开放发展新的支点，形成"21世纪海上丝绸之路"与"丝绸之路经济带"有机衔接的重要门户，建设成为面向东南亚、南亚的辐射中心。

重庆——着力建设长江经济带西部中心枢纽、内陆开放高地、新兴产业高地、国家中心城市，打造连接"一带一路"和长江经济带的支点。建设长江经济带综合立体交通走廊，推进长江中上游地区和俄罗斯伏尔加河沿岸联邦区——"两河流域"的合作。同时，完善"中欧（重庆）班列"综合功能，增加"渝新欧"开行班次和集装箱运量，加大对"渝新欧"沿线、长江经济带沿线地区的物流辐射，畅通连接东盟国家的物流大通道，加快建设国际航空枢纽，建设内陆国际物流枢纽和口岸高地。

四川——打造"一带一路"倡议的重要交通枢纽和经济腹地，加快构建综合立体交通走廊，加快建设现代交通和物流体系；创新推动高水平开放合作，大力支持企业"走出去"，加快中德、中法、中韩、中意、新川等境外园区建设。支持"中欧班列"（蓉欧快铁）加快发展。

云南——从区位看，云南北上连接"丝绸之路经济带"，南下连接"海上丝绸之路"，是"丝绸之路经济带"和"海上丝绸之路"的重要结合点，可以同时从陆上和海上沟通东南亚、南亚，并通过中东连接欧洲、非洲。一方面，云南可以借助桥头堡建设的良好政策沟通，加快连接周边国家的综合交通、电力、信息和仓储物流等基础设施建设，做好与周边国家互联互通，发挥重要门户作用。另一方面，云南可以在"一带一路"建设中发挥区域合作高地作用，打造大湄公河次区域合作升级版，加快推进滇中新区、瑞丽、勐腊（磨憨）等重点开发开放试验区、边境经济合作区、综合保税区建设，建设成为面向南亚、东南亚的辐射中心。云南将沿边金融改革试验区作为"丝绸之路经济带"发展的重点之一，吸引东南亚及南亚国家的银行、证券等金融机构入驻云南，全面提升跨境金融服务。

广西——是"21世纪海上丝绸之路"与"丝绸之路经济带"有机衔接的重要门户。特别是地处华南经济圈、西南经济圈与东盟经济圈结合部的北部湾港，作为我国西部唯一沿海地区，北部湾是西南地区出海口最便捷的通道，也是我国大陆通往东南亚、非洲、欧洲和大洋洲航程最短的港口。

广西应发挥广西与东盟国家陆海相邻的独特优势，加快北部湾经济区和珠江—西江经济带开放发展，构建面向东盟区域的国际通道，打造西南、中南地区开放发展新的支点。广西着力抓好基础设施、产业升级、港口物流等重大项目，形成以南宁为中心的高铁骨干网络，基本形成"北通、南达、东进、西联"的现代化路网格局，升级发展北部湾经济区，主要围绕北部湾做文章，加快申请设立北部湾自由贸易试验区。

贵州——通过开通"黔深欧"国际海铁联运班列、"黔渝新欧"货运班列，打通与"一带一路"国家的便捷物流大通道；通过建设贵安新区、贵阳综合保税区、双龙临空经济区以及各类开发区，打造一批高水平的对外开放平台；依托资源、能源优势，承接产业转移，大力发展新兴产业。加强与东盟的交流合作，借助"21世纪海上丝绸之路"提高对外开放水平，争取开通专列。

西藏——与印度、尼泊尔、缅甸、不丹等南亚国家接壤，毗邻新疆、青海、四川、云南等"一带一路"省份，是联系内外的重要枢纽。西藏是我国面向南亚的枢纽和开放门户，是国家确定的沿边地区开放开发重点区域和面向南亚开放的重要通道，也是孟中印缅经济走廊的重要门户。为了对接"一带一路"，西藏提出了围绕打造面向南亚的大通道，对接印中孟缅经济走廊，推动环喜马拉雅经济合作带建设，推进中尼跨境经济合作区建设。在拉萨、日喀则设立了综合保税区（保税物流园区），并完善外贸特殊优惠政策，提升了贸易便利化水平。

南亚大通道是由通道、口岸、城市和产业有机集成的西藏全面开放战略体系，依托西藏与尼泊尔、印度、缅甸、不丹等周边国家密切往来的城市和口岸，连接内地经济区，形成经济交流大通道。目前，西藏自治区正加快建设南亚大通道，区内五个口岸将作为其经济发展转型、发展国际贸易，加快建设南亚大通道的突破点，逐步将西藏打造成为中国陆路通往南亚国家的贸易和物流中心。

环喜马拉雅经济合作带构想是以西藏作为中国对南亚国家开放的桥头堡，以樟木、吉隆、普兰、亚东等口岸为窗口，以拉萨、日喀则等城市和内地援藏省市为腹地支撑，推进中国与尼泊尔、印度、不丹、斯里兰卡等南亚国家的经贸、物流、投融资等合作与发展。

3. 东部地区。充分发挥开放程度高、经济实力强、辐射带动作用大的优势，以扩大开放倒逼深层次改革，创新开放型经济体制机制，加大科技创新力度，形成参与和引领国际合作与竞争的新优势，成为"一带一路"特别是"21世纪海上丝绸之路"建设的主力军。

北京——立足国际交往中心地位，服务国家对外交往大局，主动融入国家"一带一路"倡议，深化对外交流与合作。推进天竺综合保税区、平谷国际陆港建设发展，支持"双自主"企业扩大出口，促进跨境电子商务发展。扩大服务业开放，大力发展服务外包。

天津——作为我国北方的重要港口，天津港具有区位、产业、服务、政策等要素的综合优势。天津港的经济腹地以北京、华北、西北等地区为主，交通处于京津冀经济圈和环渤海经济圈的交汇点，占据海运、铁路和空运的枢纽地位。随着"一带一路"倡议的实施，天津作为亚欧大陆桥东部起点、中蒙俄经济走廊主要节点和海上合作战略支点，桥头堡作用更加凸显。在"一带一路"建设中，天津将在打造我国北方国际物流新平台、服务京津冀协同发展和"一带一路"国家倡议、发展实体经济、壮大融资租赁业等方面实现更大突破。积极培育新型外贸业态，扩大国际友好城市交往，进一步提升开放型经济和城市国际化水平。

河北——借力国家"一带一路"建设，构建北京—莫斯科欧亚高速运输走廊，建设向北开放的重要窗口。以交通基础设施建设和贸易投资便利化为重点，通过产业、城市、港口联动开发，构筑"一带一路"重要支点，为培育京津冀新经济增长极提供有力支撑。发挥比较优势，推动光伏、钢铁、水泥、玻璃等优势产业"走出去"。

山东——建设"一带一路"海上支点和新亚欧大陆桥经济走廊的重要沿线地区。推动8条铁路及15条公路等重大基础设施与周边省市区互联互通，深化东亚海洋合作平台与中韩地方经济合作建设，争取青岛获准开展自贸区试点。

江苏——着力建设新亚欧大陆桥经济走廊重要组成部分、综合交通枢纽和国际商贸物流中心、产业合作创新区、人文交流深度融合区。推进建设宁波—舟山港一体化、"义新欧"中欧班列、中哈（连云港）物流合作基地等"一带一路"互联互通合作项目。要放大向东开放优势，做好向西开放文章，拓展对内对外开放新空间，形成陆海统筹、东西互济、面向全球的全方位开放新格局。

上海——积极落实"一带一路"倡议，构建服务国家"一带一路"建设、推动市场主体"走出去"的桥头堡。拓展全球投资贸易网络，巩固传统市场优势，大力拓展新兴市场。支持优势领域企业加快"走出去"步伐，培育和壮大市场主体。创新经贸投资合作、产业核心技术研发、国际化融资模式，搭建开放合作新平台，增强金融服务功能，探索具有国际竞争力的离岸税制安排，建设服务"一带一路"的市场要素资源配置功能枢纽。国际航运中心建设在主动对接"一带一路"，国际金融中心建设要融入"一带一路"，自贸试验区建设要服务于"一带一路"。

浙江——处于长江黄金水道和南北海运大通道交汇处，向东与"海上丝绸之路"沿线国家和地区互联互通，向西通过长江经济带连接"丝绸之路经济带"，辐射中西部，是"一带一路"的重要节点、大宗国际货物中转地和集散地。宁波—舟山港的货物吞吐量已连续8年蝉联全球第一，2016年集装箱吞吐量居全球第四位。打造推动"一带一路"建设的经贸合作先行区、"网上丝绸之路"试验区、贸易物流枢纽区，推进宁波—舟山港一体化，积极推进全省沿海港口、义乌国际陆港的整合与建设，要加强江海联运、海陆联运体系和远洋船队建设。

福建——地处我国东南沿海地区，是连接台湾海峡的重要通道、太平洋西岸航线的南北通衢的必经之地，又是"海上丝绸之路"的主要发祥地和"陆上丝绸之路"的重要节点，对推进"一带一路"建设具有重要作用。福建是"21世纪海上丝绸之路"互联互通建设的重要枢纽、经贸合作的前沿平台、体制机制创新的先行区域和人文交流的重要纽带。福建省"21世纪海上丝绸之路"核心区建设重点方向是打造从福建沿海港口南下，过南海，经马六甲海峡向西至印度洋，延伸至欧洲的西线合作走廊；从福建沿海港口南下，过南海，经印度尼西亚抵达南太平洋的南线合作走廊；同时，结合福建与东北亚传统合作伙伴的合作基础，积极打造从福建沿海港口北上，经韩国、日本，延伸至俄罗斯远东和北美地区的北线合作走廊。为此，应加快推进铁路、高速公路、港口、机场等基础设施互联互通建设，重点建设合福、赣龙扩能、衢宁、浦建龙梅和福厦高铁等快速铁路。加快中国（福建）自由贸易试验区建设，设立"中国—东盟海洋合作中心"，筹划建立"中国—东盟海产品交易所"印度尼西亚、泰国分中心。

广东——打造"21世纪海上丝绸之路"的桥头堡。加快西江、北江黄金水道扩能升级，推进江海联运，建立海上港口联盟；以广州、深圳、珠海、汕头、湛江五大港口为枢纽，加快推进海上通道互联互通，组建"海上丝绸之路"货运物流合作网络；加快粤港澳大湾区建设，建设国际金融贸易中心、科技创新中心、交通航运中心、文化交流中心，建设粤港澳大湾区物流枢纽。打造"空中丝绸之路"，增加广州、深圳至东南亚地区国家的国际航线和航班，开通与沿线国家主要城市的航班。

海南——围绕南海资源开发服务保障基地和海上救援基地的两大定位，打造"海上丝绸之路"的门户支点。加快建设"岛上海南"，重点提升海口、三亚作为支点的支撑作用。推进海口服务外包示范城市、洋浦国际能源交易中心建设，扩大对外贸易，拓展"一带一路"新兴市场。加快建设临港临空经济区，将海南打造成"一带一路"国际交流合作大平台、海洋发展合作示范区、中国（海南）—东盟优势产业合作示范区。加快建设"海上海南"，发展油气资源开发服务保障、远洋捕捞、海上旅游等特色海洋经济。

4. 中部地区。利用内陆纵深广阔、人力资源丰富、产业基础较好的优势，依托长江中游城市群、中原城市群等重点区域，推动区域互动合作和产业转型升级，培育世界级产业集群。

山西——是新亚欧大陆桥经济走廊的重要区域，紧邻京津冀经济圈和陕西、内蒙古两个"一带一路"重要省份，处于重要的枢纽位置。在煤炭开采、机械设备制造、高铁设备制造等方面在全国较为领先。山西启动太原铁路口岸建设，促进大同航空口岸开放，推动在太原、大同、临汾建设"无水港"，加强与"丝绸之路经济带"国内沿线省市在商务、口岸、海关等部门合作，加大承接长三角、珠三角等地区产业转移力度，主动融入环渤海经济圈和中原经济区。

河南——处于连接东西、承接南北的位置，地理位置独特，交通发达。河南是中华文明的重要发源地，与沿线国家开展文化旅游交流具有坚实的基础。河南省把粮食主产区、中原经济区、郑州航空港经济综合实验区三大国家战略的实施与国家"一带一路"建设紧密结合起来，"东联西进，贯通全球、构建枢纽"，建设亚欧大宗商品商贸物流中心、丝绸之路文化交流中心、能源储运交易中心，打造"一带一路"倡议核心腹地，在支撑中部崛起、服务全国大局中发挥更大作用。

加快实施航空、铁路国际国内"双枢纽"战略，建设"空中丝绸之路""陆上丝绸之路""网上丝绸之路"。推动"中欧班列"（郑州）往返高密度、高效益、常态化运营，把郑州打造成"中欧班列"内陆枢纽核心节点。建设"丝绸之路文化交流中心"。强化郑州、洛阳节点城市的辐射带动作用,积极开展产业对接、深化农业合作和文化旅游交流,努力形成与亚欧全面合作新格局。

安徽——是长江经济带发展共生圈的重要组成部分,也是长江经济带发达地区进一步扩张延伸和带动发展的纽带。合肥被纳入内陆开放型经济高地,是"一带一路"和长江经济带双重覆盖区域。为此,安徽抢抓"一带一路"和长江经济带建设机遇,扩大东西双向、对内对外开放,积极参与新亚欧大陆桥区域经济发展合作,推进中德(安徽)经贸交流合作机制,开辟西向开放新通道。

湖北——地处长江流域中心位置,地理位置突出,产业基础良好,自然资源丰富。深度融入"一带一路"建设,加强与欧美等发达经济体以及港澳台的经贸投资合作。推进"武汉—东盟""武汉—日韩"航运通道建设,提升"汉新欧班列"国际运输功能。依托长江经济带,构建现代化综合交通运输体系,以带动沿江城市经济联动发展,打造产业集群,实现产业阶梯式进步。

江西——充分发挥资源生态优势和历史文化特色,努力建设成为连接"一带一路"内陆通道、内陆开放合作高地、生态文明国际合作重要平台。对接中欧国际铁路班列,扩大本省至宁波、厦门、深圳铁海联运,推动与"一带一路"沿线国家和地区在基础设施、国际贸易、产业投资、资源能源和文化教育等领域开展合作,深度融入全球产业链、价值链和物流链。

湖南——大力推进水、陆、空、铁四网联动,积极对接长三角、珠三角、北部湾、港澳台,建设高铁沿线地区经济增长极,发展临港、临空经济,主动服务"一带一路"建设,加强与京津冀地区的经济联系,融入长江经济带建设。以长沙为节点城市,着力实施"六大行动"(装备产能出海行动、对外贸易提升行动、引资引技升级行动、基础设施联通行动、合作平台构筑行动、人文交流拓展行动),完善"五大机制"(项目推进机制、金融财税扶持机制、人才保障机制、风险防控机制、工作协调机制),将湖南打造成"一带一路"的重要腹地和内陆开放的新高地。

【小资料】

中国各地发挥优势推进"一带一路"建设

(新华网北京 2015 年 4 月 14 日电)推进"一带一路"建设,是中国扩大和深化对外开放、全面提高开放型经济水平的需要,是实行更加积极主动开放战略的具体实践。目前,中国各地正充分发挥优势推进"一带一路"建设。

古老的长安是"丝路"起点,如今的陕西正成为向西开放的前沿。在"一带一路"倡议刺激下,2014 年陕西对中亚地区出口比 2013 年猛增了 79.4%。随着"丝路"通关一体化的逐步实现,陕西将形成陆海空立体化开放新格局。

陕西积极与沿线国家展开全方位合作,仅与中亚国家合作的项目就超过百个。陕煤化集团、陕汽集团还在吉尔吉斯斯坦、哈萨克斯坦建立了工厂。西咸新区与俄罗斯共同开发建设的中俄丝绸之路高科技产业园,成为沿线国家合作的亮点工程。

3 月初,经云南省河口县南溪河上的中越铁路大桥,在云南装车的 360 吨化肥顺利发往越南老街省、海防港。这是百年滇越米轨铁路 2015 年首列国际联运化肥专列。昆明铁路局开远车务段货运营销分中心主任说:"自 2014 年 12 月 1 日中越国际铁路通道云南段全线贯通,边境贸易日渐升温。"

完善的基础设施是建设"一带一路"的基础。云南决定从2016~2020 年实施"交通大会战",努力实现高速公路总里程6000 公里、铁路营业里程 5000 公里、开通国内外航线 410 条以上等规划目标。

自 2013 年底云南省沿边金融综合改革实验区启动以来,云南
与东盟和南亚国家的经贸金融往来更加紧密。4 月 9 日,马来亚银
行昆明分行正式开业。此前,云南已汇聚了渣打、汇丰、恒生、
东亚、泰京、开泰 6 家外资银行和办事处。

推进"一带一路"建设,开展更大范围、更高水平、更深层
次区域合作,打造开放、包容、均衡、普惠的区域经济合作架构,
将促进中国适应经济全球化以及区域一体化的新形势、新要求,
构建高水平的开放型经济新体制。

4 月初,首趟开往德国的"汉新欧"国际货运班列从武汉吴家
山出发,装载 41 个集装箱的电子产品、电动车、玻璃等物资,经
襄阳方向向西开行,在新疆阿拉山口出境,约 15 天后抵达德国最
大港口汉堡港。

武汉汉欧国际物流有限公司副总经理说:"汉新欧线路由东欧
延伸至西欧,首次开通武汉至德国汉堡公共班列,并且正在向双
向常态化目标迈进。"

目前,新疆南部首个综合保税区即将运营。这只是地处亚欧
大陆地理中心的新疆打造"丝绸之路经济带"核心区的举措之一。
地域辽阔的新疆同周边 8 个国家接壤,目前有 17 个国家一类口岸。

新疆将充分发挥独特的区位和人文优势,加快建设"丝绸之
路经济带"核心区,对接"一带一路"和中巴经济走廊,建设区
域性交通枢纽中心、商贸物流中心、金融中心、文化科教中心和
医疗服务中心。

推进"一带一路"办公室相关负责人欧晓理说,各地应该按照
"一带一路"建设的总体蓝图,发挥自己的优势,寻找参与的契合点。
他建议,要围绕政策沟通、设施联通、贸易畅通、资金融通、民心相
通的"五通"要求,突破一批重大合作项目,深化产业合作。

资料来源:新华网,2015 - 04 - 14.

二、什么是"一带一路"的三大主力军

在国务院授权三部委发布的《推动共建丝绸之路经济带和21世纪海上丝绸之路的愿景与行动》中，对沿海地区在"一带一路"规划中的定位是"以东部沿海地区为引领"，"加强东中西互动合作，全面提升开放型经济水平"，"以扩大开放倒逼深层次改革，创新开放型经济体制机制，加大科技创新力度，形成参与和引领国际合作竞争新优势，成为'一带一路'特别是'21世纪海上丝绸之路'建设的排头兵和主力军。"从中央的定位来看，"一带一路"建设的"火车头"还是在沿海地区，对东部地区而言，核心问题是通过深层次改革实现转型发展的问题，沿海地区要调整现有过多中低端产业和高耗能、高污染行业的产业结构和经济布局，更多向科技创新、对外开放和国际竞争的蓝海地带进军，建设具有世界竞争力和吸引力的经济增长极，这是"一带一路"总体布局对沿海发达地区的总要求。具体来说，所谓"排头兵"，是指沿海地区在"一带一路"建设过程中发挥引领作用，走在国内各省区市的前列，走在"一带一路"沿线国家的前列，主动通过扩大开放倒逼自身深层次改革，在与当今世界最发达国家和地区竞争过程中形成"一带一路"的新优势。因此，沿海地区不仅要做"一带一路"的排头兵，而且还要做与发达经济体竞争的排头兵，两者是紧密联系、不可分割的。所谓"主力军"，是指沿海地区还要承担"一带一路"建设的主力军，在政策沟通、设施联通、贸易畅通、资金融通和民心相通方面承担更多的项目，发挥更大的作用，形成连接东中西、沟通境内外的经济大通道。

经过近40年的改革开放，东部沿海地区已经有了很大的发展，

在发展水平上已经接近甚至超过一些主要发达经济体的平均水平。特别是长三角、珠三角和环渤海三大城市经济圈，尽管土地面积并不大，但人口密集，经济产出效率和集约化程度都非常高，很多省市人均 GDP 超过 1 万美元，在投资、出口和消费的拉动下，沿海地区已经深深地融入全球经济大循环之中，成为拉动整个中国经济的增长极。长三角城市群、珠三角城市群、京津冀环渤海湾城市群被公认为中国经济发展的"三大增长极"，扮演着连接中国本土经济和世界经济的枢纽和桥梁作用。

由于长三角、珠三角和环渤海三大经济圈各有其地理区位、资源禀赋和发展优势等特色，三大经济圈在发挥"排头兵和主力军"作用不可能平行用力，需要找准定位，发挥优势，彼此呼应，分别从南方、东方和北方三条战线展开，沿海路和陆路两个维度延伸，如同两个巨大的经济发展翅膀，驱动"一带一路"在欧亚非三大洲和太平洋与印度洋两洋范围内展开，稳步构建连接欧洲经济圈和亚太经济圈的跨区域经济合作圈。具体来说，三大经济圈可能在"一带一路"中扮演不同的角色。

（一）长三角经济圈

长三角经济圈包括上海市、江苏省和浙江省，以上海、南京、苏州、无锡、常州、镇江、扬州、泰州、南通、杭州、宁波、湖州、嘉兴、绍兴、舟山、台州 16 个城市为核心区，是中国城市化程度最高、综合实力最强的区域，在我国经济社会发展全局中具有重要的地位和突出的带动作用。2014 年，全国 GDP 超过 63 万亿元，仅长三角核心区 16 个城市就贡献超过 10 万亿元，被国际公认为当今世界六大世界级城市群之一。

长三角经济圈拥有长江黄金水道和广阔的海岸线，是江、河、海运交汇之地，成为全国水陆交通的枢纽和连通海外的重要窗口，在海上航运、物流、贸易等方面具有不可替代的地位和优势。长三角是中国经济发展最活跃的地区之一，是中国经济发展的重要引擎。长三角地区先进制造业和现代服务业处于国内和亚洲地区领先地位，有能力成为我国与"一带一路"沿线国家经贸交流的重要基地。长三角经济圈是国际资本投资青睐的"天堂"，尤其是在发达经济体纷纷确立"转身亚太"战略的背景下，长三角经济圈成为跨国公司、国际财团和研发中心聚集的所在地。在今后一段时期内，长三角经济圈有可能成为世界第一大都市群经济圈，成为和伦敦、纽约相媲美的世界经济、金融、贸易和航运中心。鉴于长三角经济圈所具有的各方面优势，应该将该地区打造成为"一带一路"建设中承担设施联通和资金融通任务的主力军。

首先，打造长三角经济圈为"一带一路"资金融通的主力军。作为长三角经济圈核心城市的上海，设立了中国（上海）自由贸易试验区，其目标是将上海建设成为全国开放度最高的自贸试验区，发挥"改革开放排头兵、创新发展先行者"的角色，成为吸引全世界资金、技术、人才、信息的强大磁极。重点是在上海自贸试验区推行货币自由流通，打通上海证券交易所与香港证券交易所、纽约证券交易所、伦敦证券交易所等世界各国证券交易机构的联系，逐步推动上海资本市场与国际资本市场的互联互通，推动上海在构建国际化、市场化、法治化的营商环境上干在实处，走在前列。

其次，推动长三角经济圈成为引领"一带一路"设施联通的主力军。长三角经济圈在基础设施上与世界连接最为紧密，浦东机场、虹桥机场是连接中国与世界的国际枢纽机场，上海港、宁波—舟山港是国际集装箱运输运量最大的港口。在通信、能源、新能源、高科技技术等领域，长三角经济圈不仅是国内水平最高的，在世界上也位居前列。因此，"一带一路"推动基础设施互联互通的起点应是从国际化水平最高的长三角经济圈出发，打通从西太平洋沿海到北大西洋沿海的经济大通道，为贸易畅通、资金融通和民心相通扫除障碍。

（二）珠三角经济圈

珠三角经济圈背靠内陆腹地，面向南中国海，包括广东省的广州、深圳、珠海、佛山、江门、东莞等城市群，辐射泛珠江三角洲区域，并与港澳紧密融合，是一个有着崇商重侨传统的经济圈。珠三角经济圈有着毗邻港澳台和背靠东南亚的地缘优势和华侨之乡的人缘优势，自古以来就与外界有着密切的往来，在东西方经济文化交流中有着举足轻重的地位。珠三角地区作为我国改革开放的先行地区，是我国外向度最高的经济区域和对外开放的重要窗口。珠三角经济圈以"三来一补""大进大出"的加工贸易起步，吸引了大量以服装、玩具、家电等劳动密集型产业为主的外资进入，成为全球最大的电子、日用消费品生产和出口基地之一，是中国经济国际化和外向度最高的地区，外贸依存度超过150%以上。随着2014年中国（广东）自由贸易试验区的设立，珠三角经济圈的国际化将获得进一步加速发展。

因此，鉴于珠三角经济圈拥有贸易国际化的巨大优势，应充分利用其商业网络优势，加强与内陆地区和"一带一路"沿线国家的贸易联系，推动珠三角经济圈成为"一带一路"贸易畅通的主力军。要积极推动珠三角经济圈与香港、澳门和台湾地区的合作，打造粤港澳大湾区，推动广交会等展会平台转型升级，加强与欧美、亚太等世界各地的商品交易所对接，建设高水平的"一带一路"商品交易平台、拍卖行、典当行、物流中心等贸易体系，增强带动"一带一路"贸易畅通的能力。同时，加强粤港澳大湾区与"一带一路"沿线国家的贸易畅通，在数据共享、自动报关、检验检疫、监管体系等方面推进互联互通，切实增强贸易自由化和便利化程度，激发和释放合作潜力。

（三）环渤海经济圈

环渤海经济圈位于中国北方渤海、黄海周围，涵盖了京津冀、辽东半岛、山东半岛等区域，是中国北方与世界经济联系的重要门户。环渤海经济圈处于东北亚经济圈的中心地带，是中国交通网络极为密集的区域，是我国海运、铁路、公路、航空、通信网络的枢纽地带。向南，联系着长江三角洲、珠江三角洲、港澳台地区和东南亚地区；向东，沟通韩国和日本；向北，联系着蒙古国和俄罗斯远东地区。环渤海经济圈拥有雄厚的工业基础，是中国重化工业、装备制造业和高新技术产业的重要基地。同时，环渤海经济圈政治资源和人文资源丰富，历史文化底蕴深厚，是中国的政治中心和文化中心。2014年全国人大十二届二次会议把加强环渤海及京津冀地区经济群协作列为当年一项重大任务。随着京津冀协同发展以及环渤海与京津冀地区经济群协作的启动，必将对"一带一路"的北线和中线建设产生重大而深远的影响。

从京津冀地区和环渤海经济圈协作的特点出发，应该着力发挥这一经济圈在"一带一路"政策沟通和民心相通的主力军作用。其中，北京作为中国的首都，政治资源和文化资源都十分丰富，要通过搭建平台、整合资源和发展服务业等渠道，举办各种论坛，完善对话机制，举办社会文化活动等，创造"一带一路"沿线国家沟通交流的机会，在交流中实现政策沟通和民心相通。同时，环渤海经济圈作为我国装备制造业和重化工业的重要基地，也面临着产业转型升级的艰巨任务。为此，环渤海经济圈应当成为我国与"一带一路"沿线国家产能合作的排头兵，在汽车及轨道交通、船舶与海工装备、智能装备制造以及钢铁、石化等产能领域与沿线国家进行深度合作，推动铁路、电力、通信以及汽车、飞机、电子等中国装备借"一带一路"走向世界。

三、为什么新疆和福建成为"一带一路"的核心区

在国家发改委等三部委联合发布的《愿景与行动》中，新疆被定位为"丝绸之路经济带"核心区，福建则被定位为"21世纪海上丝绸之路"核心区。

（一）核心区的含义

在一个城市空间布局与产业发展上，通常划分为核心区、主体功能区和带动辐射区三大部分。其中，核心区是一个城市政治、经济、文化等公共活动最集中的地区，集中体现城市的社会经济发展水平和发展形态，发挥代表城市形象、承载城市功能（如行政、商务、宗教、景观等功能），并具有一定集聚效应（如人流、物流、信息流的集聚等），从而对周边地区产生带动辐射效果。一般来说，城市核心区是城市主要公共设施比较集中的地方，是城市社会活动的中心，是一切城市功能释放的活力源泉。因此，在"一带一路"倡议中设立两个核心区，也就是希望它们在"一带一路"建设中能够发挥代表"一带一路"、集聚相关资源并辐射带动其他沿线地区的作用。

（二）为什么要选择在新疆和福建设立"一带一路"核心区

从"一带一路"作为连接欧洲经济圈和亚太经济圈的经济大通道来说，中国将"一带一路"核心区设在新疆和福建，取决于三个因素：

1. 地理区位。在地理区位上，核心区必须设立在中国与"一带一路"沿线国家交往的通道和开放门户上，这一核心区必须与

其他国家能够做到直接互联互通，而且是"一带一路"一切资源、要素交流互动的必经门户。

新疆地处欧亚大陆腹地，是"古丝绸之路"的重要通道，是现代第二座亚欧大陆桥的必经之地，周边与8个国家接壤，有国家一类开放口岸17个、航空口岸2个，直接连通国内国际两个13亿人口的大市场，战略位置十分重要。"丝绸之路经济带"国内段的空间格局主要是北中南三条大通道，分别从我国东部经济最发达的三个经济圈出发，依托国内现有交通干线，自东向西贯穿沿线重要节点城市，经新疆通向中亚、西亚、南亚和俄罗斯等。

福建地处东南沿海，是沟通中外航运和海上交流的要塞，自古以来就是举世公认的古代"海上丝绸之路"重要东方起点，是中国连接亚太经济圈和欧洲经济圈的海路枢纽，是"21世纪海上丝绸之路"的重要门户。

2. 人文优势。"一带一路"沿线国家国情复杂，有佛教、伊斯兰教、东正教、妈祖文化、海洋文化、中华文化等多元文化，存在着明显的宗教、民族、国家、历史和文化的不同而产生的"陌生感"。要想振兴"一带一路"首先需要依托核心区搭建好人文交流对话平台，凝聚人气，加强与佛教文化圈、伊斯兰教文化圈、东正教文化圈和世界范围内的华人华侨等团体之间的互动交流，办好各种文明对话、论坛、博览会、文化节等人文交流活动，为拓展人脉创造条件，更为日后的经贸往来与合作奠定坚实的基础。

新疆与中亚地区联系广泛，在语言、宗教、经济辐射力等方面，都有着得天独厚的优势。福建则是重要的侨乡，海外华侨资源遍及世界各地，历来与世界各地的联系都极为密切，具备设立"21世纪海上丝绸之路"核心区的基础设施、经贸合作和人文交流等多方面的条件。

3. 发展水平。一般来说，经济社会发展水平比较接近的国家或地区之间，容易在区域合作上达成共识。相比之下，新疆和福建已经有一定经济社会发展基础，但不像广东、浙江、上海那样与发展中国家已经拉开较大差距，不仅在国内有比较大的发展空间，而且与"一带一路"沿线国家有着比较多的共同语言和合作基础，所以两省区最合适作为"一带一路"核心区。

（三）怎样推进核心区建设

在中央明确了新疆和福建的"一带一路"核心区地位后，两省区立即行动，相继制订了实施方案，一些重大项目也在积极贯彻落实之中。如2014年9月4日，新疆维吾尔自治区通过了《推进新疆丝绸之路经济带核心区建设的实施意见》和《推进新疆丝绸之路经济带核心区建设行动计划（2014～2020年）》，全面部署核心区建设，明确建设"五中心三基地一通道"，即建成区域性交通枢纽中心、商贸物流中心、金融中心、文化科教中心和医疗服务中心，建成国家大型油气生产加工和储备基地、大型煤炭煤电煤化工基地、大型风电基地和国家能源资源陆上大通道。福建也确立了建设"一个枢纽、六个平台和三个基地"的愿景，发挥厦门、福州、泉州、平潭"一区三点"龙头引领作用，漳州、莆田、宁德、三明、龙岩、南平"三港三地"腹地支撑作用，以陆上、海上、海外"三个福建"为载体，统筹经贸发展。

需要明确的是，核心区不是两省区的核心区，是国家的核心区，要能代表整个国家与其他国家的核心区积极对接。因此，"一带一路"核心区的建设，必须建立在统筹国际国内两个大局的基础上。具体来说，应该着力从以下三个方面努力：

一是推进基础设施互联互通。"一带一路"倡议涵盖了"五通"等众多内容，就核心区的承载力而言，最重要的还是推进基础设施的互联互通，包括交通、通信、能源等基础设施领域。新疆地处"丝绸之路经济带"大通道的必经之地，周边与8个国家接壤，沿边地区是"一带一路"基础设施互联互通的门户，设施联通自然成为新疆核心区建设的重点工作。新疆应将自身的发展置于"一带一路"整体框架之中，放眼全国、放眼中亚、放眼全带，加强与周边国家沟通合作，加强与东、中部省市的资源整合，共同推进"丝绸之路经济带"建设。

与新疆的情况类似，福建尽管在港口基础设施上比不上上海、宁波、香港等大港口，但厦门、福州、泉州三大港口的货物吞吐量均已超过亿吨，港口运力已经具备国际航运中心的基础。福建沿海港口应加强与"海上丝绸之路"沿线国家港口的合作，完善海陆空通道和信息通道等基础设施联通，深化物流集散基地、运送中心、通关合作和人员往来等领域合作，建设中国与"21世纪海上丝绸之路"沿线国家联通的枢纽。特别是重点建设"海上丝绸之路"沿线的交通主通道、主枢纽、口岸、综合交通运输体系，以及国家级中心渔港、一级渔港、二级渔港和避风锚地，使之成为连接中国与沿线国家的国际航运中心。

二是畅通物流和经贸投资合作。在推动基础设施互联互通的同时，两大核心区还需要以经济合作为主轴，以务实项目为支撑，大力推进贸易和投资的便利化，加强与沿线国家的产业合作和城市合作。无论是"丝绸之路经济带"，还是"21世纪海上丝绸之路"，核心还是经济合作圈的构建问题，只要"一带一路"核心区的经济上去了，"一带一路"就获得了强有力的物质基础。问题的关键在于怎样才能增强两大核心区的经济吸引力，最主要的还是强调软硬环境的改善。从软环境角度来讲，核心区需要营造更加便利的服务环境、文化环境和营商环境。尤其是大力推进保税区、跨境经济合作区和自由贸易区建设，鼓励越来越多的企业投资创业，建立营销网络，使之成为扩大对外开放的试验区，优先在金融服务、航运服务、商贸服务、专业服务、文化服务以及社会服务领域扩大开放，降低或取消投资者资质、股权比例、经营范围等准入限制。从硬环境角度来讲，核心区需要在立法、司法、监管以及体制机制上推进改革创新，探索实施"负面清单"管理制度，实行高度自由化的区域政策。总之，只要核心区的软硬环境改善了，就有助于吸引海内外投资创业，为核心区的发展提供强大的动力，这对于带动"一带一路"的发展也有极大的引领效应。

三是推进人文交流合作。"一带一路"沿线国家国情复杂，文化多样，有大量的深层次矛盾和问题。要想振兴"一带一路"，首先需要凝聚人气，跨越不同宗教、民族、国家、历史和文化障碍，通过深化彼此理解来搭建友好合作的桥梁。因此，新疆和福建两个核心区的建设，推进人文交流合作是十分重要的一项内容。从新疆核心区来看，最主要的是依托核心区，加强与佛教文化圈、伊斯兰教文化圈和东正教文化圈之间的互动交流，要通过搭建人文交流对话的平台，办好各种文明对话、文化节、人员交流活动，为拓展人脉创造条件。从福建核心区来看，最主要的是推进海洋文化的跨国对话，特别是依托妈祖文化，加强世界范围内的华人华侨交流，建立世界范围内的华人人脉网络，这是促进"21世纪海上丝绸之路"社会、文化和人民的深度融合的重要纽带。同时，通过建立"海上丝绸之路"城市联盟，举办共建"21世纪海上丝绸之路"论坛和博览会，打造"21世纪海上丝绸之路"的旅游经济带，共建"海上丝绸之路"旅游经济走廊和环南海旅游经济圈，全面深化教育、文化、体育、医疗等领域的互补合作。因此，人脉网络和文化交流是"一带一路"两大核心区建设的主要依托，通过搭建平台来提升人气，为核心区建设提供动力支持。

总之，依托新疆设立"丝绸之路经济带"核心区和依托福建设立"21世纪海上丝绸之路"核心区，是中国推进"一带一路"的重要举措。设立核心区的主要目的在于为"一带一路"派遣了两个开路先锋，核心区围绕规划创新、治理创新和制度创新，在"一带一路"建设上提供国际合作的"试验田"，为"一带一路"沿线国家和地区提供示范、引导和服务。在今后"一带一路"建设过程中，两个核心区应勇于创新，敢于担当，牢牢把握基础设施互联互通、贸易和投资畅通以及人文交流合作等重点任务，扎实推进"一带一路"建设进程。

【小资料】

新疆："一带一路"核心区展现开放合作新姿

新华网乌鲁木齐2015年6月3日电喀什综保区不久前封关运营，喀什地区开始着手编制中国——中亚、西亚自由贸易区规划；阿拉山口口岸下月将迎来首批进口整车，欲打造进口车交易中心；霍尔果斯口岸7月正式开启落地签证业务，将成为中国西北地区第一个实现落地签证的口岸……

随着《推动共建丝绸之路经济带和21世纪海上丝绸之路的愿景与行动》发布，原本偏居一隅的新疆一跃成为"一带一路"建设的"核心区"。新疆各地纷纷抓住这一重大历史机遇高速推进，展现出"丝绸之路经济带"核心区开放合作的新姿。

新疆与8个国家接壤，拥有17个国家一类口岸，还有喀什、霍尔果斯两个国家级经济开发区。与沿线国家人文相亲、地理接壤、经济相融的优势，使得新疆成为既可以服务国内，又可以服务向西开放沿线地区的天然核心区。

基于此，新疆提出要建设"丝绸之路经济带"上重要的交通枢纽中心、商贸物流中心、金融中心、文化科教中心、医疗服务中心，通过"五大中心"支撑核心区建设，服务于国内国外两个

13 亿人口的大市场。

　　承接《愿景与行动》的春风，新疆从 4 月起启动了多个重点项目。其中 4 月 22 日开工建设的乌鲁木齐铁路集装箱中心站，估算投资总额 13.8 亿元，是国家规划的 18 个铁路集装箱中心站之一，也是新疆打造"丝绸之路经济带"核心区的重要工程。项目建设对加快整合中欧班列、建成向西开放的集装箱集疏运中心，带动周边物流园区建设都具有重要意义。

　　随后在乌鲁木齐破土动工的"丝绸之路经济带"旅游集散中心，总投资近 14 亿元。新疆旅游投资管理有限公司总经理宋建成说，中心建成后，将在加强"丝绸之路"沿途国家之间的商务合作，畅通旅游向西开放通道，形成中西部新的经济增长极等方面发挥主导作用。

　　历史上，新疆就是"古丝绸之路"的重要通道。记者从新疆交通运输厅了解到，新疆将加快推进覆盖全境的北中南三大通道建设。

　　新疆交通运输厅副厅长说，今后 5 年，新疆公路将依托乌鲁木齐陆路港，建成乌鲁木齐、伊宁等七大国家级公路运输枢纽和 33 个物流园区；铁路方面将加快推进中巴、中吉乌铁路，北屯至吉木乃口岸、克拉玛依至巴克图等口岸铁路项目建设；民航方面将加快推进以乌鲁木齐国际机场为门户枢纽，喀什、伊宁、库尔勒机场为区域枢纽，支线机场和通勤机场为补充的空港布局，形成东连内地，向西辐射中亚、南亚、欧洲的综合交通运输框架体系。

　　地域辽阔的新疆背依内地全面向西开放，可以依托的两翼就是喀什、霍尔果斯两大经济开发区。经过 5 年的开发建设，两大经济开发区抓住机遇"先行先试"，形成优势产业、创新创业人才集聚之势，"特区"效应日益显现。

　　喀什地处中国最西端，是中巴经济走廊的起点。喀什地区行署副专员认为,随着喀什综保区的封关运营,喀什地区目前正在编制中国—中亚、西亚自由贸易区规划,并积极争取与巴基斯坦瓜达尔港结成友好城市,加强双方在中巴经济走廊建设中的合作,推动中巴能源管道建设。

位于亚欧大陆桥中国最西端的霍尔果斯市,区域内拥有世界上唯一一个跨境边境合作中心——中哈国际边境合作中心。霍尔果斯市常务副市长杨晓明表示,霍尔果斯正努力打造"国际物流港、国际金融港、国际航空港、国际信息港和国际旅游谷",将百年口岸建设成外向型区域中心城市和现代化国际商贸物流城市。

资料来源:新华网,2015 – 06 – 03.

四、内陆地区如何参与"一带一路"建设

"一带一路"国内段覆盖了我国中西部的大部分地区,使广大中西部地区由原先的"内陆腹地"变成现在的"开放前沿",为中西部地区进一步提高对外开放水平、促进经济平稳健康发展提供了契机。内陆省市可以以此为契机,以本地区要素资源禀赋为基础,利用与"一带一路"沿线各国家及省市产业的互补性,在开放的竞争性市场中形成比较优势,并进而转化为区域的竞争优势,实现产业结构的转型和对外开放水平的进一步提升。

内陆地区是"一带一路"总体布局中不可缺少的重要一环,在"一带一路"统筹国际国内两个大局的总体安排中,以沿边地区为前沿,以内陆重点经济区为腹地,以东部沿海发达地区为引领,形成了一个多层次、有重点、东中西结合的全方位对外开放格局。在《愿景与行动》中,将内陆地区确定为打造"内陆型改革开放新高地",在文件中明确提及了西安、成都、重庆、郑州、武汉、长沙、南昌、合肥八个城市,不过,在具体提法上存在差

异，如西安被确定为"内陆型改革开放新高地"，重庆被确定为"西部开发开放重要支撑"，成都等六个城市被确定为内陆开放型经济高地。尽管提法存在一些差异，但均强调八个城市作为"一带一路"的"新高地"或"重要支撑"。

（一）内陆型开放高地的内涵

"内陆开放高地"概念主要由内陆、开放型经济、高地等三个基本要素构成。内陆是指与沿海和沿边城市相对而言，地处内陆腹地，远离海岸线和边境线的区域。开放型经济是指在资源优化配置的基础上，参与国际分工和交换程度较深较广，商品、劳务、资本和人才等跨界流动较为自由，通过持续不断的资源交换，使得自身经济体制与外部经济体制融合度较高，从而实现本区域和其他区域共同发展的、开放的经济发展态势。"高地"从地理意义上可理解为地面突起部分的统称，包括山地、丘陵等。军事上常特指地势较高能够俯视、控制四周的地方。经济学意义上的"高地"可以理解为经济优势地区、有竞争力的地区、资源要素集中区等。因此，"内陆开放高地"就是内陆地区中开放型经济发展程度较高，综合竞争力处于领先水平的中心城市或区域，这些城市不仅本身发展水平要比周边地区高，而且要发挥引领与带动内陆二三线城市和广大乡村地区的作用。

（二）内陆型开放高地在"一带一路"建设中的地位

内陆地区开放高地建设要求全方位、多层次、宽领域的对外开放，通过扩大开放、借助外力、加强合作来实现内陆地区跨越式发展。

第一，要素集聚和流动是高地效应发挥作用的关键。所谓"高地效应"指的是通过各种途径把外来生产要素引入到一定区域，依据经济区域内不同地区之间的优势来实现资源的最佳配置。要成为高地，必须实现人才、资金、技术等要素集聚，并且通过科学的集聚机制和体系吸引要素持续不断地流向高地。另外，高地不仅体现为经济要素的集聚和辐射，也体现在科技、人才等软实力上，是综合实力和竞争力的体现。

第二，内陆开放高地的核心是开放，同时扩大国际开放和国内开放，充分利用国际和国内两个市场。内陆开放高地，应该有稳定的、良性的经济运作机制。国内外的企业，无论是中小型企业还是世界500强，在这个内陆开放高地，都能生根、发展、壮大。在内陆开放高地，外向型经济的比例应该比其他内陆城市高得多，在利用外资规模、外资经济总量、进出口总额等方面都应该比其他内陆城市高得多。

第三，内陆型高地必须发挥引领和带动内陆地区发展的使命。内陆高地在谋求自身发展的同时，还必须引领内陆地区的对外开放，积极对接开放程度高的沿海地区、沿边地区、沿线国家和地区。通过承接国际和沿海地区的产业与贸易转移来实现结构转型升级，从而借助外力实现广大内陆地区，尤其是内陆欠发达地区跨越式发展。

内陆地区由于特定的区位特点，要想对接"一带一路"，主要应从三方面着手：

一是依托长江经济带，对接"一带一路"。以海陆重点口岸为支点，形成与沿海连接的西南、中南、东北、西北等经济支撑带，推动长江经济带对接"丝绸之路经济带"，有利于构筑H形经济大格局。要积极构建流域、陆地、海上、空域等综合交通体系，以黄金水道贯通长江沿线11个地区，实现东中西联动。推动各种要素自由流动，使皖江城市带、成渝经济区、黄河金三角区域、"渝新欧"国际铁路大通道、北部湾经济区、珠江三角洲地区、海峡西岸经济区提升互联互通水平，更好地协同发展。

二是依托中国沿海港口群，对接"一带一路"。目前，我国港口运输行业已初步形成环渤海、长江三角洲、东南沿海、珠江三角洲和西南沿海5个规模化、集约化、现代化的港口群体。战略节点城市与沿海港口群可充分对接"一带一路"，积极拓展沿海港口集疏运功能，谋划建设向西、向北的国内乃至国际大通道，使沿海港口成为"新丝绸之路"的重要出海口。特别应关注阿拉伯世界中的苏伊士运河、曼德海峡和霍尔木兹海峡。这三条海上通道不仅是我国商品出口到西亚、非洲和欧洲的必经之路，也是我国石油进口的主要通道，关系我国国家利益在国境之外的延伸。同时，要通过"海上丝绸之路"连接瓜达尔港、关丹港、比雷埃夫斯港、科伦坡港、亚丁港、塞得港、雅加达港、新加坡港，通过一系列交通体系建设，打破现有世界经济地理格局，重构全球性物资运输网络。

三是依托京津冀协同发展，对接"一带一路"。京津冀协同发展，首先进行重点交通、环保和产业对接，将使三地经济发展融为一体，形成世界级大城市群和大都市经济圈。这将使北京和河北腹地不仅成为沿海地区，而且成为"21世纪海上丝绸之路"的重要起点、节点和支点。

在"一带一路"规划中强调将内陆地区八个城市打造成为内陆型改革开放新高地，最主要的原因是着力打造地区增长极，以点带面，以线带片，通过激活八个城市的发展活力，带动一大片，盘活"一带一路"整盘棋。在"一带一路"规划中，将西安等八个城市确定为内陆型改革开放新高地，其核心就在于释放八个城市作为地区增长极的能量，在"一带一路"发展战略的带动下，调动起周边一大片的发展势头，将其导入"一带一路"可持续发展的轨道。

在"一带一路"的整体发展布局中，以若干区域大城市为核心的内陆地区城市群经济圈扮演着重要的"二传手"角色。内陆地区城市群经济圈是连接"一带一路"三大主力军和两大核心区的重要枢纽，它们负责将长三角经济圈、珠三角经济圈和环渤海经济圈的最新开放成果和两大核心区所做出的最新改革举措消化吸收，转化为带动周边一大片内陆地区发展的强大动力。

【知识链接】

城市群

城市群（又称城市带、城市圈、都市圈等）是城市发展到成熟阶段的最高空间组织形式，是指在特定地域范围内，一般以1个或1个以上特大城市为核心，由至少3个以上大城市为构成单元，依托发达的交通通信等基础设施网络所形成的空间组织紧凑、经济联系紧密、并最终实现高度同城化和高度一体化的城市群体。城市群是在地域上集中分布的若干特大城市和大城市集聚而成的庞大的、多核心、多层次城市集团，是大都市区的联合体。都市圈的形成一般应具有三个条件：一是要有一个首位度①较高的都市经济中心；二是要有若干腹地或周围城市，作为支撑中心城市发展的重要资源供应源和重要的市场地；三是中心与腹地的内在经济联系紧密，具有"聚焦—扩散"效应。

目前在全球范围内公认的大型世界级城市群有美国东北部大西洋沿岸城市群、北美五大湖城市群、日本太平洋沿岸城市群、英伦城市群、欧洲西北部城市群等。

目前，中国已形成长江三角洲城市群、珠江三角洲城市群、

---

① 首位度是指都市圈中经济总量居第一的中心城市与经济总量居第二的城市的GDP总量或人均GDP的比值。一般认为，都市圈的首位率越高，则中心城市的凝聚力和集聚功能就越强，该都市圈的发展规模和经济效能也越大。

京津冀城市群、中原城市群、长江中游城市群、成渝城市群、哈长城市群、辽中南城市群、山东半岛城市群、海峡西岸城市群、北部湾城市群、关中城市群等较大的城市群。

城市群的特点反映在经济紧密联系、城市之间的产业分工与合作、交通与社会生活、城市规划和基础设施建设的相互影响上。由多个城市群或单个大的城市群即可构成城市群经济圈。

（三）内陆开放高地建设的关键载体

作为内陆开放高地，在"一带一路"倡议下应进一步提升区域中心城市的城市能级，形成区域中心城市与城市群的协同转型升级，加快产业协作，加强城市群圈层、轴带发展，最终实现"一带一路"沿线城市群"中心—外围"经济架构下不同城市群的圈层、轴带发展与城市产业结构的协同转型。内陆港、高铁枢纽、自贸区和体制机制创新作为对外开放和区域发展四大关键载体，在内陆开放高地建设中将起到重要的作用。

1. 内陆港。内陆港是国内外沿海港口为扩大港航业务量，争夺货运资源，在内陆地区建设的"附属"无水港。内陆港作为交通运输网络在内陆地区的重要节点，是"一带一路"建设的交通枢纽、物流枢纽和经济中心，对于推动内陆地区发展多式联运、实现开放型经济发展战略具有突出的作用。内陆省市应以市场为导向，促进多元化投资，同时内陆港规划建设时应注重静态建设和动态规划相结合，积极推进内陆无水港软件设施和软环境的建设，保障内陆无水港的良性发展。

2. 高速铁路。高速铁路建成后不仅拉近了沿线各站点城市间的时空距离，使两地旅行时间大幅度缩短，由高铁运输带来物流、人流、信息流、资金流等生产要素大量集聚于高铁枢纽地区，形成了集聚—辐射效应，对带动区域经济发展起到积极作用。面向区域发展需求，在"一带一路"倡议下建设高铁枢纽，是提升城市定位的必然选择。内陆省市应积极推进区域高铁建设，积极融入"丝绸之路"，同时发挥高铁枢纽效应，促进城市中心多元化集群发展。

3. 自由贸易区。自由贸易区作为促进全球各国经贸合作的有效制度形式和空间载体，是构建开放型经济的重要载体。在建设"一带一路"，构建开放型经济的大背景、大战略下，我国内陆中心城市具有面向"丝绸之路"沿线各国的优势和基础条件，应积极推进自贸区的申请和建设，放眼全球，整体布局，循序推进，面向区域产业需求夯实贸易和投资基础，营造便捷高效的自贸区建设环境，通过吸收、消化、融合、完善，有利于形成适合自身发展的创新机制，构建对外开放的新格局。2017 年 3 月，国务院批准新建七个自由贸易试验区，其中河南、湖北、重庆、四川、陕西五个自由贸易试验区都位于内陆型开放高地。

4. 体制机制创新。体制机制创新作为促进区域经济协调发展的制度载体，是内陆型改革开放新高地深化改革的制度创新的体现。与传统行政区划下的单体城市相比，城市群经济圈是一种组团化发展的新形态，它将若干城市资源整合起来，通过充分发挥中心城市高能量的经济磁场效应，形成对周边地区强大的经济吸引力和辐射力，成为都市圈经济集聚和发展的"增长极"。建设城市群经济圈，首要的是打通交通、通信和能源基础设施，打破行政区划的条条框框，利用地铁轨道交通、高架路、高速公路网、便捷的通信网和物流网建设，打造一小时生活圈，为经济资源和要素向中心城市集聚扫清障碍。因此，建设城市群经济圈需要大力推动以城市治理体系和治理能力现代化为核心的体制制度改革，打破条块分割的封闭管理格局，代之以管理流动性为主的开放治理格局，包括打破属地化管理理念，代之以功能性治理理念；打破权力垄断的地方保护主义和部门保护主义，代之以开放透明的多元参与治理；打破行政管理中的人治传统和政策依赖症，代之以一切以法律为依据的法治治理等。尤其是在交通、通信、医疗、教育、社会保障等领域，要打破地区分割的格局，建立一体化的治理平台，推动交通工具一卡通、医疗就医一本通、通信服务区号通以及金融服务随时通等，提升城市群经济圈的一体化和便利化水平，推动经济社会全面协调发展。

【知识链接】

增长极

增长极概念最初是由法国经济学家弗郎索瓦·佩鲁（Francois Perroux）提出的，并由法国的另一位经济学家布代维尔等加以发展。

该理论认为，一个区域的经济增长是不平衡的。增长并非同时出现在所有地方，而是首先出现在一些具有创新能力的行业。这些具有创新能力的行业常常聚集焦在经济空间的某些点上，于是就出现了增长极。增长极是具有推动性的经济单位的集合体。经济的增长首先发生在增长极上，然后通过各种渠道向外扩散，对整个经济发展产生影响。

在区域经济发展中，增长极通常是指具有推动性的主导产业和创新产业及其关联产业在地理空间上聚集而形成的经济中心。增长极通常就是区域中的中心城市，因为中心城市往往具有较好的区位、资金、技术、人才、信息等方面的优势，容易产生和发展出具有创新能力的行业。

区域经济的发展首先应把少数条件好的地区和少数条件好的产业培育成增长极。该增长极应具有以下特征：第一，其地理空间表现为一定规模的城市；第二，必须存在推进性的主导产业部门和不断扩大的工业综合体；第三，与区域内的其他产业及周边地区具有较强的经济技术联系。

增长极首先通过与关联产业的经济技术联系而对其他产业产生影响，并通过与周围地区的经济技术联系而对周围地区的经济增长产生影响，进而带动整个区域的经济增长。这种影响主要表现为两个方面：集聚效应和扩散效应。

集聚效应是指增长极的推动性产业吸引和拉动周围地区的各种生产要素向增长极的集聚，从而加快增长极自身的成长；扩散效应是指增长极向周围地区进行生产要素和经济活动扩散，从而刺激和推动周围地区的经济发展。在发展的初级阶段，集聚效应是主要的，当增长极发展到一定程度后，集聚效应削弱，扩散效应加强。

总之，从平衡区域发展角度出发，"一带一路"建设有必要依托内陆地区城市群建设，打造内陆型改革开放新高地，推动内陆地区城市群自身的互联互通，推进内陆地区城市群与三大主力军、两个核心区的对接、与"一带一路"沿线国家和地区的对接，实现"一带一路"地区的共同发展。建立内陆型改革开放新高地的意义在于突破经济资源和要素优化配置的各种障碍，盘活"一带一路"沿线发展潜力，构建开放、包容、均衡、普惠的区域经济合作新模式。从这个意义上来说，以西安、武汉等八个城市为依托的"一带一路"新高地不仅是经济发展的新高地，更是体制改革、机制创新的新高地，对于连接发达地区和发展中地区，实现区域协调发展和可持续发展发挥着举足轻重的作用。

五、中国沿海港口如何布局"一带一路"

（一）"一带一路"的海上战略支点

港口是水陆交通和物流的枢纽，海运是"海上丝绸之路"的主要运输方式,传统上的"海上丝绸之路"自秦汉兴起就是联通东西交通、推动商业贸易繁荣发展的黄金路线,港口则是"海上丝绸之路"的起点和支点。"一带一路"倡议下的"21世纪海上丝绸之路",其核心价值是通道价值和战略安全。

根据三部委发布的《愿景和行动》,"21世纪海上丝绸之路"包括两条线路:一是中国沿海港口过南海到印度洋,延伸至欧洲和非洲。二是中国沿海港口过南海到南太平洋,延伸到大洋洲和拉丁美洲。无论是哪一条运输通道,都离不开现代化港口的支持,离不开现代化港口所要求的现代化城市。要建设一条通畅、安全和高效的运输大通道,关键在于能否建立起高效便捷的港口网络。在具体建设上,强调以重点港口为节点,共同建设通畅安全高效的运输大通道,并明确提到重点加强上海、天津、宁波—舟山、广州、深圳、湛江、汕头、青岛、烟台、大连、福州、厦门、泉州、海口、三亚15个沿海港口建设,这些港口是"一带一路"的海上战略支点。

上述15个港口可以划分为环渤海、长三角、东南沿海、珠三角、西南沿海五大港口群,每个港口群功能定位不同,辐射区域存在显著差异。单个港口应在各自港口群中找准自己的地位和比较优势,才能在"一带一路"倡议中发挥作用(见表6-1)。

表6-1　　　　2016年中国五大港口群货物吞吐量情况

港口群	集装箱(万标箱)	干散货(亿吨)
环渤海	6492	19.3
长三角	6766	7.3
东南沿海	846	0.4
珠三角	6222	2.4
西南沿海	252	1.6

1. 环渤海港口群。环渤海地区港口群主要由辽宁、津冀和山东沿海港口群组成,服务于中国北方沿海和内陆地的社会经济发展。其中辽宁沿海港口群以大连东北亚国际航运中心和营口港为主,津冀沿海港口群以天津北方国际航运中心和秦皇岛港为主,山东沿海港口群以青岛、烟台港为主。

作为我国重要的能源、原材料生产基地,环渤海地区煤炭、矿产资源十分丰富,同时,东北、华北也是我国重要的重化工业基地,采掘业、冶金和石油化工等重化工业所占比重较高,对港口经济的发展,带来了极大的潜力。环渤海港口群不仅受益于"一带一路"中蒙俄经济走廊、新亚欧大陆桥经济走廊交叉影响,其内陆经济腹地正在推进的京津冀一体化战略、天津自贸区、中韩自贸区、山东半岛蓝色经济区的建设都将给予港口经济发展更大的动力。

2. 长三角港口群。长江三角洲地区港口群依托上海国际航运中心,以上海、宁波—舟山、连云港为主,服务于长江三角洲以及长江沿线地区的经济社会发展。

该港口群一方面由港口进入沪宁高速公路和沪杭甬高速公路,辐射长江三角洲经济腹地,另一方面由港口进入长江或区域内其他内河,辐射长江流域中上游地区。

长三角港口群地处长江经济带龙头地带,与"一带一路"新亚欧大陆桥经济走廊对接,是贯穿海上和内陆运输的核心地带。

3. 东南沿海港口群。东南沿海地区港口群以厦门、福州港为主,服务于福建省和江西等内陆省份部分地区的经济社会发展和对台"三通"的需要。

东南沿海港口群全部集中于港口岸线资源丰富、优良深水港湾众多的福建省,由厦门、福州港、泉州港等组成。该港口群与海西经济区和福建自贸区的建设密切相关。

4. 珠三角港口群。珠江三角洲地区港口群由粤东和珠江三角洲地区港口组成,依托香港经济、贸易、金融和国际航运中心的优势,在巩固香港国际航运中心地位的同时,以广州、深圳、汕头港为主,服务于华南、西南部分地区,加强广东省和内陆地区与港澳地区的交流。

珠江有八大入海口,河网水系发达,港口众多,水上交通极为便利。该港口群以珠江三角洲经济区为经济腹地,珠江三角洲为我国最早成功推行改革开放的区域之一,是我国外向型经济最发达的地区。

5. 西南沿海港口群。西南沿海地区港口群由粤西、广西沿海和海南省的港口组成,以湛江、海口、三亚港为主,服务于西部地区开发。西南沿海港口群虽然货物吞量不大,在我国沿海港口中排名靠后,但作为"21 世纪海上丝绸之路"的战略支点,对于保障"21 世纪海上丝绸之路"的安全、顺畅和繁荣至关重要。

该港口群对接"一带一路"中国—中南半岛经济走廊,与北部湾经济圈的建设密切相关,为海南省扩大与岛外的物资交流提供运输保障。

(二)港口建设助推"一带一路"

"一带一路"上的港口,如璀璨的珍珠,见证沿线各国情感交融、利益交汇,为你中有我、我中有你的命运共同体注入新动能。"一带一路"倡议初期的重点就是基础设施建设,沿海港口的转型升级也逐渐提上重要日程。我国沿海的港口作为"海上丝绸之路"的关键战略支点,既是内陆广大经济腹地的输出窗口,也是海外商品进入中国的重要门户,其发展前景广阔。港口建设在"一带一路"建设中的作用主要体现在以下几个方面:

1. 促进内陆经济腹地和国际经济区域的发展。"以港兴市"乃至"以港兴省"的发展规律具有实践性的经济意义。环渤海港口群的崛起将带动山东半岛蓝色经济区、京津冀一体化、东北老工业基地振兴，促进中韩自贸区、东北亚经济圈等国际经济区的迅速发展。长三角各港口的优势互补将对上海、江苏、浙江的经济产生引擎效应，促进上海自贸区、长三角经济圈、长江经济带等区域的资源整合。珠三角经济区、北部湾经济圈、港澳台地区的经济也将搭上珠三角港口群的快车，牵动与东南亚、东盟之间的互通互联。

2. 完善海陆联运，充分发挥国际航运功能。随着"一带一路"建设的推进，中国沿海港口将成为欧洲经济圈货物走向亚太地区的重要中转站，也是连接东南亚和日韩黄金航道的交通枢纽。为此，中国沿海港口要打造陆海空联动新通道、构建区域交流新平台、完善开放合作新机制，加快实现"一带一路"陆海联通。一方面，积极推进海铁联运、江海联运等物流运输通道的建设与发展。例如，青岛市计划依托港口、铁路、公路，与烟台、日照共同建设 V 形城际通道，同时打通济青综合运输通道；上海港计划由"点面线"发展成完善的物流网络；宁波港口的海铁联运"批量中转"模式也首次运行。另一方面，积极规划港口的国际接轨。上海港积极加快建设上海国际航运中心，青岛港将新增东南亚航线"高丽阿丽德拉"轮，宁波—舟山港将发起设立国际港口城市联盟，广州港发起与21个友好关系港口建立"海上港口联盟"的倡议。中西部地区也加快新国际运输通道的建设，如"郑新欧""渝新欧""义新欧"等开始运行。此外，港区与物流园区等经济区域的联动发展也被推上重要日程。连云港正在推进上合组织太平洋西岸国际物流中心建设，以更好地为临港工业及大宗海运货物提供一体化服务。

3. 搭海外投资的快车，实施港口"走出去"战略。沿海港口在进一步发挥国际航运功能的基础上，可以搭上海外投资的快车，实施港口"走出去"战略。目前，招商局、中远、中国港湾等传统港口投资央企，以及青岛港、北部湾港、上海港等地方港口运营商的海外投资拓展到荷兰、意大利、新加坡、马来西亚、斯里兰卡、巴基斯坦、希腊、比利时等国家的港口。此外，中国企业参与海外港口建设的方式不断升级，从参与海外的码头、港口建设到现在努力争取港口的长期特许经营权和港口股权。这有利于发挥我国港口建设和运营、设备制造等方面的优势，推动中国企业多形式、多渠道"走出去"；同时借鉴海外航运中心先进的管理运营经验和技术服务。

4. 改进和完善航运的金融、法律、保险业等产业链。尽管我国沿海港口的硬件设施条件比较好，但航运服务等软实力还有很大的提升空间。我国港口以货物运输和造船为主，对经济腹地的外贸实力和工业竞争力的依赖程度较高，并且港口吞吐量可持续性较弱。尽管我国港口在航运服务等软实力方面与世界航运中心存在很大的差距，但是我国港口的航运服务、航运金融、法律、保险业等产业链也会随着各港口的协同发展和"走出去"不断改进和完善。

5. 推进海洋经济发展示范区建设。作为海洋经济发展功能区，中国沿海各港口在完善港口设施和综合运输网络基础上，应该加强海洋经济发展核心示范区建设，将合作交流领域更多地向贸易、投资等领域延伸。要有计划地与各国的商会等贸易服务组织联手举办各类交流、展示活动，吸引企业参与，利益共享，鼓励、帮助更多的本地企业"走出去"，建立海外基地，内外联动，推动与沿线国家的贸易与投资合作。要依托现有的各类海关特殊监管区，围绕贸易物流产业链，搭建一批贸易、物流、航运、金融等行业发展集聚区，申报综合保税区，谋划建设自由贸易（港）区。同时，按照"招大、引强、选优"的要求，积极吸引国际优质资本、国际知名企业、国际优秀产业人才扎根中国，努力构建全方位、高水平、深层次的对外开放新格局。

总之，建设中国沿海 15 个港口，目的在于建立一条通畅安全高效的海上运输大通道，引领"21 世纪海上丝绸之路"建设的进程。在建立沿线国家港口之间互联互通网基础上，"21 世纪海上丝绸之路"建设还承担着化解海上争端，维护海洋航线安全和缔造海洋秩序等多方面的功能。在这一过程中，妥善处理好与美国及其盟国在亚太地区的包容性外交具有决定性意义，在今后较长一段时期内，中国需要谨慎处理好与美国及其盟国的关系，积极开展与沿线国家的多层化沟通，致力于缓和海洋争端，控制各种风险，全力维护和巩固和平发展的海洋秩序，这是建设"21 世纪海上丝绸之路"的必要条件，也是推进亚太地区共同繁荣的内在要求。

【专家论道】

"一带一路"下中国需要怎样的港口？

自 2008 年爆发全球金融危机以来，欧美经济一直乏力，国际贸易增长速度持续减缓的情况下，全球航运版图发生变化。无论是从三大航运板块中的集装箱、干散货，还是从液体散货中任何一项来看，都显示出世界航运的重心开始出现由西方向东方移动的趋势。

在这样的背景下，中国政府提出"一带一路"倡议，并按照"一带一路"愿景和规划提出要重点推进口岸基础设施、陆水联运、推进港口合作，增加海上航线和班次以及加强海上物流信息化合作等内容。这不仅将激活、扩大中国和"一带一路"沿线国家港口的贸易和合作，也将激励中国沿海地区的各大港口加紧建设，争取成为新的国际航运中心、新的国际航运中转中心。

当然，中国的港口要发展成为新的国际航运中心，也要面临诸多挑战。中国各大港口想要增加港口的国际竞争力，可以研究、借鉴中国香港、伦敦、新加坡以及荷兰的鹿特丹港这些国际航运中心的发展经验，在信息化、多元化、个性化三个方面多下功夫。

在信息化方面，由于"一带一路"沿线国家中，多数是新兴国家和发展中国家，涵盖的总人口约44亿人，经济总量约21万亿美元。这么庞大的经济规模、活跃的经济发展态势，未来不但将产生巨大的货运需求、仓储物流需求、国际采购需求、分销和配送需求、国际中转需求，也将产生巨大的检测和售后服务维修需求、商品展示需求、产品研发和加工制造等港口功能需求。

未来如此多、如此复杂的需求，将促使中国沿海的各大港口加快信息化、智能化进程，以提升货运容纳能力和效率、港口运营管理能力，主动适应日益提升的客户需求，提高自身竞争力。而且，各大港口要从过去传统业务向贸易加工保税综合物流服务转型，与之相对应的信息化服务能力要求也将水涨船高。

对此，香港的港口发展信息化，形成信息化、智能化、最优化的国际现代港口的经验，值得中国各大港口借鉴。近年来，香港面对中国内地、周边国家和地区港口的竞争，香港港口首先采取先进的信息化系统，除了推出香港首个为航运业提供"一站式"电子商贸平台的网站外，还推行数码贸易运输网络系统，利用现代物流技术和电子信息管理技术，为产品创造空间和时间价值，减少积压资金，降低配送和仓储成本，把供应链管理、电子商贸及时供货和零库存等概念联系在一起。

此外，香港港口还建立了新兴的仓储管理系统、零售管理系统及全球追踪系统，加强对资金流和信息流的管理，使整个供应链更有效率。

由于香港港口的信息化系统，为各大进出口贸易公司、各大工厂、海外买家和采购商，提供统一的电子贸易平台，也为这些公司提供非常便利的条件，也进一步增强了香港在亚洲各大港口的竞争力，有助于香港对外贸易的蓬勃发展。

中国内地的港口可以考虑香港的港口发展经验，加快建设智能化、信息化，实现供应链上的各种资源、各个参与者能够无缝对接，以此提高效率，增强竞争力。

在多元化方面，中国沿海地区的港口，要突破以推高装卸数量来竞争的思维，要转向航运金融、海事资产管理等高增值服务发展。

港口多元化发展方面，新加坡和伦敦的港口则可以提供经验。

伦敦的港口业务当年受到欧洲其他国家新崛起的港口冲击，难以保持优势。面对这种冲击，伦敦的港口转变了过去那种港口运营商的单一角色，开始多元化发展，开始提供航运金融、保险、经纪、咨询等综合服务，这种多元化发展反而促使伦敦港口发展成为连接国际航运中心和国际金融中心的重要纽带，在航运金融服务方面占有绝对的优势。

新加坡的港口同样是多元化发展，他们改变了以码头装卸为主的劳动密集型业务，转向发展知识密集型业务，致力于吸引外国航运公司、海事公司到新加坡设立区域总部，以及培养更多的具国际视野而且能灵活变通的航运人才，这些动作巩固了新加坡港口作为区域航运中心的地位。

因此，中国沿海的港口未来要多元化发展，一方面可以加强和"一带一路"沿线国家的建立联盟关系，加强各大港口之间的合作，另一方面也可考虑提供航运金融、保险、经纪、咨询等方面综合服务，以提升港口的整体竞争力。

在个性化方面，荷兰的鹿特丹港则提供了很好的借鉴经验。为了跟上全球贸易、国际运输和物流的发展趋势，鹿特丹港务管理局不断进行功能调整，包括改变港务管理的传统职能、扩大港口区域、允许设立船公司集装箱码头、促进发展腹地交通、促进物流专业人才的教育和培训、发展信息港、促进更为有效的海关服务、推销配送园区概念等。尤其重要的是，鹿特丹港还为客户提供个性化运输，以非常规的私人定制方式，来吸引客户，满足客户的要求，同时，还给客户提供中转服务与多式联运相结合等服务。

由于鹿特丹港个性化服务，使鹿特丹港物流中心的配送园区成为许多企业在欧洲建立配送中心的所在地，许多小企业直接把货物交付一个能保证实时送货到全欧洲的放心的物流服务商。这也是鹿特丹港吞吐货物的80%的发货地或目的地不在荷兰，大量的货物在港口通过一流的内陆运输网进行中转，在48小时内可运抵欧盟各成员国的目的地的原因。中国沿线的港口要加强竞争，在个性化服务方面也要相应地增强。

在"一带一路"倡议背景之下，中国的港口要进一步向信息化、多元化和个性化方向发展，打造成为"海、陆、空、铁"多式联运枢纽门户，通达"一带一路"沿线国家。只有这样，我们的港口未来才有可能逐步晋升为新的国际航运中心、转运中心，并在以注重研究、创新及信息服务，具备足够而有效的文化与人才资本的第三代国际航运中心争夺战中先拔头筹。

资料来源：中国贸易金融网，2015 - 08 - 20.

问题七　"一带一路"将会给我们
带来什么

【导入案例】　　中国装备"走出去"步伐加快

打开 2015 年 7 月的日历，你会惊诧于国有企业布局"一带一路"速度之快、动作之密。

2015 年 7 月 13 日，中交集团所属振华重工与阿联酋 DP World 签订总金额为 7 亿美元的港机设备订单；7 月 9 日，中国中车株洲电力机车有限公司东盟制造中心建成投产；7 月 6 日，中国电力工程顾问集团有限公司与马来西亚捷硕公司签署越南海阳火电厂 BOT 项目投资协议，该项目是迄今为止中国公司在越南单笔投资金额最大的项目……

在国资委日前发布的"一带一路"中国企业路线图上，类似的合作与互通将被越来越多地标注上去。数据显示，截至 2014 年底，国资委监管的 110 余家央企中已有 107 家在境外共设立 8515 家分支机构，分布在全球 150 多个国家和地区，其中 80 多家央企已在"一带一路"沿线国家设立分支机构。

随着"走出去"步伐的加快，央企的海外资产也随之扩大。"十二五"以来，中央企业境外资产总额从 2.7 万亿元增加到 4.6 万亿元，年均增长 12.2%。截至 2014 年底，央企境外资产总额、

营业收入和利润总额分别占中央企业总体的 12.7%、18.3%
和 8.6%。

"中央企业在'走出去'中已经成为名副其实的国家队和主力
军,增长空间不断拓展,尤其是在推动电力、轨道交通、建材等
领域装备'走出去'方面,取得了显著成绩。"

资料来源:原标题为"一带一路"建设 国企如何布局.光明日报,
2015 - 07 - 21.

一、"一带一路"将给国内哪些产业带来机遇

(一)"一带一路"带给中国企业的发展机遇

1. 宏观经济增长的机遇。世界经济仍在国际金融危机后的深
度调整期,面对增长乏力、需求不足的形势,各方面都在寻找新
的经济增长点。"一带一路"建设可以从两方面为世界经济注入新
动力:一是"硬"拉动,通过实实在在的建设项目刺激需求,促
进区内经济要素有序自由流动,拉动沿线国家经济增长。二是
"软"促进,让亚欧非国家找到一个共同努力的方向,从而提振市
场信心和预期。

2. 基础设施互联互通大项目的机遇。基础设施互联互通是
"一带一路"建设的优先领域,"一带一路"规划的六大经济走廊
和海上重要港口建设都强调交通大项目建设,商机不言自明。

"一带一路"沿线国家也有宏大的基础设施建设计划。印度尼
西亚总统佐科表示,印度尼西亚计划建设 24 个港口、15 个机场、
18 个经济特区、近万公里的铁路,热烈欢迎中国企业参与。斯里
兰卡官员表示,汉班托塔港口项目将使当地 1.2 万家庭受益。

3. 国际产能合作的机遇。产能合作是"一带一路"建设的重
点领域之一。研究表明,埃塞俄比亚制鞋业的工资仅为中国的

1/10 ~ 1/8, 劳动生产率则为中国的 70%, 中国企业有很大的比较优势。埃塞俄比亚总理梅莱斯到深圳考察期间, 邀请中国制鞋企业到亚的斯亚贝巴附近的东方工业园开办鞋厂。2014 年, 华坚集团生产的女鞋占到该国鞋业出口份额的 50% 以上, 带动了当地皮革加工、运输、物流、农场等多个领域发展, 把一部分"中国制造"变成了"非洲制造"。

2015 年 3 月, 中国与哈萨克斯坦签订产能与投资合作备忘录, 合作框架内双边商业协议共 28 个, 总金额约 236 亿美元, 涉及钢铁、有色金属、平板玻璃、炼油、水电、汽车等多领域的产能合作。

最近, 俄罗斯、印度尼西亚、埃及、巴基斯坦、阿尔及利亚等国领导人都表示, 愿积极与中方开展产能合作。印度尼西亚政府制定的 2015 ~ 2019 年中期经济发展规划显示, 当前印度尼西亚钢铁产量仅 700 万吨、水泥产量 6000 万吨、电解铝产量 25 万吨、造船能力仅有 80 万载重吨, 同时, 玻璃、石化、通信设备、光伏、铁路装备等行业发展相对滞后, 与中国开展产能合作可谓互有优势、互有需要、互有机遇。

中国地方政府和企业也已积极行动。河北省计划于 2023 年前, 将 2000 万吨钢铁、3000 万吨水泥和 1000 万重量箱的玻璃产能转至国外。

4. 贸易投资提升的机遇。过去 10 年, 中国与"一带一路"沿线国家贸易年均增长 19%, 直接投资年均增长 46%。2015 年一季度, 在全球贸易不景气的背景下, 中国与"一带一路"沿线国家贸易额达到 2360 亿美元, 对沿线国家出口增长为 10%, 占中国出口总额的 28%, 大大领先整体出口增速; 进口 915 亿美元, 占我国进口总额的 23.4%。预计 10 年后, 中国与沿线国家货物贸易额有望突破 2.5 万亿美元。

投资方面，2015 年一季度，"一带一路"沿线国家在华实际投资外资金额为 16.8 亿美元，其中对福建省投资项目 22 个，同比增长 100%。一季度中国对"一带一路"沿线国家实现非金融类直接投资 25.6 亿美元。目前中国在"一带一路"沿线国家共有 70 多个在建的经济产业合作区项目，年产值超过 200 亿美元，为当地创造 20 万个就业机会。

中国对沿线国家的投资占中国对外投资的比例不到 20%，还有很大增长空间，我们也确实希望扩大对沿线国家的直接投资，当然也希望有关国家为中国投资者创造更好的营商环境。

5. 自贸区和便利化的机遇。近年来，贸易投资保护主义仍然盛行，全球反倾销、反补贴、特保调查案件不断上升，其中相当一部分涉及中国产品。"一带一路"建设将自贸区合作作为重要方向，致力于降低贸易投资壁垒，逐步建设起高标准的周边自贸网络。目前中国约 30% 的对外贸易通过自贸区完成，其中大多是与"一带一路"沿线的伙伴进行的，正在商谈的有中国—东盟自贸区升级版、中日韩自贸区、中国—海合会自贸区、区域全面经济伙伴关系协定等。中国正推进与各国海关合作，改善边境口岸通关设施条件，提高签证便利化水平。目前中国已与 46 个"一带一路"沿线国家缔结各类互免签证协定，19 个沿线国家和地区给予中国公民落地签便利。外交部正全力以赴增加中国护照的含金量，希望尽早实现中国公民到沿线国家旅游和工作"说走就走"的目标。

6. 新投融资平台和人民币国际化的机遇。亚洲开发银行预测，未来 8～10 年，亚洲每年基础设施资金需求将达到 7300 亿美元，世界银行的测算是 8000 亿美元。世行和亚行每年在亚洲地区基础设施投资总和约有 300 亿美元，各国能够自筹的资金只有 2000 亿～3000 亿美元，资金缺口巨大，因此建设亚投行和"丝路基金"十分必要，它们是现行国际金融机构的有益补充。亚投行的意向创始成员国已有 57 个，涵盖亚洲、大洋洲、欧洲、拉美、非洲五大洲。"丝路基金"已开展首个投资项目，通过入股三峡南亚公司参与开发巴基斯坦卡洛特水电站等清洁能源项目。中国欧亚经济合作基金、中非基金、中国—东盟投资合作基金以及即将成立的金砖银行，也将为"一带一路"提供支持。

7. 海洋经济和旅游经济发展的机遇。"一带一路"要推进"丝绸之路"特色旅游，还要全面发展海洋经济。2014 年全球旅游接待人数增长 4.5%，高于世界经济增长率。预计到 2020 年全球旅游者人数将达 14 亿人次，包括中国在内的新兴市场国家接待的游客将超过发达国家，这将是一个历史性变化。据报道，一个中国公司组织 1.27 万员工分批次游览泰国，搭乘 110 架航班入境，泰国旅行社为此出动 400 辆大巴，预订了 3.8 万间四星级或五星级酒店房间，显示出中国出境游的火爆。

就海洋经济而言，全球海洋航运和海洋工程的年产值已超过 1.6 万亿美元，仅海洋生物制药的年产值就达 10 亿美元。发达国家在传统的海上运输、海洋油气资源开发之外，大力发展新兴海洋经济，特别是海洋工程装备业、海洋旅游、海洋科研、海上再生能源以及海运金融保险等服务业。中国的海洋经济也发展很快，2014 年产值接近 1 万亿美元，相当于我国 GDP 总额的 10%。未来企业将加大对这两个领域的投入。

8. 能源资源和生态环保合作的机遇。2014 年中国石油进口 3.08 亿吨，同比增长 5.7%，石油对外依存度接近 60%，天然气对外依存度 32.2%。中国 2014 年进口铁矿石 8.69 亿吨，购买了约 2/3 的全球海运铁矿石。上海铜库存为世界总库存的 3/4。

2014 年，全球清洁能源总投资同比增长 16%，从 2013 年的 2680 亿美元增至 3100 亿美元，中国约占全球清洁能源投资总额的

29%，3/4投入到风能和太阳能，目前中国太阳能发电市场跃居世界第一，风力发电技术水平也居世界前茅。尽管当前大宗商品价格总体下行，但个人企业的生产生活都需要新能源，对能源资源产业的长远发展前景应该保持信心。

能源资源合作包括清洁能源合作是"一带一路"的重要领域之一，在新时期的绿色"丝绸之路"上，中国与沿线国家有很多大项目和中长期大合同，有许多生态城和大量环保产品、环保科技的合作，这些都对沿线国家实现经济可持续增长意义重大。

（二）"一带一路"对国内相关产业的影响

"一带一路"作为中国新的国际战略框架，给中国经济带来了多重发展机遇。其战略愿景可分为远近两大层次：近期着眼于"基建互通、金融互通、产业对接、资源引入"，远期则致力于"商贸文化互通、区域经济一体化和共同繁荣"。基于以上分析框架梳理，"一带一路"倡议给国内下列产业发展带来机遇：

1. 通路通航相关产业。这一产业涉及交通运输业（港口、公路、铁路、物流），铁路建设与相关设备，航空服务、设备、整机生产等。在"一带一路"建设中，交通运输是优先发展领域，以加快提升我国与周边国家交通基础设施的互联互通水平，并形成区域交通运输一体化。

交通运输业（港口、公路、铁路、物流）将率先直接受益于亚欧交通运输大通道的建成，为带动区域经济发展创造条件，将加快推进公路、铁路、民航、海运等多种运输方式的互联互通，吞吐量将明显提升。连云港至鹿特丹港连通的新欧亚大陆桥，将强化其在国际陆路运输中的骨干作用。中国也将全力打造与我国第三大贸易合作伙伴——东盟地区的海陆空综合交通网络：海上——将中国和东南亚国家临海港口城市连接起来；内河——中国出资澜沧江—湄公河河道建设，打造黄金水道；公路——南（宁）曼（谷）、昆（明）曼（谷）公路已经开通，东南亚正在形成两横两纵的公路通道；铁路——中国计划以昆明和南宁为起点，建设泛东南亚铁路联系东南亚陆路国家。

交通基础设施建设和运营"走出去"，也将带动铁路建设与相关设备，航空服务、设备及整机生产等产业增长。

中国的港口有着丰富的基础设施建设和运营经验，铁路建设"走出去"给其他基础设施类公司"走出去"提供了良好样板。同时，"21世纪海上丝绸之路"中东南亚及南亚国家存在强烈的建设大港口的需求，这些领域的优质企业存在建设和运营"走出去"的良好前景。

尤其是在铁路建设方面，突破国家界限的"欧亚铁路网计划"，也会刺激铁路建设的发展。据不完全统计，目前有意向的铁路工程已达到0.5万公里，和欧亚铁路网的8.1万公里规划目标相比还有巨大空间。

以高铁为代表的中国高端装备制造，在"一带一路"国家也存在巨大需求。截至2014年底，我国和24个国家在高铁上进行合作交流，部分国家已签约。2014年7月，习近平访问巴西，表示中国、巴西、秘鲁三国将就开展连接大西洋和太平洋的两洋铁路合作。2015年6月，中国高铁与俄罗斯签下合约。2015年6月，泛亚高铁开工，从云南西部建隧道通往缅甸，再从缅甸向东，伸出一条支线去往泰国，另一条主线则经由老挝、越南、马来西亚通往新加坡。中亚高铁起点乌鲁木齐，经哈萨克斯坦、乌兹别克斯坦、土库曼斯坦、伊朗、土耳其等，最终到达德国。国内段正在推进，境外线路正在谈判。欧亚高铁从伦敦出发，经巴黎、柏林、华沙、基辅，过莫斯科后分成两支，一支入哈萨克斯坦，另一支经哈巴罗夫斯克，进入中国满洲里。目前国内段已开工，境外线路也在积极谈判。

2. 基础设施产业。这一产业主要包括建筑业（建筑及基础设施工程），装备制造业（设备及配套类装备制造），基建材料（钢铁、建材、有色金属等）。

从需求端来看，"一带一路"的沿线国家，无论是从国内需求或是未来区域经济合作的角度分析，这些国家对于基础设施建设的需求均极其旺盛。"一带一路"沿线国家由于财政紧张的原因，基建投资支出不足，普遍呈现基础设施落后的现状——人均 GDP、人均公路里程、人均铁路里程等指标均远低于我国，亚洲和非洲的沿线国家较中国分别有 10% 和 20% 的城镇化提升空间，而中国在自身城镇化过程中累积的大量经验和产品、服务能力可以对外输出。从国内来看，西北部各省区铁路、公路及高速公路密度在全国均排在后面，新疆、青海、甘肃在倒数 5 位之中，宁夏、陕西居于中后段水平，为实现"一带一路"各国间的基建对接，中国西北部的城市建设、交通运输网络等基建领域投资很有空间。

从供给端来看，伴随着固定资产投资增速下台阶，我国建筑业及制造业产能过剩的问题日趋严重，"基建输出"能够大幅缓解我国建筑业、制造业的产品需求压力。在"一带一路"的大背景下，我国参与设立"金砖国家开发银行"与"亚洲基础设施投资银行"，很大程度上表明了我国加大对外开展基建投资业务的战略构想。

根据总体基建投入约占 GDP 的 5% 估算，"一带一路"沿线对基建的需求或将达到每年 1.05 万亿美元，而中国对外承包完成额 2013 年仅为 0.14 万亿美元，仅占其中的 13%。主观意愿和客观条件形成合力，未来我国建筑业和制造业企业"走出去"的步伐将大幅加快，海外市场广阔的产业扩张前景将逐渐打开。

在"一带一路"的战略政策支持下，对外工程承包施工企业

"走出去"能形成较大的出口拉动,有效对冲国内需求端的下滑,从而带动整个"基础设施产业链"。

目前全球经济复苏缓慢,国内经济也面临艰难转型,全球贸易环境不佳,追求出口增长容易引起诸多摩擦和矛盾,而对外投资更容易被接受,用对外投资启动外需是比出口更好的选择。利用施工企业输出方式,能带动国内设计、咨询、制造、材料、劳务、金融、保险、服务等多行业的输出,对冲国内需求端下滑。不同于外贸出口通常的低成本和低附加值,施工企业"走出去"方式有效带动的是中国附加值较高的产品,如机电产品,符合国家产业升级的目标。

3. 能源建设相关产业。这一产业主要包括中国油气进口的管道建设相关产业,电站建设、电力设备等。

拓展稳定的油气资源进口途径是"一带一路"的重要战略目标。近几年我国对油气资源的需求在快速增加,但我国的油气资源进口主要通过马六甲海峡的海陆运输,获取途径较为单一,能源安全较易受到威胁,拓展新的油气资源进口途径十分紧迫。

"能源建设"主题之下,构建中国陆上的能源大通道战略,将直接利好中国油气进口的管道建设相关产业。与新疆接壤的中亚国家油气资源极为丰富,是仅次于中东的第二个油气资源最为丰富的地区。目前我国从中亚及俄罗斯进口的石油量占比仍偏低,天然气近几年从中亚的进口量在不断攀升。随着天然气的普及,国内需求量的快速增长,通过新疆从中亚的进口量仍将持续增加。

未来,为满足新增进口量的输送需求,新疆将建设多条能源管道,构建中国陆上的能源大通道。配套的输油管道、天然气的输送管道、电网以及道路运输等,这些领域必然迎来进一步的利好。

从需求面来看,"一带一路"沿线发展中国家的电力消费水平极低，发展空间巨大。根据 2013 年的电力消费统计数据来看，"一带一路"沿线非 OECD 国家的人均年电力消费量仅约 1655.52 千瓦时，而同期 OECD 国家的人均年电力消费量约为 7579.49 千瓦时，前者仅为后者的 21.84%。因此单从电力消费角度来看，"一带一路"沿线的非 OECD 国家的未来电力消费水平将会有极大的增长空间，伴随着电力消费量的增加，必然会带动这些国家的电力投资，从而带来巨大的电气设备需求。

由于这些国家国内制造业比较薄弱，"一带一路"所涉及的主要国家电气设备严重依赖进口。上述国家的总体进口比例约为 56.73%，按照此比例并且结合"一带一路"涉及地区的未来投资趋势计算可以得出，2014~2020 年，"一带一路"沿线地区非 OECD 国家大约有年均 1396.06 亿美元或更多的电气设备进口需求，今后我国的电力企业有可能会分享这个巨大的海外市场。

从供给面来看，现阶段我国电气设备的产能明显过剩。2013年，我国发电设备产量约 1.2 亿千瓦，约占全球总量的 60%，而我国的年均装机水平只有 5000 万~6000 万千瓦，产能严重过剩，因此我国的电气设备企业有"出海"消化这些产能的迫切要求。

我国电气设备的技术水平在诸多领域都已属于世界先进水平，具备了在国际市场上的竞争优势。目前我国的水电项目及设备在国际上是极具竞争力的，全球的水电工程中约有 80% 是中国企业建设的。在光伏市场方面，我国的太阳能电池产品的转换率在国际上处于先进水平，并且出口组件约占全球市场份额的 60%。

通过"一带一路"倡议的逐渐展开，我国电气设备"走出去"的步伐将进一步加快，我国的电气设备在"一带一路"沿线地区的非 OECD 国家市场上占有 40% 的市场份额应该是可期的。照此比例计算，我国电气设备企业 2014~2020 年在"一带一路"沿线国家的出口总额将可能达到 984.35 亿美元/年，这将使我国的电气设备企业大幅受益。

4. 石化产业。近年来,虽然我国石油企业"走出去"的进程不断加快,但受制于各种条件的限制,我国石油企业海外投资虽多但对项目的实际控制能力不足,也很难获取优质资源,资产效益普遍较低。"一带一路"倡议的实施将改善投资环境,给我国油气开采和石化行业带来新的发展机遇、注入新的活力。

首先,作为一项长期的国家战略组成部分,大型油气合作项目的签约历来受到高度重视,从谈判伊始就会进入国家层面的顶层设计,这也开启了中外能源合作"大时代"的序幕。在"一带一路"合作框架下,通过国家层面的顶层设计和政府间更加富有成效的沟通协调,可以使我国石油企业在开拓油气勘探开发市场时更加便捷,也可以为我国石油企业获取较为优质的海外油气资源创造便利,从而推动我国海外油气投资的健康发展。

其次,伴随"一带一路"倡议的实施,中国政府还将出台一系列的财税政策,加大对"走出去"企业的支持力度。同时,金融机构也加快在"一带一路"沿线布局分支机构,加大对重大项目的金融支持力度。

目前我国在复杂断块油气勘探开发、油田注水开发、边际油田提高采收率及催化裂化技术等方面已具备一定的技术优势。我国在与"一带一路"沿线国家开展油气合作时,一方面用中方企业技术优势积极参与一些资源国的石油上游、下游工业某些环节;另一方面,在沿线国家建设相应的炼油厂、发电厂,延伸油气产业的下游产业链,推动当地经济发展。

"一带一路"倡议增强了我国海外战略布局的主动性,为我国海外油气合作带来新机遇。"一带一路"区域内的油气合作的重点有两方面:一是陆上要做大、做实与中亚、西亚和俄罗斯的油气项目、战略通道合作,拓展在哈萨克斯坦的油气合作规模,巩固在土库曼斯坦的天然气合作，加强与俄罗斯在远东地区的合作；二是海上要共谋油气资源通道和供需互保，建立以油气为核心的勘探开发、加工转化合作带，形成油气合作战略一体化的产业链。

5. 农业资源开发产业。粮食安全是中国和"一带一路"沿线国家共同关切的问题，粮食合作可以说是"利益共同体"和"命运共同体"的最佳结合点之一。

中国粮食生产量和进口量均居全球第一。我国粮食从2004年恢复增产以来，至2014年全国粮食总产量达6.07亿吨，实现了"十一连增"。与此同时，海关数据显示，我国粮食进口在2014年也再创新高，全年进口总量突破1.042亿吨，其中70%以上进口的是大豆，达到了7140万吨。一边是国内粮食产量连年增加，另一边却是进口总量连年暴涨，这已成为近年来我国粮食市场的基本特征。尽管2014年以来中央已连续14年锁定"三农"问题，但受到我国自身环境资源的压力，单纯依靠国内粮食生产已经很难满足需求。

中国有技术和经验帮助其他国家解决粮食安全问题，也有解决自己粮食问题的需求。"一带一路"沿线的一些国家，如哈萨克斯坦、俄罗斯等都是重要粮食出口大国，是实现我国粮食进口多元化的重要区域。另外，我国地域辽阔，农业文明历史悠久，积累了在各种气候条件下的从事种植、养殖的先进技术，沿线国家对我国农业机械、海水养殖、设施农业等产品和技术都有强烈需求。

"一带一路"沿线国家农业资源丰富。如中亚地区地广人稀，物种资源丰富，农业生产效率低，劳动力不足，如中亚耕地面积最大的哈萨克斯坦，小麦产量占粮食总产量的80%，小麦单产1吨/公顷，仅为中国的1/5。印度水稻单产也只有中国的1/2。中国与"一带一路"沿线国家的农业合作潜力巨大。

据商务部统计，从2001年至今，中国境外农业投资与合作已遍及100多个国家和地区，境外投资的农业企业超过700个。主要分布于东欧及中亚、拉美、非洲、东南亚等。包括中粮、中农发为首的央企、以北大荒农垦、新疆农垦、光明食品和海南农垦为主的地方国企和以新希望、双汇、隆平高科为主的民企近几年不断加快海外投资力度。

《人民日报》曾指出，我国豆、棉、糖、橡胶等农产品国际依赖程度较高，应把这些短缺农产品作为"走出去"的重点，有针对性地培育一些中央企业、农垦企业作为境外农业投资的"主力军"，充分发挥其在农业耕作技术、农业基础设施建设等方面的技术优势和经验。农业领域是"一带一路"的战略重点，沿线各国家和地区农业物产丰富，农业与商贸物流的互联互通，可释放巨大的商业与投资机会。"一带一路"农业国际合作示范区已在连云港设立；中国和以色列将农业合作纳入"一带一路"合作框架。"一带一路"倡议催生数千亿农业海外投资，以确保中国粮食安全。

当前，资金融通为农业"走出去"提供了重要支撑。亚投行、金砖国家开发银行、上合组织开发银行和"丝路基金"四个平台，以及地方政府及其他基金的建立，银行等社会资本的融入，都将为"一带一路"输送源源不断的资金。

6. 信息产业。互联互通是加强全方位基础设施建设，不仅是由公路、铁路、航空、港口等交通基础设施的建设组成，还包括互联网、通信网、物联网等通信基础设施。"一带一路"国家之间的深度互通会对信息基建提出更高的要求，这对中国通信行业特别是像华为、中兴和信威等已经成功"走出去"的通信基础设施提供商，构成重大利好。

中国通信设备产业作为"走出去"战略的先行者，在全球五大电信系统设备厂商中已占据两席,华为的销售收入已超过爱立信跃居第一。目前华为海外收入占比已超过70%,中兴海外收入占比达到50%,烽火通信也有10%的收入来自海外。中国电信系统设备厂商的全球竞争力,为落实"一带一路"规划中的通信基础设施建设提供了重要基础。

回想中国企业的第一轮"走出去",华为、中兴和信威等公司受益于国务院扶持优势装备出口的优惠政策,相继获得国家开发银行数百亿元规模的买方信贷融资支持,从而在非洲、拉美、东欧等新兴国家市场拓展中占据优势;现在中国企业迎来了第二轮"走出去"的战略机遇。一方面,全球经济的数字化趋势意味着"一带一路"国家存在持续的信息基础设施建设增长空间;另一方面,亚洲基础设施投资银行、"丝路基金"等融资机构必会积极对海外信息基础设施进行融资。中兴、华为等已实施"走出去"战略并取得良好海外布局的排头兵,以及ICT领域其他已经开始海外拓展的公司,都将迎来重大产业机遇。

7. 商贸与旅游产业。随着"一带一路"建设,沿线贸易壁垒的消除及贸易合作的加深,贸易商品种类可望大幅增加,贸易规模也将快速增长。据中银香港预测,未来10年,中国与"一带一路"沿线国家之间贸易总量年均增长率可达到10%,远高于全球贸易增长的速度。相应的贸易结算、贸易融资、信用担保、风险管理、财务管理等金融服务的需求因此将有很大的成长空间。

跨境电商合作是"一带一路"建设最适合优先推动的商业贸易模式,它可以通过缩短流通渠道,实现生产和消费的有效对接,使沿线各国分享开放合作带来的红利,促进"一带一路"国家间的分工协作,扩大相互市场开放。

从我国跨境电商在"一带一路"沿线国家的发展前景来看,各国的互联网普及率均呈上升趋势,未来发展潜力很大。其中,新加坡、黎巴嫩、以色列和俄罗斯等一些国家的互联网普及率在2014年就都超过了70%。这些国家互联网基础设施较好，电商行业发展迅速，对我国的出口商品需求旺盛，这为展开跨境电商合作奠定了良好的基础。根据阿里巴巴全球速卖通统计的数据，这些国家媒体和网民对我国跨境电商的关注度很高，网民参与中国跨境电商"双十一"电商购物节的热情高涨。

道路连通、贸易畅通必然伴随着文化沟通，"丝绸之路"自古是文化交会的体现，其交流合作的内容涵盖了文化、旅游、教育等人文活动。国家旅游局预计，"十三五"时期，中国将为"一带一路"沿线国家输送1.5亿人次游客、2000亿美元旅游消费，同时将吸引沿线国家8500万人次游客来华旅游，拉动旅游消费约1100亿美元。2015年6月，"第七届联合国世界旅游组织丝绸之路旅游国际大会"在西安举行，众多来自世界各国旅游部长及专家热议"丝路旅游"发展，并发出推动"丝路旅游"务实发展的各种建议与倡议，包括跨境旅游签证便利化、旅游投资便利化及"丝路旅游"多元化发展等。

（1）基础设施联通大幅度提升旅游可达性，拉动出入境旅游消费的增长。机场、港口、铁路、公路等基础设施的完善，极大地提升了旅游的通达性，尤其是大大提升了深处内陆的我国中西部地区和中亚等国的旅游热度。打造"陆丝"高铁旅游专列以及"海丝"精品邮轮旅游线路成为"一带一路"旅游的新亮点。

（2）随着"一带一路"建设的逐步展开，沿线各国将签署合作备忘录，简化民众的签证手续，将极大促进出入境旅游，尤其是入境旅游。

（3）打造具有"丝绸之路"特色的国际精品旅游线路和旅游产品，将是未来沿线国家和地区旅游企业规划、投资和运营的一个新方向。文化是旅游吸引的核心基础。"丝绸之路"作为古老的东西方交流桥梁和商贸通道，旅游资源十分丰富，对"丝绸之路"旅游产品的开发将使得古老的"丝绸之路"文明重新焕发光彩，吸引世界目光。中亚和东盟除新加坡、马来西亚、泰国之外的其他各国也将成为中国企业、投资商和线上旅游的最新拓展方向。

（4）促进国内各省市区域旅游合作。例如，湖北推动"一带一路"和长江经济带旅游的一体化发展，加快组合包装打造"湖北—西安丝路觅源之旅"等精品产品，并在此基础上，推动长江中上游地区和俄罗斯伏尔加河沿岸联邦区的合作发展。促进跨境区域旅游合作，例如，广西将与泛北部湾地区的越南、泰国、马来西亚、新加坡、印度尼西亚、文莱等国家和地区合作，打造"21世纪海上丝绸之路"国际精品旅游线路，推进形成广西与泛北部湾地区跨国旅游一体化发展格局。

【小资料】

东博会成经贸合作"金名片"
"南宁渠道"涌现无限商机

第14届中国—东盟博览会商机无限。连日来，缅甸、老挝、柬埔寨等东盟国家及中国国内各省市借力东博会，举办了一系列经贸推介会、对接会、招商洽谈会。值得注意的是，英国、哈萨克斯坦等国也在南宁举办相关活动，利用"南宁渠道"觅商机、求发展，开展务实合作，实现互利共赢。东博会成为南宁乃至广西一张"金名片"，经贸合作"助推器"的作用正日益显现。

平台效应：把国内产品卖到东盟去

借力东博会，中国与东盟国家在产品、市场、资金等方面实现了无缝对接，东博会也助力国内企业更好地走出国门，进入广阔的东盟市场。

2017年9月12日,甘肃省水果、蔬菜、中药材及国际产能合作推介会在南宁国际会展中心举行,向国内外重点推介甘肃省的水果、蔬菜、中药材等方面的资源优势和发展前景。"早在去年,通过东博会的牵线搭桥,我们和国内外的客户已经达成了合作。"甘肃天水的客商焦玉中是第二次参加东博会,这次他不仅带来了自家的产品,还希望能寻找到适合的科技公司进行合作,加快推进天水苹果的培育。

9月13日上午,在陕西—东盟果品推介会上,陕西企业带来了苹果、红提葡萄、大枣等,70名来自东盟和欧美国家的农业产品采购商前来参会。

"我们的水果都是从陕西进货,再出口到越南、泰国等地。"在现场,南宁水果代理商张柱英对东博会平台也是赞不绝口,"东博会就像一张'金名片',每年吸引大批优质客商、投资商前来,让我们能了解到更多优质水果的第一手信息!"

陕西果业每年都组团参加东博会,并多次在南宁、凭祥举办推介会。在东博会平台的助力下,陕西水果每年通过凭祥口岸向东盟国家出口近25万吨,总值近8亿美元。另外,广西和东盟国家的水果也源源不断地销往陕西。

东博会就像一条流动的丝带,将国内客商和东盟市场联系在一起——天津市会展环境推介会、中国(河南)自由贸易试验区推介会暨项目签约仪式、河南—广西特色产品采购会等相继在南宁举行,多个项目签约落地,促成一批合作,经贸实效惠及各地客商。

合作共赢:东盟企业展会觅商机

对接东盟,并不遥远。在"一带一路"倡议的背景下,不仅中国企业能够走出国门,东盟各国的企业家、投资者以及商业协会也面临着千载难逢的机遇。

"这次东博会，我们与中国 3 个部门达成了合作意向，未来将在水稻、甘蔗等农业项目上开展合作。"在投融资项目对接会上，缅甸促进贸易组织负责人 Nay San 表示，南宁农业产业化建设成果显著，在农业发展上有许多成功经验，可以帮助缅甸提升农业生产技术。

本届东博会，中国和东盟 10 国商务及投资主管部门、商协会等机构通过主办投融资项目对接会，重点邀请了新能源及节能环保、优势产能、先进技术、现代农业、能源开发、资源开发和基础建设等多个领域的投融资项目参与，为各方企业和资本对接搭建了务实平台。"东博会提供了很棒的平台，让我们有机会与更多的中国企业进行交流、合作、学习。我们明年还要继续参会，进一步拓展合作。"Nay San 说。

不仅仅是从中国"取经"，在东盟各国客商的眼中，东博会也是一座桥梁，为东盟产品进入中国市场打开了便利之门。

"近年来，广西积极与东盟开展经济合作，使我们的产品有了走向中国市场的机会。"销售柬埔寨茉莉香米的高得莱公司负责人说，随着"南宁渠道"作用的越发凸显，参展商不仅能宣传自己的产品，更有机会向中国朋友介绍自己国家的特色与文化。

范围扩大：拓展多领域交流合作

9 月 13 日，中、英共建"一带一路"商业机遇分享会在南宁举行，这是在东博会上首次举办中英商业机遇分享会，也是东博会服务"一带一路"建设的突破性举措。

9 月 13 日，澳大利亚维多利亚州投资、文化交流推介会在南宁举行，这是维多利亚州政府首次借助东博会平台举办经贸和文化交流活动。

美国驻华南商会、欧美工商会、英国驻广州总领馆和哈萨克斯坦首次组团参会，并举办专场推介会和行业配对会……

在本届东博会,"一带一路"成为高频词汇,也反映了东博会的新变化——合作领域越来越宽,呈现出范围更广、合作层次更深、参与国家和国际组织更多等特点。

这些改变从展区安排上也可窥一二——澳大利亚的袋鼠、非洲加纳的风土人情……在今年首设的"国际展区"里,大家感受到浓浓的"国际范"。另外,本届东博会还新增了"一带一路"展区,重点展示哈萨克斯坦、斯里兰卡、尼泊尔、巴基斯坦等"一带一路"沿线国家的特色商品。

"东博会经贸合作范围更广泛了,内容也越来越丰富。"多次参加东博会的专业观众陈先生深有感触地说。

全面深化更广泛领域的合作,推动双方友好合作向前发展。经过多年的发展,东博会已不仅是中国和东盟的盛会,它正逐步从中国和东盟拓展到世界,更多的国家参与其中,共谋发展商机。

资料来源:南宁政务信息网,2017 - 09 - 15.

二、"一带一路"需要什么样的中国企业

改革开放以来,中国企业伴随中国经济的发展快速成长,在企业管理经验、技术积累、资本运作水平、财务管理水平等方面有了很大的提高。很多企业开始走出国门,在国际市场上开拓市场、开展跨境贸易等。特别中国加入 WTO 之后,中国企业"走出去"的步伐开始加速,越来越多的企业走出国门,从事国际化经营、海外投资和并购等。2008 年国际金融危机以来,许多企业去海外"抄底",海外投资并购更加频繁。据中国企业联合会披露的数据,中国前 100 家跨国公司在海外资产总额达到 70862 亿元,在 100 家公司中国有及国有控股公司占 81%。

近年来,随着中国经济进入新常态,钢铁、煤炭、重化工等

领域产能过剩问题严重,导致一些企业面临严重的经营困难。此外,随着国内土地成本、人力成本、环境成本的上升,中国原来的制造业面临严峻的挑战,需要通过转向中高端制造业来摆脱困境。此外,中国在基建、高铁等方面积累了成功的经验,希望在世界范围内拓展发展空间。更多的中国企业希望通过"走出去"拓展发展空间、提高增长效率。"一带一路"倡议的提出不仅为中国企业"走出去"提供了良好的政治、文化和经济环境,也为中国企业提供了前所未有的机遇。

(一)中国企业在"一带一路"倡议中的机遇

过去10多年,中国企业"走出去"取得了辉煌成就,今天更需要在全球产业链中占据更高价值的先进制造业和服务业方面发挥更加重要的作用。要实现这一目标,中国企业必须变得更具战略性、竞争力和效率,"一带一路"将成为新一轮中国企业"走出去"的指南针,带来新的发展机遇。

一是不断做大海外市场。改革开放近40年来,中国企业积累了丰富的产业资源、先进的技术水平、成熟的管理经验,已经具备了"走出去"的能力。"一带一路"沿线国家总人口超过44亿人,经济总量超过20万亿美元,蕴含了巨大的经济发展潜力。"一带一路"的提出,恰逢其时。今天,中国企业有能力帮助沿线国家和地区建设道路、桥梁、港口等基础设施,并推动汽车、高铁、钢铁、电力等产业的发展,扩大中国企业海外业务收入比重,更好地顺应企业"走出去"和多元化发展的需要。

二是促进产业转型升级。在国内,要素成本上升、市场供需变化使部分产业失去了价格竞争力,但在要素成本低、市场需求大的其他国家,这些产业可以得到合理估值,重现生机。随着"一带一路"建设进展,中国企业在研发、技术、品牌上将进行新的投入，引导国内产业转型和再升级，为企业带来新的机遇。

三是提升企业创新能力。随着"一带一路"建设实施，必将引发不同国家和地区的区域创新，这包括区域发展模式、产业战略选择、经济技术路径、区域间合作方式等。在克服"水土不服"、适应不同国家和区域环境的同时，中国企业通过学习借鉴海外成功企业的经验，推动企业发展模式、产业战略、技术路径、商业模式的改革和创新，其间的每个改革和创新都蕴含着无限的机遇。

（二）中国企业"走出去"面临的风险

"一带一路"建设为中国企业"走出去"提供了难得的契机，但也充满了挑战，需要有强烈的风险防范意识，未雨绸缪。"一带一路"沿线国家的政治、经济、文化和法律制度存在巨大差异，中国企业"走出去"时必须高度重视防范风险，提高海外投资利益的保障能力，实现与当地社会、文化、法治的良性融合。

1. 来自政治与安全领域的风险。"一带一路"沿线国家国情复杂、政权更迭频繁、政策也相对不稳定，此外国际恐怖、民族分立、宗教极端等事件时有出现。因此，中国企业"走出去"首先应考虑的是投资地的政治风险和安全风险。另外政治风险与安全风险还潜在于"一带一路"沿线国家与其利益相关国家的关系方面。"一路一带"沿线国家多处于重要的战略位置，长期以来一直是诸多大国争夺的重点，其国家政权、外交政策尤其是对华政策等很容易受到外来势力的影响或干预，这些都将成为中国与"一带一路"沿线国家"深化经贸合作中的潜在威胁"。

2. 来自法律、税务及金融等方面的风险。"一带一路"沿线国家从法律体系上分属大陆法系、英美法系以及伊斯兰法系等。若中国企业"走出去"时，对投资地法律、税务等不熟悉，对项目的市场调研论证不全面，或者缺乏能够胜任海外投资业务的优秀人才，都将对企业形成一定的困扰和风险。此外，发展中国家法律不够成熟和完善，政策的可变性大甚至"朝令夕改"，也将增大企业的投资风险。有些国家甚至以所谓的安全原因，或者以"对公共利益有重大影响"以及垄断、倾销、补贴为由，阻止或妨碍中国企业及其产品的进入。"走出去"的企业由于直接与国际金融市场对接，利率和汇率等风险要素的波动也将对企业的业务展开和经营产生直接的影响。

3. 来自文化、习俗和宗教方面的风险。"一带一路"沿线国家分属四种不同的文明、存在上百种语言以及六种宗教，另外各地还有不同的风俗习惯、不同的商业文化。"走出去"的中国企业在当地的经营活动，往往容易受到来自上述一个方面甚至是几个方面的误解、摩擦甚至是冲突。

4. 盲目"走出去"带来的风险。目前，从中央到地方，从国企到民企，都在积极响应"一带一路"倡议。积极响应自然是好事，但企业是否"走出去"，是否具有这种国际布局的能力和战略思维，则取决于企业自身的实力和战略需求。布局"一带一路"一定要与企业自身的发展阶段和发展实力相吻合，切忌盲目"走出去"，一哄而上。否则，一方面带来的是"走出去"中国企业之间的恶性竞争，为争取某个项目而相互压价、自相厮杀。另一方面需强调的是，某些中国企业在国内所惯用的经营模式和管理方式与国际通行的方式是有所违背的。另外中国部分企业还存在质量参差不齐、产品造假或侵犯知识产权等问题。这样的企业若走出国门，必定给中国和中国企业带来毁灭性的信誉危机。

（三）"一带一路"需要的中国企业

在"一带一路"背景下，中国企业要真正能够"走出去"，在国际市场上竞争，必须苦练内功并加强自己的核心竞争力。为此，中国企业必须从以下几个方面着手：

第一，中国企业不仅要"走出去"，更要提高"走出去"的质量。党的十七大报告明确指出，"坚持对外开放的基本国策，把'引进来'和'走出去'更好地结合起来，扩大开放领域，优化开放结构，提高开放质量，完善内外联动、互利共赢、安全高效的开放型经济体系，形成经济全球化条件下参与国际经济合作和竞争的新优势。"①

党的十八大报告强调，"加快'走出去'步伐，增强企业国际化经营能力，培育一批世界水平的跨国公司。"② "走出去"不是目的，这个很容易，"走进去"才是目的，即要赢得尊重、培育具有世界水平的跨国公司。

2011年，美国《世界日报》刊文《中资企业要关注全球化形象》指出，"从追求自身经济发展，到在世界经贸体系扮演举足轻重角色，中国企业值此转型期，如何从量的优势过渡到质的优势，易言之，如何从偏重亮丽的销售数据，转变为追寻消费者长期认同与忠诚度，是中国企业现阶段所应思考的课题。"③

伟大的公司要想生存，必须拥有一个持久的理念。核心价值就是企业员工的信仰。有远见的公司之所以能取得成功，原因就在于不论发生什么变化，它们的核心价值（企业文化）都毫不动摇。

第二，中国企业不仅要卖产品、争夺市场，更要提升自我学

---

① 胡锦涛. 高举中国特色社会主义伟大旗帜 为夺取全面建设小康社会新胜利而奋斗——在中国共产党第十七次全国代表大会上的报告. 人民日报, 2007 - 10 - 25.
② 胡锦涛. 坚定不移沿着中国特色社会主义道路前进 为全面建成小康社会而奋斗——在中国共产党第十八次全国代表大会上的报告. 人民日报, 2012 - 11 - 09.
③ 转引自: 赵磊. "一带一路"需要什么样的中国企业. 中国网, 2015 - 05 - 29.

习能力、适应能力和整合资源的能力。中国企业改革的目的不是建立所谓现代企业制度或股份制等（这些都是途径），而是要建设"世界一流企业"，即做大，做强，基业长青。所谓"大"，主要指企业规模要做大；所谓"强"，是指创造不俗业绩，在所在行业产生影响力；"基业长青"，则是要建立经得起时间考验的伟大公司。

对中国企业来说，做大并不难，做强和"基业长青"则需要企业在盈利的基础上，建立长远的愿景、价值观、使命和企业文化。

目前，中国企业与世界一流企业存在较大差距：在创新方面，中国企业的渐进性创新多，但突破性创新少；中国企业还处在模仿世界一流企业的阶段，没有取得实质性的突破；在投资并购方面，企业的资源整合和有效管理力度不够，甚至有的企业规模扩大了，管理水平跟不上，带来较大的经营风险；在国际化经营方面，中国企业跨国指数还比较低，在全球布局、整合全球资源、打造全球产业链方面尚处于起步阶段。

例如，日本企业用"日本制造"征服世界。今天，日本的"百年企业"共2.2万多家，创业超过1000年历史的企业有7家，超过500年的有近40家，超过300年的有600多家。中国大陆的"百年企业"很少：创业历史超过150年的企业不到10家。"一带一路"不会一蹴而就，世界一流企业需要做经得起时间考验的伟大事业。

第三，中国企业不仅要有产品、有技术，更要有品牌、有品牌价值。目前，有产品没有品牌，或者有品牌没有品牌价值，是中国经济的"顽疾"。缺乏品牌价值往往同缺乏大师和大家是分不开的，一想到中国企业，就是密密麻麻的工人、匠人，但普遍缺乏大师和大家，缺乏对产品本身以及生产过程的人文理解，这样的产品是不深刻的，这样的企业是难以征服人心的。

2013年，全球企业品牌价值100强榜单中，中国企业一家都没有（虽然世界500强企业中，中国企业已达100多家）。前十名的企业来自三个国家，分别为美国的苹果、谷歌、可口可乐、IBM、微软、通用、麦当劳、英特尔，以及韩国的三星和日本的丰田。报告在罗列评选指标时称："很多时候，一家公司改变我们的生活不仅是由于其产品，也是由于其精神。"有研究显示，消费者正转向能改善人们生活的品牌："类似苹果、谷歌和三星的品牌正在改变我们的行为：我们如何购物，如何相互沟通。它们改变了我们的生活方式。"

第四，中国企业不仅要受欢迎，更要打造有魅力、可持续的商业帝国。《财富》杂志"全球最受赞赏企业"评选，考量指标包括：（1）产品和服务的地位；（2）长期投资的价值；（3）公司资产的合理利用；（4）创新能力；（5）管理质量；（6）财务稳健程度；（7）吸引和保留人才的能力；（8）社会责任；（9）全球化经营的有效性。

威廉·纽曼提出了有关"世界级企业"的标准：（1）一流的产品和服务；（2）追求合适的规模；（3）有能力与全球企业在国内或者国际市场上竞争；（4）按照世界通行的标准运作；（5）能够跨国界、跨文化管理；（6）具有高度柔性（有能力对顾客需求的不断变化进行动态调整）；（7）善于取舍和保持核心专长。

打造商业帝国的中国企业，要朝三大方向努力：第一，基础要素方向，具体包括主业突出，具有较强盈利能力，拥有知名品牌，高质量管理，创新能力强。第二，国际要素方向，即拥有国际化竞争力。第三，主观要素方向，主要包括领导及员工的高素质，企业文化及社会责任等。

三、"一带一路"如何推动国际产能合作

当前，中国经济已经进入新常态。一方面，由于国内要素禀赋的变化和环境综合承载力的下降，传统依赖大量资源、劳动力等生产要素投入的发展方式已经不可持续，钢铁、建材等产业存在严重的产能过剩；另一方面，经历了改革开放以来几十年的发展，我国高铁、钢铁、石化、纺织等产业的技术实力已大幅提升，开展境外产能合作的能力明显增强。

"一带一路"倡议的提出，为我国开展国际产能合作提供了新的契机，也使国际产能合作成为共建"一带一路"的重要途径和重大举措。习近平主席2016年8月在推进"一带一路"建设工作座谈会上强调："以'一带一路'建设为契机，开展跨国互联互通，提高贸易和投资合作水平，推动国际产能和装备制造合作，本质上是通过提高有效供给来催生新的需求，实现世界经济再平衡。特别是在当前世界经济持续低迷的情况下，如果能够使顺周期下形成的巨大产能和建设能力'走出去'，支持沿线国家推进工业化、现代化和提高基础设施水平的迫切需要，有利于稳定当前世界经济形势。"[1] 国际产能合作旨在发挥中方在装备、技术、资金等方面的综合优势和其他方面的比较优势，对接中国和沿线国家供给能力和发展需求，共同发展实体经济、建设基础设施，实现优势互补、互利共赢、共同发展。

（一）"一带一路"国际产能合作的主要任务

"一带一路"国际产能合作，是将与我国装备和产能契合度

---

[1] 习近平. 在推进"一带一路"建设工作座谈会上的讲话. 新华社，2016 – 08 – 17.

高、合作愿望强烈、合作条件和基础好的"一带一路"沿线国家作为重点，以点带面，逐步扩展。以钢铁、有色、建材、铁路、电力、化工、轻纺、汽车、通信、工程机械、航空航天、船舶和海洋工程等行业为重点，采用境外投资、工程承包、技术合作、装备出口等方式，开展国际产能合作，推动装备、技术、标准、服务"走出去"。

1. 钢铁、有色金属行业。在推动钢铁行业对外产能合作过程中，重点结合我国钢铁行业装备先进、人才汇集、经验丰富的优势，创新国际投资方式，在"一带一路"沿线国家灵活采取成套设备出口、投资、收购、承包工程等不同方式，特别是要在资源条件好、配套能力强、市场潜力大的沿线国家布局一批炼铁、炼钢、钢材等生产基地，并进一步做好重点项目的示范推广。

在推动有色金属行业对外产能合作过程中，重点结合我国有色金属行业在资源、技术、资金、产业链等方面的优势，在"一带一路"沿线不同资源禀赋国家开展铜、铝、铅、锌等有色金属冶炼和深加工，并带动成套设备出口。

2. 建材行业。结合"一带一路"沿线国家的市场需求，重点是在有市场需求、生产能力不足的沿线国家，以投资合作方式为主，并结合工程设计、工程建设、设备供应等多种方式，建设水泥、平板玻璃、建筑卫生陶瓷、新型建材、新型房屋等生产线，提高所在国工业生产能力，增加当地市场供应。

3. 铁路及轨道交通装备制造行业。以"一带一路"沿线国家铁路互联互通及高速铁路项目为重点，推动铁路及轨道交通装备制造企业"走出去"。同时，发挥我国在铁路设计、施工、装备供应、运营维护及融资等方面的综合优势，积极与"一带一路"沿线国家开展一揽子合作。此外，加快轨道交通装备企业整合，提升骨干企业国际经营能力和综合实力，在有条件的沿线国家建立装配、维修基地和研发中心。

4. 电力行业。大力开发和实施境外电力项目，提升国际市场竞争力。加大电力"走出去"力度，积极开拓"一带一路"沿线国家火电和水电市场，鼓励政府和企业以多种方式参与重大电力项目合作，扩大国产火电、水电装备和技术出口规模。与沿线有关国家开展核电领域交流与合作，带动核电成套装备和技术出口。参与有关国家风电、太阳能光伏项目的投资和建设，带动风电、光伏发电国际产能和装备制造合作。开展境外电网项目投资、建设和运营，带动输变电设备出口。

5. 化工行业。发挥国内技术和产能优势，在市场需求大、资源条件好的"一带一路"沿线国家开展资源开发和产业投资合作，重点建设石化、化肥、农药、轮胎、煤化工等生产线。同时，鼓励我国企业以满足当地市场需求为重点，在沿线国家开展化工下游精深加工，延伸产业链，建设绿色生产基地，继而带动国内成套设备出口。

6. 轻工纺织行业。发挥我国轻纺行业的成本优势、产品优势和品牌优势，在有条件的沿线国家，依托当地资源建立加工厂，特别是要在劳动力资源丰富、生产成本低、靠近目标市场的国家投资建设棉纺、化纤、家电、食品加工等轻纺行业项目，并带动相关行业装备出口。同时，在沿线国家条件较好的工业园区，形成上下游配套、集群式发展的轻纺产品加工基地。

7. 汽车行业。开拓"一带一路"沿线国家汽车市场，推动国产大型客车、载重汽车、小型客车、轻型客车出口。在市场潜力大、产业配套强的沿线国家设立汽车生产厂和组装厂，建立当地分销网络和维修维护中心，带动自主品牌汽车整车及零部件出口，提升品牌影响力。

8. 信息通信行业。发挥大型通信和网络设备制造企业的国际竞争优势,巩固传统优势市场,开拓"一带一路"沿线国家市场,加强与当地运营商、集团用户的合作,强化设计研发、技术支持、运营维护、信息安全的体系建设,提高市场竞争力。同时,鼓励电信运营企业、互联网企业采取兼并收购、投资建设、设施运营等方式"走出去",在沿线国家建设运营信息网络、数据中心等基础设施,为通信企业开拓市场"保驾护航"。

9. 工程机械行业。加大工程机械、农业机械、石油装备、机床工具等制造企业在"一带一路"沿线国家的市场开拓力度,并结合境外重大建设项目的实施,扩大相关产品和服务出口。同时,鼓励企业在有条件的沿线国家投资建厂,并与具有品牌、技术和市场优势的国外企业合作,提高机械制造企业产品的品牌影响力和技术水平。

10. 航空航天行业。大力开拓"一带一路"沿线国家航空市场,在条件较好的国家探索设立合资航空运营企业,并逐步形成区域航空运输网,打造若干个区域航空中心,带动国产飞机出口。同时,支持优势航空企业在沿线国家建立海外研发中心,开发航空航天合作,提高国产飞机的质量和水平,推进对外发射服务。

11. 船舶和海洋工程行业。发挥船舶产能优势,在巩固中低端船舶市场的同时,大力开拓高端船舶和海洋工程装备市场,支持有实力的企业在"一带一路"沿线国家投资建厂、建立海外研发中心及销售服务基地,提高船舶高端产品的研发和制造能力,重点提升深海半潜式钻井平台、浮式生产储卸装置、海洋工程船舶、液化天然气船等产品的国际竞争力。

（二）创新"一带一路"国际产能合作机制

展望未来,"一带一路"倡议必须着眼于构建全球价值链与跨国产能合作体系，为此，需要全面创新合作机制。

1. 促进互联互通是"一带一路"价值链与国际产能合作的基础。"一带一路"的基础设施建设和能源贸易的互联互通对提升区域产业贸易合作意义重大。"一带一路"也不仅于此，它是铁路、公路、航空、油气管道、光纤、通信等综合在一起的立体、多维的通道，需要"软硬件基础设施"全面对接，加快构建"一带一路"沿线的海运水运网、高速公路网、高速铁路网、航空网、通信光缆网。"一带一路"将依托沿线基础设施的互联互通，对沿线贸易和生产要素进行优化配置，从而促进区域一体化发展，包括边境口岸设施和中心城市市政基础建设、跨境铁路扩能改造、口岸高速公路等互通互联项目建设。

2. 在"一带一路"主要节点和港口共建经贸合作园区。中国与周边国家之间有非常长的陆地和海上边境线，在沿边地区建设跨境经济合作区、边境经济合作区，具有巨大的可能性和现实可操作性。吸引各国企业入园投资，形成产业示范区和特色产业园。通过产业园区建设来促进现代制造业、服务业、现代农业等相关产业融合发展。把建设境外经济合作区和边境合作区结合起来，建设跨国产业链，形成沿边境线的跨国产业带，进一步建立健全区域合作的供应链、产业链和价值链。优先采取以能源、贸易基建为主，以"资源换项目"、港口特许经营权等多种形式，推动大型能源和基建企业海外投资与运营，推动跨境园区建设，进行多种形式投资合作。

3. 建立完善产能合作机制和支持服务体系。

（1）借鉴发达国家的通行做法，完善境外投资管理制度的设计，对现有部门规章进行清理整合，推动出台《境外投资条例》，研究制定境外投资管理政策。改革政府对外投资管理体制，加强制度创新，使对外投资从审批制向以备案制为主、审批为辅转变，在此基础上构建对外投资和国际合作的促进体制。中国政府要尽快与有关国家达成投资保护双边和多边协定。推动与有关国家已签署的共同行动计划、自贸协定、重点领域合作谅解备忘录等双边共识的尽快落实。

（2）加强政策引导。要制定相应的促进与支持政策措施。包括对公司开展海外投资与合作项目可以给予所得税优惠和关税优惠鼓励；制定相应的金融、保险促进与支持政策措施；制定相应的外贸与外援促进与支持政策措施；积极动员各方力量，搭建以政府为主体的跨国产能合作的情报平台与情报网络体系；研究建立跨国产能合作重大项目库，向相关企业提供境外项目信息。

（3）完善产能合作支持服务体系。企业"走出去"，面对东道国陌生的法律法规、经营习惯、劳工素质、人文环境等问题，若中国企业和人员直接出面处理，可谓困难重重，而若善用外部力量去解决，则事半功倍。要坚持合作共赢理念，重视与当地有实力的企业、经验谙熟的国际公司、相关金融机构等合作，部分规避政治风险、法律风险、经济风险、外汇风险、治安风险等。

从国际经验来看，会计师事务所、律师事务所、投资银行以及证券公司、征信、评级机构等中介机构在跨国产能合作中起着十分重要的作用。我国要加大支持力度，培育相关中介机构，并推动中资会计师事务所、律师事务所、投资银行以及证券公司、征信、评级机构等中介机构"走出去"，为中国企业"走出去"提供相关服务。

4. 创新商业运行模式。建设高水平的境外经贸合作区。建议我国与相关国家进一步完善双边或多边合作框架，将税收、金融、产业、科技、人才、技术标准等方面列为政策协调的重点，争取促成一批含金量高、可操作性强的优惠政策，使高水平海外产业园区成为特殊政策的优先实施平台。总结提高中马"两国双园"①
建设经验，积极推进"两国双园"模式，以及"两国多园""多
国多园"模式。

创新运用 PPP 模式开展基础设施投资和产能合作。中国企业
要充分发挥资金、技术优势，积极探索开展"工程承包 + 融资"
"工程承包 + 融资 + 运营"等方式的合作，有条件的项目更多采用
BOT、PPP 等方式。借鉴国家开发银行在国内设立"城市建设基础
设施平台公司"的成功经验，发起设立"一带一路"沿线国家基
础设施投融资平台，由中资公司以美元和人民币投资、相关国家
授权企业以矿产资源入股的形式，把相对高收益的资源产业开发
与低收益的基础设施建设结合起来，解决基础设施项目建设周期
长、回报低、融资难的问题，进而促进产能合作。

5. 增强企业国际竞争力。打铁还需自身硬，企业要在跨国产
能合作获得生存和发展机会，关键是要增强市场竞争力。日本跨
国公司"母子工厂"体系为我国企业增强国际竞争力提供了一种
可借鉴的思路。所谓"母子工厂"体系，就是将中国在新兴市场
国家投资的产能作为承载一般产品和技术的"子工厂"，而将中国
国内的工厂建设成为具有技术支援、开发试制、先进制造技术应
用和满足高端市场需求功能的"母工厂"，通过"母子工厂"体系
建设，既有序推进中国过剩产能的输出和转移，又通过提高本土
的生产效率提升竞争能力，解决要素成本快速上涨的问题。

建立多元化海外用人机制，大力实施"中高级管理人才国际

---

① "两国双园"模式是指位于中国广西钦州市的中马钦州产业园区以及位于马来
西亚关丹市的马中关丹产业园区。2012 年 3 月，经国务院批准，中国—马来西亚钦州产
业园区成立，成为中国和马来西亚两国政府投资合作的旗舰项目。2012 年 6 月，中马两
国政府签署《关于马中关丹产业园合作的协定》，在马来西亚关丹市合作建设马中关丹
产业园区，开创了"两国双园"的园区国际合作新模式。

化，基层管理人才及操作人员本土化"的人力资源战略。中高级人才国际化即引进一些具有国际经营能力、熟悉国际运营模式的高级人才，利用外籍雇员的语言和管理经验上的优势，推动跨国产能合作。在中高级国际化人才的开发上，要采取内部培养和外部延揽两方面相结合措施。

中国与"一带一路"沿线国家国际产能合作框架协议对接情况见表7-1。

表7-1　　　中国与"一带一路"沿线国家国际产能
合作框架协议对接情况（部分）

时间	国家	签署协议/对接会	主要内容
2014.10	俄罗斯	《中俄高速铁路系统的合作备忘录》	我国确定将参与莫斯科至喀山高铁建设
2015.3	印度尼西亚	《中印尼基础设施与产能合作谅解备忘录》、《中印尼雅加达—万隆高铁合作谅解备忘录》	两国就基础设施建设、航空航天开发、海上搜救等方面开展合作，达成8项协议
2015.3	哈萨克斯坦	《中哈加强产能与投资合作备忘录》	两国签署钢铁、有色金属、平板玻璃、炼油、水电、汽车等领域产能合作文件33份，项目总金额达236亿美元
2016.1		《中哈产能与投资合作第八次对话》（共计八次对话）	就对接"中国制造2025"和"互联网+"与哈方工业和信息化发展规划进行磋商，并就发挥中哈产能合作基金作用、加快签证便利化进程、进一步推进中哈产能合作早期收获项目落地等议题深入交换意见

时间	国家	签署协议/对接会	主要内容
2015.9	埃及	《中埃产能合作框架协议》	涉及交通、电力等重点领域的 15 个项目，投资金额超过 100 亿美元
2015.9	埃塞俄比亚	《中国—埃塞俄比亚国际产能合作对接会》	在两国政府部门、金融机构和企业之间搭建国际交流平台，促进中埃塞产能对接和产业对接
2015.11	中东欧 16 国	《中国—中东欧合作纲要》	欢迎和支持 2016 年在波黑萨拉热窝举行经贸论坛，重点探讨"16 + 1"基建、产能和旅游合作

资料来源：根据公开资料整理。

四、"一带一路"如何改变百姓生活

"一带一路"给我国和沿线国家百姓带来的不仅是收入增长、就业增加，还有生活品质的提升。根据《愿景与行动》，"一带一路"建设将在旅游、教育、文化、购物、医疗等领域影响百姓生活。

（一）购物：海淘更便宜、更便捷

《愿景与行动》提出："积极同沿线国家和地区共同商建自由贸易区。""创新贸易方式，发展跨境电子商务等新的商业业态。""降低非关税壁垒，共同提高技术性贸易措施透明度，提高贸易自由化便利化水平。"

随着"一带一路"倡议的实施，我们与沿线国家做生意手续会更简单、交税更少。商品进出海关将更加便利，特别是急、鲜、快类的商品，如水果、蔬菜等。未来将有更多的国外商品进入中国市场，进口货再也不是"奢侈品"。"一带一路"沿线国家的进口商品价格会更便宜，品种也会更丰富。

跨境电子商务平台、自贸区建设加速，使海淘更规范、更方便、更安心，能买到更有特色的商品，将成为方便国内消费者购物的推动力。

贸易通关和国际运输便利化将促进"海淘"范围扩大，电商、物流、快递等企业可向沿线国家拓展业务，会让"一带一路"沿线国家进口商品的跨境购买更容易，价格更便宜，到货速度也会变快。你还可以直接去沿线国家购物，既方便又安全。

"一带一路"为跨境电商带来更多的发展机会，也为老百姓带来就业与创业的机会。2016年，中国与"一带一路"沿线国家的进出口总额为6.3万亿美元，占当年我国进出口总额的25.69%。

2017年3月，国务院正式批复，在辽宁、浙江等7省市设立"自由贸易试验区"。至此，中国的自贸区总数达到了11个。这些自贸区各具特色，将为加快推进"一带一路"建设提供重要支撑。

（二）交通：跨国旅行更便捷

"一带一路"沿线国家蕴藏着丰富的资源，但如果没有配套的交通基础设施作支撑，再诱人的"蛋糕"也只能望而止步。

《愿景与行动》提出："优先打通缺失路段，畅通瓶颈路段，配套完善道路安全防护设施和交通管理设施设备，提升道路通达水平。""推进北京—莫斯科欧亚高速运输走廊，建设向北开放的重要窗口。""增加海上航线和班次。打造'中欧班列'品牌。"

这意味着，在不远的将来，老百姓乘坐高铁或者驾车走高速公路去欧洲会更加方便，坐着高铁去欧洲不是梦。

今后去偏远地区，可以告别"火车＋汽车＋摩托车＋步行"

的混搭方式了，火车、汽车可实现直达。

海上、空中航线将会更多，出行方式更加灵活，费用也会更低。

2017 年 4 月，中国、白俄罗斯、德国、哈萨克斯坦、蒙古国、波兰、俄罗斯七国铁路部门正式签署《关于深化中欧班列合作协议》。

2017 年一季度，开行"中欧班列"593 列，同比增长 175%，回程班列 198 列，同比增长 187%。

目前，"中欧班列"国内开行城市已达 27 个，覆盖 21 个省区市，到达欧洲 11 个国家的 28 个城市。

（三）旅游：出国旅游更方便

"一带一路"建设中基础设施的联通，大幅度提升了旅游的可达性，"丝路旅游"也将成为新的旅游发展契机。

《愿景与行动》提出："加强旅游合作，扩大旅游规模，互办旅游推广周、宣传月等活动，联合打造具有"丝绸之路"特色的国际精品旅游线路和旅游产品，提高沿线各国游客签证便利化水平。""推动 21 世纪海上丝绸之路邮轮旅游合作。"

随着"一带一路"建设的推进，在签证便利化的基础上，旅行社将推出"一带一路"沿线精品旅游线路和旅游产品，国际旅游产品的档次和线路会更加多元全面。旅游推广周、宣传月等活动都会频频亮相，极大地方便出国旅游者。同时，也会吸引沿线国家的国外游客来国内旅游，丰富国内旅游市场。

截至 2017 年初，持普通护照的中国公民免签或落地签目的地已达到 60 个。中国公民申办签证也越来越便捷、手续越来越简化。目前，国内近 20 个城市设有数百个外国签证中心。英国、比利时联合推出"签证一站式"服务，法国、意大利和英国分别将签证受理时间缩短至 48 小时、36 小时和 24 小时。也就是说,中国护照的含金量越来越高了。

今后,通过免签证或简化签证手续,加上更加便捷的国际交通运输,会有更多特色化、个性化旅游线路被开发,实现"说走就走的出国旅行",坐着高铁去欧洲旅游也将成为现实。

(四)教育:海外留学更轻松

《愿景与行动》提出:"扩大相互间留学生规模,开展合作办学。""促进科技人员交流,合作开展重大科技攻关,共同提升科技创新能力。""整合现有资源,积极开拓和推进与沿线国家在青年就业、创业培训、职业技能开发、社会保障管理服务、公共行政管理等共同关心领域的务实合作。"

截至目前,中国教育部已与 46 个国家和地区签订了学历学位互认协议。

截至 2016 年,我国高校已在境外举办了 4 个机构和 98 个办学项目,分布在 14 个国家和地区,大部分在"一带一路"沿线地区。年轻人留学选择会更多元。

根据"一带一路"政策,中国每年将向沿线国家提供 1 万个政府奖学金名额。这将吸引更多沿线国家学生来中国留学,丰富了教育和文化交流。

除了留学外,海外学术交流、就业、创业的机会也会大大增加。

(五)文化:"文化大餐"更丰富

《愿景与行动》提出:"支持沿线国家地方、民间挖掘'一带一路'历史文化遗产,联合举办专项投资、贸易、文化交流活动,办好丝绸之路(敦煌)国际文化博览会、丝绸之路国际电影节和图书展。""沿线国家间互办文化年、艺术节、电影节、电视周和图书展等活动,合作开展广播影视剧精品创作及翻译。"

看厌了"好莱坞"大片的你可得注意了,沿线国家的优秀电影正陆续来袭,顶尖艺术家还将奉上经典芭蕾、歌剧。至于阅读爱好者,来自亚欧各国的文学精品也将尽收眼底。

截至2016年底,"一带一路"沿线国家共设立了11个中国文化中心。

2017年北京国际电影节,设置"一带一路"展映单元,集合沿线国家佳片《牛奶配送员的奇幻人生》《推销员》《罗莎妈妈》等。

(六)就业:就业市场更广阔

"一带一路"横跨亚欧大陆,走出国门的项目大多为基础设施建设,沿线国家已成为中国基建、装备、技术、服务和品牌的重要市场。中国企业跨出国门,直接带动对外承包工程劳务输出,大大增加了人们的就业机会。

【小资料】

一家人驾房车沿"渝新欧"跨国旅行

2015年,曾闽平和妻子黄思莹参加第三届"渝新欧"国际铁路行走者冠军赛的角逐,其"一家三口开着房车游'渝新欧'"的方案征服了评委,赢得冠军及15万元旅游资金奖励。

在他看来,哈萨克斯坦和俄罗斯的风光"其实和新疆差不多,地广人稀,常常几十公里看不到人烟,偶尔会有一两个小村庄,大城市之间则通常间隔四五百公里。"

从波兰开始另一种感受,"道路很干净,到处绿油油的,即使有风也不会尘土飞扬"。曾闽平对中国青年报记者回忆:"人们都严守交通规则，没有莽撞乱闯的汽车或行人。"

全程上万公里，女儿也在旅程中度过5岁生日。"一路上，她负责提供欢乐。"曾闽平说，女儿能推动与外国友人的交流，"谁会拒绝4岁孩子的笑脸呢?"

沿线各国人民的友谊和善意，为旅程定下阳光、快乐的基调。在各国的行走也是曾闽平发现和见证中欧在经济、贸易、文化方面交流成果的过程。在异国他乡，他发现了很多中国元素。

在俄罗斯边检员家里，看到TCL液晶电视;在哈萨克斯坦用集装箱拼起来的交易市场里，发现很多中国货;拜访网上结识的德国人海因里希，看见其妻子使用华为手机;在中哈边境，卡车挡风玻璃前挂着"出入平安"挂符;在波兰的宜家商场，员工介绍通过"渝新欧"运来的中国餐具、灯饰、坐垫、……

到达德国杜伊斯堡后，沿途的近距离接触，让曾闽平对"渝新欧"有了更多、更直观的感触。

"我们来到这个很大的铁路货场集散处，铁路到这里分了很多岔，每个岔道都有卸货场，'渝新欧'铁路的卸货场编号是7322。"他发现，这里有非常多的货柜，停了很多货车，"确实是个繁华的货物集散中心"。

"我看到延伸的铁路一直延绵到货场内部，一个个集装箱被有条不紊地安放。"他感慨，这意味着自己见证了"渝新欧"铁路从起点到终点的过程。"我踩着铁轨前行了一段，顺着铁路的反方向望去，心中无限感慨，我脚下的不仅仅是铁轨，也是一条新的丝绸之路"。

资料来源:解读"渝新欧". 中青在线 - 中国青年报（北京），2016 - 02 - 26.

参考文献

[1] 国家发展改革委，外交部，商务部．推动共建丝绸之路经济带和 21 世纪海上丝绸之路的愿景与行动 ［R］．人民出版社，2015.

[2] 彤新春．一带一路：包容、开放的亚欧命运共同体 ［M］．中国社会科学出版社，2015.

[3] 人民论坛．"一带一路"：面向 21 世纪的伟大构想 ［M］．人民出版社，2015.

[4] 新玉言，李克．崛起大战略 ："一带一路"战略全剖析 ［M］．台海出版社，2016.

[5] 胡键．"一带一路"战略构想及其实践研究 ［M］．时事出版社，2016.

[6] 徐希燕．"一带一路"与未来中国 ［M］．中国社会科学出版社，2016.

[7] 中国现代国际关系研究院．"一带一路"读本 ［M］．时事出版社，2015.

[8] 王义桅．"一带一路"：机遇与挑战 ［M］．人民出版社，2015.

[9] 厉以宁，林毅夫，郑永年，等．读懂"一带一路"［M］．中信出版社，2015.

[10] 秦玉才，周谷平，罗卫东．"一带一路"读本 ［M］．浙

江大学出版社，2015.

[11] 编写组."一带一路"简明知识读本［M］.新华出版社，2015.

[12] 冯维江，徐秀军."一带一路"：迈向治理现代化的大战略［M］.机械工业出版社，2016.

[13] 胡伟."一带一路"：打造中国与世界命运共同体［M］.人民出版社，2016.

[14] 廖峥嵘."一带一路"、中国与世界［M］.社会科学文献出版社，2017.

[15] 祝哲等.新战略、新愿景、新主张：建设21世纪海上丝绸之路战略研究［M］.海洋出版社，2017.

[16] 王义桅.世界是通的——"一带一路"的逻辑［M］.商务印书馆，2016.

[17] 王义桅."一带一路"：中国崛起的天下担当［M］.人民出版社，2017.

[18] 张蕴岭，袁正清."一带一路"与中国发展战略［M］.社会科学文献出版社，2017.

[19] 王灵桂."一带一路"：理论构建与实现路径［M］.中国社会科学出版社，2017.

[20] 财新传媒编辑部."一带一路"引领中国［M］.中国文史出版社，2015.

[21] 厉以宁，吴敬琏，林毅夫，等.解码"供给侧改革"：2016～2020中国经济大趋势［M］.群言出版社，2016.

[22] 赵晋平.重塑"一带一路"经济合作新格局［M］.浙江大学出版社，2016.

[23] 上海财经大学自由贸易区研究院.赢在自贸区2：经济新常态下的营商环境与产业机遇［M］.北京大学出版社，2015.

[24] 刘翔峰. 亚投行与"一带一路"战略 [J]. 中国金融, 2015 (9): 41 - 42.

[25] 孙力. "一带一路"愿景下政策沟通的着力点 [J]. 新疆师范大学学报 (哲学社会科学版), 2016 (3): 33 - 39.

[26] 张建平, 樊子嫣. "一带一路"国家贸易投资便利化状况及相关措施需求 [J]. 国家行政学院学报, 2016 (1): 23 - 29.

[27] 何帆, 朱鹤, 张骞. 21 世纪海上丝绸之路建设: 现状、机遇、问题与应对 [J]. 国际经济评论, 2017 (5): 116 - 133.